LE

BRÉSIL EN 1852

ET

SA COLONISATION FUTURE.

—

NOTICE

Écrite sur des Documents communiqués par le Consulat Suisse
à Rio-de-Janeiro,

PAR J.-L. MORÉ.

—

> La véritable charité consiste à aider
> son prochain, à gagner honora-
> blement son existence.

—

GENÈVE ET PARIS,
CHEZ LES PRINCIPAUX LIBRAIRES.

—

1852.

LE BRÉSIL EN 1852

ET

SA COLONISATION FUTURE.

LE

BRÉSIL EN 1852

ET

SA COLONISATION FUTURE.

—

NOTICE

Écrite sur des Documents communiqués par le Consulat Suisse
à Rio-de-Janeiro,

PAR J.-L. MORÉ.

———

*La véritable charité consiste à aider
son prochain, à gagner honorablement son existence.*

—◦◦▸ ◂◦◦—

GENÈVE ET PARIS,
CHEZ LES PRINCIPAUX LIBRAIRES.

—

1852.

Valence. — Imp. de J. MARC AUREL.

ÉPITRE DÉDICATOIRE

A Sa Majesté Dom Pedro II,

Empereur du Brésil.

———•◦•———

SIRE !

Daignez permettre à un étranger, à un vieillard dont le fils unique habite votre vaste Empire, de venir depuis au-delà des mers soumettre aux méditations de Votre Majesté un modeste ouvrage, dont l'unique mérite réside dans les efforts qui y son tentés, pour coopérer à la prospérité comme à la splendeur du Brésil.

En dehors de toute influence, l'Auteur de cette Notice n'a été mû que par le seul intérêt que lui a inspiré le sujet qu'il a traité et par l'espérance d'aider au bien général, en soumettant respectueusement ses études, à CELUI, dont la puissance peut faire porter de bons fruits à la pensée, s'il ne la croit pas indigne de son approbation et de son appui.

Tel est le magnifique privilége des Monarques, de travailler au bonheur des peuples que la Divine Providence confia à leurs soins. Ce bonheur étant le pressant besoin du cœur de Votre Majesté, le Ciel daignera accorder aux Brésiliens une longue durée de félicité reposant sur votre règne.

L'AUTEUR.

CHAPITRE PREMIER.

DE LA COLONISATION EN PARTICULIER ET DE L'ÉMIGRATION EN GÉNÉRAL.

La scène du monde, dans sa marche constante, ne cesse de présenter à l'œil du philosophe et de l'observateur, une succession de faits variés, plus ou moins importants, mais toujours instructifs ; surtout, lorsqu'ils renferment les germes desquels se développeront dans un avenir plus ou moins rapproché, des événements favorables ou désastreux pour la famille humaine.

Les phases de la civilisation ; l'accroissement des populations durant les périodes de paix ; la multiplication des besoins ; la gène qui en résulte si souvent ; les préoccupations qui naissent de l'absence du bien-être, sont autant de causes irrésistibles qui déploient un tableau d'études vastes et sérieuses, qui, aux jours que nous traversons, sont du plus grand intérêt, au point de vue matériel de l'espèce humaine.

L'ensemble d'un travail semblable dépasserait
autant nos intentions que nos forces. Nous aban-
donnerons à de plus habiles l'étude de tant de matières
diverses dans leur essence, leurs développements,
leurs progrès, l'influence qu'elles exercent sur
l'existence générale des nations et des individus.
Nous leur laisserons la noble gloire de découvrir les
moyens féconds, de conduire toutes ces choses aux
dernières limites de la perfection. Quant à nous,
modestement, nous bornerons notre travail à la seule
étude de la colonisation et de ce qui concerne les
émigrants, qui veulent coopérer à la création de
colonies. Cette grave question est l'une de celles qui,
aujourd'hui, préoccupent le plus le public; partout
elle séduit, et dans chaque pays, elle agite ceux qui
pensent à chercher au loin, des ressources qu'ils ne
rencontrent plus sur le sol natal. Jetant un regard
scrutateur sur des contrées plus ou moins éloignées,
ces personnes espèrent trouver en d'autres climats et
sous d'autres cieux un bien-être qui, pour elles,
n'exista jamais dans leur patrie, bien qu'elles nourrissent l'espoir d'y rentrer une fois, surtout d'y
rentrer escortées d'une position favorable, acquise
par de laborieux travaux, au milieu de circonstances
meilleures.

C'est ainsi que, les émigrants en s'éloignant de
leur lieu de naissance, deviennent par là même,
sinon les fondateurs premiers, tout au moins les bases
des colonies, et surtout lorsqu'un certain nombre
d'hommes, ou de familles d'une même contrée,
s'entendent et se réunissent pour se transporter sur
un même point, pour y lutter en commun contre les

obstacles, que ne manque jamais d'offrir une colonisation.

L'émigration née du besoin exista de tout temps. Jacob envoie ses fils en Égypte pour y chercher du grain, c'est ainsi que les descendants d'Abraham finissent par habiter les excellents pâturages de la contrée de Rahmésès. Plus anciennement peut-être, les habitants de l'Asie-Mineure, ceux des côtes de l'Afrique, puis les Grecs, les Romains; plus tard enfin des peuples en masse, sous forme d'armées, abandonnent leur pays dont les limites leur paraissent, ou sont en effet trop resserrées pour contenir toute la population.

Ils émigrent pour gagner de l'espace, conquérir ou envahir de meilleures contrées, habiter ainsi sous un climat plus tempéré une nature plus productive et plus riante. Les modernes moins conquérants, mais plus insatiables encore, envoient des détachements de leurs compatriotes découvrir des plages inconnues, s'établir sur des côtes, où ils fonderont des colonies; ressources précieuses, et pour ceux qui s'adonnent à ces acquisitions pacifiques, et pour la future prospérité de la mère patrie.

L'esprit d'émigration et celui de fondation de colonies ne sont donc point des choses nouvelles; mais si à ce sujet, il doit surgir quelque peu d'étonnement, c'est de trouver qu'une chose si anciennement pratiquée, une chose si utile et si fertile en grands résultats, ait fait si peu de progrès dans sa marche et dans ses développements.

Cependant bon nombre de colonies, faibles à leur origine, devinrent par la suite des cités florissantes,

— 4 —

même redoutables; donnant un grand prix au sol
sur lequel elles étaient fondées, préparant une
puissante assistance à la mère patrie, d'importants
secours aux navigateurs nationaux, de vastes débou-
chés au commerce, et, mieux encore, un asile
précieux pour les temps de calamité, de révolutions
ou d'invasions par l'ennemi. L'histoire nous en retrace
de fréquents récits, et le Brésil, à une époque toute
rapprochée, en offre un exemple irrécusable.

Si la civilisation, fille du bien-être; surtout, si le
christianisme, sceau du droit et père des mœurs
douces, ont mis un terme aux invasions des barbares
en corps, la disposition à changer de place, n'est
point éteinte au milieu des nations. Elle règne au
contraire toujours vive dans les masses, dont les
nombreux individus rêvent constamment à chercher
meilleure fortune ailleurs.

Portant nos regards sur l'époque où nous vivons,
nous devons reconnaître tout d'abord, que l'Europe
se trouve dans un état d'agitation, qui a singulièrement altéré la position plus ou moins assurée d'une
multitude de personnes. Les unes ont été atteintes
dans leurs principes politiques; d'autres dans leur
manière de vivre; un grand nombre ont vu disparaître une aisance déjà fort restreinte, sans parler
d'une bien plus grande quantité encore, qui n'avaient
d'existence que la plus précaire et dont les dernières
ressources ont été anéanties; en sorte que, par
inquiétude, par ambition ou par nécessité impérieuse,
toutes ces catégories doivent songer à leur présent,
et pourvoir mieux encore à leur avenir.

On conçoit alors que si déjà beaucoup étaient portés

au changement, ils ont dû d'autant plus s'en préoccuper, lorsque l'émigration est devenue pour eux un besoin prédominant, une ressource indispensable.

La passion en toute chose est fille du désir vague, ou du besoin réel. Retenue dans de justes limites, elle demeure vertu ; mais elle passe au rang de vice, dès qu'elle franchit les bornes de la nature et de la raison. Emigrer, peut être en soi une chose aussi utile qu'indispensable ; elle est en beaucoup d'occasions sagesse ; elle devient digne d'éloges lorsqu'elle se trouve nécessaire ; mais, disons-le aussi, l'émigration peut être blâmée, lorsque, téméraire, elle n'est provoquée que pour l'assouvissement de mauvais penchants. Nous ne nous occuperons ici que de l'émigration acceptée comme ressource utile et indispensable, ou comme but de connaissances à acquérir ; alors nous lui accorderons toutes les louanges qu'elle mérite, parce que jamais elle ne s'entreprend sans de grands sacrifices de cœur ; nous l'accompagnerons de vœux d'autant plus sincères, que cette publication prouvera à chacun des émigrants l'intérêt que nous lui portons et l'intention qui nous anime, de lui offrir les avis, les conseils, les directions que nous suggère notre propre expérience, dans l'unique but bien manifeste de l'aider, autant que possible, à obtenir les utiles résultats qu'il se promet de son émigration.

Quoique disséminées dans beaucoup de pays, ce ne sont plus seulement quelques petites bandes d'hommes qui songent à émigrer, mais certainement des milliers, même des centaines de milliers, qui, redoutant de menaçants dangers, ou souffrant déjà de ceux qui atteignent la société tout entière, songent à mettre à l'abri ce qu'ils possèdent, ou bien à acquérir ce qui leur manque.

Dans ce but, ils veulent se rendre en d'autres lieux, où, avec sécurité, ils puissent goûter des bienfaits que l'homme civilisé, ami des lois, peut et surtout a le droit d'attendre du gouvernement sous lequel il vit et dont le premier, le devoir sacré est d'assurer cette sécurité fondamentale à tout citoyen, qui, observateur fidèle de la règle vis-à-vis d'autrui, réclame en retour qu'elle soit observée vis-à-vis de lui-même. Ils veulent encore, au sein des liens et des obligations de la famille, pouvoir jouir des fruits de leurs travaux et des privations, supportées en vue de leur propre avenir et de celui de leurs enfants.

Avant de passer outre, convenons que nous croyons la surabondance de population en Europe plus apparente que réelle; et encore, que nous imaginons qu'il existe bien davantage de place à occuper, dans l'ancien monde, qu'on ne feint de l'admettre. Notre opinion sur ces sujets repose sur notre connaissance de vastes terrains demeurés en friche dans beaucoup de contrées, ou qui y sont tout à fait mal cultivés. Nous serions bien surpris, si les obstacles qui s'opposent à la mise en valeur de ces pays délaissés, ne disparaissaient entièrement, quand les gouvernements seraient mieux éclairés et plus attentifs sur la marche à suivre pour assurer la prospérité de leur patrie et celle de leurs administrés. Au reste, si malheureusement il existe en Europe des contrées très-peu peuplées, ce serait commettre une grave erreur que de taxer d'autres lieux de l'être trop; parce qu'on ne

saurait conclure du grand nombre d'habitants, que
renferme un pays, qu'il a une surabondance de population, donc qu'il y existe du trop plein. Une surface,
assez limitée, peut être encombrée, sans que pour
cela il s'y trouve trop de monde, particulièrement si
tous les habitants peuvent pourvoir facilement et
largement à leurs besoins, au moyen d'une industrie
féconde et de travaux productifs; tandis qu'ailleurs
et avec une faible population, une province aura
encore trop d'habitants, si ceux-ci n'y trouvent pas
des ressources suffisantes pour soutenir leur chétive
existence quotidienne.

Mais, que l'Europe possède ou non un excédant de
population, que ce soit à droit ou à tort que ses habitants veuillent se déplacer, disons-leur à tous que :
l'Européen qui trouve honorablement son pain dans
sa patrie, s'il n'a d'irrésistibles raisons pour l'abandonner, fera toujours mieux de demeurer au milieu
des siens.

Reconnaissons aussi qu'il existe une grande quantité
d'émigrants qui ont les raisons les mieux fondées, les
motifs les plus graves, les plus justes, les plus sages,
souvent même les plus nobles, de persister dans leur
projet de se rendre au nouveau monde. C'est à ces
intéressantes classes que cette publication est tout
particulièrement consacrée; elle pourra au moins, et
tel est notre désir, leur fournir quelques renseignements utiles, leur donner quelques directions importantes, faire luire en leur faveur des rayons salutaires,
leur offrir des avis qui serviront à les guider dans
leurs déterminations, en leur épargnant des essais
dangereux, en les garantissant de tâtonnements

souvent coûteux, escortés toujours de périls plus ou
moins grands; en les mettant à l'abri d'entreprises
ou téméraires ou ruineuses; enfin, en les tenant en
garde contre les perfides amorces, les traîtresses
embûches que ne cessent de tendre aux émigrants
ceux qui s'enrichissent de leur désastre et qui inhumainement s'emparent de leurs dépouilles, sans
s'inquiéter de leur position prochaine, ni des larmes
qu'elle leur fera verser.

Cette notice pourra peut-être aussi faire comprendre
aux capitalistes européens qu'il existe, pour eux,
des moyens reposant sur des garanties qui ne laissent
rien à désirer, d'employer leurs capitaux d'une manière lucrative et autrement solide que de les verser
dans certains fonds publics qui sont fréquemment
l'occasion d'un jeu, toujours immoral et constamment
dangereux.

Les gouvernements attentifs au bien-être de leurs
administrés s'enquièrent, avec sollicitude, du rapport
qui existe entre la population numérique de leur pays
et les ressources que lui offre ce dernier, de manière
à équilibrer les besoins des habitants avec les moyens
de les satisfaire. Cette investigation urgente, indispensable, devient la mesure réelle du trop plein du
pays, s'il en existe un. Lorsque l'agriculture manque
de terrain, une mesure utile serait de lui restituer le
sol consacré au luxe; et si, nonobstant cette restitu-
tion, il demeure patent, que l'industrie ne compense
pas, par ses produits artificiels, ceux trop restreints
du sol, le paupérisme devient alors menaçant, et,
sans attendre davantage, le gouvernement d'un tel
pays doit user de toutes ses ressources pour sauver

la patrie de ce triste fléau. Dans ce but, il entravera l'arrivée des étrangers; puis il transplantera ses propres nationaux dans des colonies, où, par leur travail, ils retrouveront une position heureuse, position qui, pour eux, n'existait plus sur le sol natal.

Malgré tous ces efforts providentiels, aucune administration ne peut espérer de pouvoir se placer entièrement à l'abri de devoir accorder les secours de la charité aux vieillards, aux jeunes orphelins, aux malades, aux invalides, quelles que soient les causes de leur position. Mais un grand nombre de personnes valides pourront utiliser leurs forces, leur savoir faire, leur bonne volonté et toutes les ressources qu'elles possédent, lorsque transportées sur un emplacement plus favorable à leur situation, à leurs besoins, il leur sera possible d'y déployer utilement leur énergie, en pourvoyant non seulement au présent, mais quand elles seront encouragées par un espoir fondé, à se créer un avenir heureux.

La plupart des États européens surabondent en sociétés de bienfaisance, dont les secours généreux, et quelquefois aussi, mal entendus, loin de soulager la misère et d'adoucir la souffrance, n'aboutissent qu'à alimenter le vice et l'oisiveté. Disons ici combien ces nobles sacrifices faits avec tant de zèle et de si louables sentiments atteindraient mieux le but proposé, s'ils venaient se grouper pour former uncapital, qui serait l'auxiliaire puissant et propice à l'émigration volontaire des familles, cherchant à se procurer au loin un travail, après lequel elles soupirent en vain, qu'elles ne rencontrent plus chez elles, ni pour les parents, ni pour leurs enfants.

N'est-il pas douloureux de songer que, dans d'autres climats, se trouvent de vastes et excellentes terres, sans bras pour les faire produire, tandis qu'on rencontre en Europe tant de bras oisifs, sans espace pour les utiliser? N'est-ce pas un effort, digne du génie de l'homme, celui de découvrir tous les moyens les plus propices, les plus directs, les plus prompts, les plus certains de rétablir l'équilibre partout où il cesse d'exister entre les besoins et les ressources de la famille humaine? N'est-il pas au nombre des plus louables, l'effort qui tend à peupler d'agriculteurs de vastes contrées, presque désertes, et n'y a-t-il aucun mérite de faire rendre d'abondantes récoltes à un sol maintenant en friche, récoltes qui viendront enrichir ceux qui les auront fait naître?

Que les familles aidées ainsi dans leur émigration, ne considèrent point ces avances comme des secours de la charité; mais que, pour elles, ce soit un prêt, une dette d'honneur, sans échéance fixe, mais toujours remboursable, lorsqu'ayant acquis les moyens de le faire, elles reconnaîtront la juste nécessité, l'opportunité de renvoyer ce prêt à la société, appelée à faire de semblables avances à d'autres personnes, placées dans une position identique à celle où elles-mêmes se trouvaient anciennement.

Qu'elles ne considèrent point non plus des incitations à s'éloigner de leur pays comme un bannissement qu'on leur impose, puisque leur départ, qui ne dépend que de leur unique volonté, n'est de fait qu'un acheminement à meilleure fortune, donc un service réel qu'on cherche à leur rendre. Ce ne saurait être non plus de la part du gouvernement

une intention, une manière indirecte de repousser des
citoyens par l'émigration, puisque leur liberté individuelle demeure en son entier; la seule action
qu'exerce l'administration dans les cas de déplacement, est de veiller avec sollicitude au départ des
émigrants, à leur embarquement, à leur traversée,
à leur arrivée; à surveiller leur prise de possession,
ou leur simple habitation dans la terre d'asile, où ils
vont établir leur nouveau domicile. Tout gouvernement, qui ne possèdera pas lui-même des terres à
fournir à ses propres ressortissants, lorsqu'ils émigrent, cherchera par tous les moyens en son pouvoir
à assurer leur entière sécurité par des traités et par
ses agents, de manière à protéger ces compatriotes
éloignés, avec la même sollicitude que s'ils fussent
demeurés dans la mère patrie.

C'est ainsi que la surveillance du gouvernement
de la patrie, que l'émigrant abandonne, l'accompa-
gnera, le protégera, par le concours des agents
placés auprès des gouvernements où il va chercher
un asile.

Si jamais l'intervention paternelle et tutélaire des
gouvernements fut indispensable pour tout ce qui
concerne les émigrants, c'est surtout depuis que
l'émigration est entrée presque uniquement dans le
domaine des exploitations particulières. En général,
maintenant, ce sont des sociétés qui s'occupent de
ces entreprises. On ne saurait donc insister trop pour
que la protection de la mère patrie accompagne ceux
de ses enfants qui s'éloignent d'elle, si même ils le
font contre son gré. La patrie doit à ses citoyens
émigrants, où qu'ils se rendent, l'ombre de son aile

protectrice, comme s'ils fussent demeurés près de leur clocher. Cette protection est d'autant plus importante aux émigrants, que des familles errantes sont fréquemment exposées aux chances les plus diverses, les plus pénibles, situation qui pourrait devenir tout à fait déplorable, sans un salutaire appui, qui les mette à l'abri de plus grands malheurs. Mais ces précautions ne seraient pas moins indispensables, lorsque les émigrations prendraient davantage de développement, et se composeraient d'un certain nombre de ressortissants d'un même peuple : le présent, l'avenir, enfin le sort de ces familles, rentre naturellement dans le domaine de la haute économie politique, et nous paraît mériter de devenir l'objet de conventions internationales, le sujet de contrats ou de traités spéciaux, qui fixent d'une manière certaine les rapports des émigrants avec l'administration des pays qu'ils vont habiter, et détermine le genre d'appui et de protection qu'ils auraient droit d'en attendre. Il est à prévoir qu'il ne saurait s'écouler un temps considérable avant celui où les vœux que nous formulons ici, deviendront une réalité. Quant à présent, ainsi que nous l'avons dit, il existe en Europe des sociétés philanthropiques, qui ont pris pour mission de travailler à l'œuvre de l'émigration, en dehors de l'action gouvernementale. Malgré les bonnes intentions qui, sans nul doute, animent ces sociétés, elles ne peuvent, nonobstant leurs efforts, réunir une puissance suffisante au complément de leur œuvre, parce que cette puissance réside tout entière dans l'autorité suprême du pays, seule placée pour posséder des flottes, accorder des droits réciproques, signer des traités, convenir de concessions mutuelles, obtenir des cessions de terrains en faveur de ses émigrants, ou voter des sommes plus ou moins considérables pour l'achat de terres où elle fixera ses ressortissants. Ces avantages, lots des gouvernements, ne sauraient être possédés que dans une très-minime proportion par les sociétés philanthropiques; aussi leur coopération, bien qu'intéressante, se réduit-elle souvent à une œuvre très-restreinte, quoique revêtue d'un certain éclat, c'est-à-dire à des publications plus ou moins pompeuses, répandues dans le public, où elles provoquent passablement l'admiration, pour de si louables efforts, mais de faibles secours en faveur des protégés. Malgré cet exposé, auquel nous supplions qu'on ne prête aucune malveillance, nous ne bénissons pas moins les sentiments philanthropiques de ces sociétés, et nous nous associons de cœur à leurs efforts, tout en désirant aussi quelque chose de plus positif que le résultat qu'elles obtiennent.

Après avoir parlé des sociétés philanthropiques, dont au moins les vues sont toutes favorables aux émigrants, quoique sans grands succès, signalons d'autres sociétés, créées dans l'unique but de faire fortune aux dépends de ceux qui quittent leur pays, associations dont la fatale industrie a porté les plus rudes coups à l'œuvre de l'émigration.

Les motifs les plus divers, ainsi que les positions variées qu'occupent les individus dans la hiérarchie sociale, leurs opinions, leurs ressources, leurs succès ou leurs déceptions, leurs bonnes ou leurs mauvaises entreprises, des espérances pour l'avenir, une imagination facile à émouvoir, plus ou moins irritable, sont autant d'éléments, fondés ou non, qui conduisent l'homme à s'expatrier.

Nous proclamerons hautement, à tous ceux qui se préparent à passer les mers, quelle que soit la résolution qui les guide, qu'avant tout : la probité, l'honneur, le courage, le travail, la santé, sont les premiers comme les plus précieux capitaux à importer en Amérique. Ce sont les plus puissants comme les plus honorables éléments de réussite. Nous ajouterons ensuite que ceux qui, en outre, y abordent avec des ressources financières plus ou moins grandes, peuvent espérer d'autant mieux d'y faire un chemin plus facile et plus rapide, ce qui ne ferme en aucun cas la carrière à ceux qui touchent au nouveau monde n'ayant que leurs bras pour toute ressource, pourvu que cette précieuse ressource soit escortée de bonne volonté, de patience, de probité et de constance. Cette honorable et nombreuse catégorie peut être assurée, nous le lui affirmons d'honneur, qu'avec une conduite régulière, elle verra ses espérances transformées en réalité, son présent sera satisfaisant, son avenir prospère et heureux.

Tout sol prend une valeur relative aux produits qu'il donne, basés sur la facilité d'exploitation, de transports, enfin sur la demande des acheteurs. Le prix des terrains s'établit, non seulement d'après ces avantages, mais encore suivant le coût des engrais, la journée de l'ouvrier, la pesanteur de l'impôt. Tous ces éléments, exerçant une influence réelle et directe sur la valeur des propriétés rurales, ceux des économistes qui ne les prennent pas assez en considération, commettent une grave erreur, surtout lorsqu'ils avancent que la cherté des terrains, d'où découle l'élévation des baux, est la cause première en Europe de la ruine des agriculteurs. Ils ne réfléchissent pas que l'on ne saurait exiger du cultivateur autre chose qu'une répartition des produits du sol, faite de telle manière, que le propriétaire reçoive un intérêt quelconque de son capital et l'agriculteur le salaire de ses peines. Si le dernier n'a pas le fruit de ses sueurs, il quittera; s'il reste? Le propriétaire appliquant à son revenu le reliquat du produit, peut alors estimer ce que vaut réellement son fond. Mais ce n'est point là le véritable nœud de la question. Celle-ci ne doit porter que *sur la possibilité d'acquérir une étendue suffisante aux besoins d'une famille, avec un capital réduit.* Il ne s'agit donc pas de savoir si les terrains sont trop chers en Europe, mais bien : si Guillot, ou tout autre brave agriculteur, a suffisamment d'argent pour payer le morceau nécessaire à ses besoins A ce point de vue. disons tout de suite que la chose qui serait impossible en Europe, se trouve être de la plus grande facilité au Brésil.

Revenons à Guillot, qui, outre sa femme et ses quatre enfants, ne possède pour toute fortune qu'un millier de francs. Quelle étendue de terrain pourra-t-il acheter en Europe avec ses mille francs, et de quel secours sera pour lui et sa famille le produit de ce terrain? Tandis qu'avec la même somme, il recevra au Brésil quinze hectares, soit cinquante-six poses ou journaux, d'un terrain excellent, déjà défriché, source de produits bien autrement abondants que ne le réclament ses besoins. Voilà la comparaison, nous pensons, que tout agriculteur, semblable à Guillot, pourra en sentir l'importance et comprendre l'avantage immense qu'il y a pour lui de saisir une si belle occasion, de faire son affaire, de baser sa fortune.

Il ressort clairement, de ce que nous venons de rendre sensible, que, pour assurer le présent et l'avenir d'un honorable agriculteur, qui ne possède que de trop faibles ressources, les terres en Europe sont au-delà de la sphère de ses moyens; tandis qu'en Amérique, non seulement les terres y sont vierges et meilleures, mais que, pour une somme minime, il en peut obtenir une étendue très-considérable, si on la compare à ce qu'il aurait acquis en Europe avec la même valeur; étendue suffisante pour le nourrir, ainsi que ses nombreux enfants, dont avec le temps il peut faire de riches propriétaires. Tel est donc le grand, le motif décisif, qui doit déterminer l'agriculteur européen à se transporter au Nouveau Monde, surtout s'il est bien résolu à ne pas végéter toute sa vie, au milieu de travaux incessants, quoique sans résultats.

Ceux auxquels nous présentons ces raisonnements voudront bien se souvenir, et nous leur rappelons encore, que les résultats que nous leur présentons comme fruits assurés de leurs travaux et de leur économie, seront toujours plus ou moins éloignés, parce qu'en Amérique, comme en Europe, il est rare que les premiers artisans d'une bonne maison jouissent, autrement que par l'espérance, du succès de leurs travaux. La marche ordinaire vers la fortune étant: que le premier défriche, que le second féconde, et que les suivants récoltent et jouissent des efforts de leurs prédécesseurs.

Le principal mérite de notre publication gît donc essentiellement : d'être utile à deux intéressantes classes de la société, savoir, à celle qui ne possède rien que des bras valides, de l'honneur joints à l'amour du travail; ensuite à celle légèrement mieux placée, parce qu'avec ce que nous avons indiqué appartenir à la première, celle-ci a de plus la possibilité de pouvoir disposer de quelques ressources. En effet, cette seconde classe, au moyen du secours de sa petite finance, se trouve dans une situation plus favorable que le père de famille qui ne possède que ses bras et ceux de ses enfants.

Si passant de la classe qui déjà possède quelques légères ressources financières, nous venons aux émigrants qui abordent l'Amérique avec des capitaux, combien ne voyons-nous pas ceux-ci rencontrer les occasions d'en tirer de beaux profits. Nous croyons devoir signaler ici ces avantages aux capitalistes, parce qu'écrivant pour chacun, nous souhaitons que tous, Amérique et émigrants, trouvent ce qui peut leur être avantageux dans cette notice; et, surtout, nous désirons que le Nouveau Monde soit convaincu que telle ne fut jamais notre intention de n'attirer dans son sein que des hommes privés de moyens financiers, bien qu'en réalité, et pour exposer ici franchement toute notre pensée, nous soyons entièrement persuadé que, dans l'intérêt positif et réel de l'Amérique, il existe un avantage infiniment supérieur, donc préférable, d'y voir arriver force bras vigoureux et actifs, que des grands capitaux. Ce que nous disons-là ne saurait empêcher de reconnaître qu'au Nouveau Monde, comme dans l'Ancien, grande est la différence d'accueil qui existe entre les uns et les autres.

Des capitalistes nous passerons aux chercheurs d'or, émigrants avides, qui surgissent de toutes les classes de la société, pour s'élancer vers les plages aurifères, afin de réaliser l'utopie du jour; celle qui dévore la jeunesse de notre époque, dont tous les instincts sont d'être riche en un jour, elle qui sourit ironiquement de pitié et de dédain à la seule pensée des travaux soutenus, de l'économie, de la moralité, avec lesquels leurs vieux pères s'acquirent une heureuse et honorable aisance. Puisse au moins cette jeunesse irréfléchie, mettre un peu de soin à conserver cette fortune qu'elle cherche à obtenir avec tant d'avidité et de promptitude.

Contentons-nous de plaindre tout chercheur d'or, puisque cette soif le plonge dans des flots de privations, l'accable souvent de stériles travaux, le livre aux passions les plus ardentes, qui le placent constamment à côté d'imminents dangers moraux et physiques.

De ces nombreux chercheurs d'or, y en aura-t-il beaucoup qui reverront le foyer paternel, et qui selon leurs désirs, y rentreront avec des masses du métal séducteur? Nous croyons, qu'il n'y en aura que bien peu, et cependant ce triste résultat ne servira de leçon à personne. Mais qu'incidemment ici, il nous soit permis de présenter aux grands gouvernements de l'Europe quelques courtes réflexions sur la révolution que tant d'or peut opérer en dépréciation de sa valeur. Pour nous, nous ne saurions admettre qu'on cherchât à établir une priorité de l'argent sur l'or, et faire ainsi du premier, l'agent spécial et fondamental des transactions entre les contractants. Selon nous, ces deux métaux, dans leur proportion de valeur, doivent simultanément concourir à l'usage qu'on en a fait jusqu'à ce jour, rendre un égal service sans accorder de préférence à l'un sur l'autre, que celle qui naît du caprice, de l'agrément du transport, ou enfin de la plus ou moins grande abondance de l'un ou de l'autre dans la circulation.

Nous reconnaissons volontiers que ce dernier sujet de préférence peut être d'un grand poids, tout particulièrement, lorsque coup sur coup, et dans un court espace de temps, une surabondance d'or, par exemple, se trouve jetée dans la circulation. La subite apparition de ce métal, dans des mains et dans des bourses où il n'en existait presque jamais, a dû causer une surprise, qui n'a pu manquer de provoquer des raisonnements, des calculs, faire naître enfin des suppositions, des exagérations qui excitent des doutes, même des appréhensions prenant des proportions fâcheuses, que corroborent des bruits, que dans leur intérêt rapace, font circuler certains personnages; mais craintes surtout accrues par les mesures intempestives qu'ont prises des administrations qui, vraisemblablement, eussent agi avec plus de prudence, si elles avaient différé de jeter ces doutes dangereux, puisqu'ils causent des perturbations ruineuses, en ce qu'elles ébranlent un équilibre d'autant plus indispensable, que c'est sur sa durée que reposent les travaux, les transactions et particulièrement la confiance qui base tous les rapports de la société, les conventions des contractants; confiance qui doit être et demeurer la liaison nécessaire le type d'évaluation entre le passé et le présent comme il est destiné à l'être du présent à l'avenir.

Il faut bien reconnaitre aussi, que cette surabon dance d'or devient désorganisatrice au moment où elle apparait; elle est une crise qui ébranle temporairement; mais cette crise cessera avec sa cause. I faut seulement savoir la franchir sans impatience e sans crainte; il serait même salutaire de l'adouci autant que possible en l'amoindrissant. Sans doute qu'on ne peut empêcher à la nature de produire ce métal, ni à l'homme de l'exploiter. On ne saurai pour l'or, imiter non plus, ce que faisait le hollandais dans le but d'éviter à ses épiceries, la dépréciatio de leur valeur; mais peut-être y aurait-il un autre moyen pour sauver celle de l'or. Ce moyen serait de poser des limites à sa trop vaste circulation actuelle Circulation qui déjà est fort atténuée par une plus grande aisance parmi les populations, qui condui à faire un large emploi d'or en objets de luxe et même à le mettre facilement en réserve.

C'est sans doute avec la plus extrême réserve que nous émettons nos idées sur ce sujet. Toutefois, nous croyons que chaque puissance séparément, ou plusieurs, agissant collectivement, en vertu de traités d'association qui les unirait, pourraient suivre l'exécution d'un plan uniforme, qui consisterait à mettre hors de circulation une quantité d'or convenue, que l'on réduirait en barres, et dont la contre valeur, moins un dixième, serait conservée à l'usage du public, au moyen de billets spéciaux, dont l'émission ne dépasserait, en aucun cas, celle de l'o retiré. Ce métal ne devrait rentrer dans la circulation que quand l'urgence en serait notoirement constatée, et que le besoin en serait patent. Evidemment ce retour d'émission d'or n'aurait lieu que contre le retrait d'une somme égale des billets qui le représentaient.

On ne saurait douter que de nombreuses mines d'or seront encore découvertes, ou, simplement, que toutes celles découvertes, pourront être plus ou moins abondantes. L'étendue du globe étant connue, on peut admettre, avec quelque fondement, que l'extraction des métaux précieux ne prendra pas de développements hors de proportion, au contraire que les mines tendront plutôt à s'épuiser. Si, d'une part, nous pensons que telle sera la marche future des fouilles, et de l'extraction de l'or et de l'argent, et que, d'autre part, nous soyons intimement persuadé que tous les pays, encore à l'état de désert, ou presque entièrement dépeuplés, seront un jour remplis d'habitants, nous comprendrons alors, qu'avec la suite des siècles et selon les intentions du Créateur, la race humaine étant au complet et généralement civilisée, ses besoins et ses transactions exigeront, pour la confection de son numéraire, une masse considérable de métaux précieux. Si donc dans ce temps-là, ainsi que nous l'avons énoncé plus haut, les mines d'or et d'argent se trouvaient épuisées, ou que seulement elles fussent réduites à de moindres proportions dans leurs produits, ne pourrait-on pas en conclure qu'à l'avenir les métaux précieux deviendront plutôt rares que surabondants. Les craintes actuelles sont donc exagérées. Ajoutons

tout de suite, qu'un représentatif immédiat, c'est-
à-dire la matière effective, n'est pas toujours indispensable pour baser le crédit ou pour asseoir les
transactions, parce que le génie de l'homme sait
pourvoir à ses besoins. Pourquoi donc nous inquiéte-
rions-nous de ce que fera l'avenir pour couvrir les
siens. Notre intention, en touchant incidemment à
cette actualité, n'a donc été que de montrer les
craintes de bien des gens dénuées de fondement, et
qu'à l'opposé de ce que l'on croit, l'avenir pourrait
réellement en concevoir de contraires, plus sérieuses
que les nôtres.

Et comme c'est du présent dont nous nous occu-
pons, revenons aux émigrants, que nous cherchons
à encourager, tout en faisant des efforts pour leur
être utile. Pour mieux atteindre ce but, à notre propre
expérience, reposant sur des observations suivies,
nous ajouterons celle de Fraugott Bromme, publi-
ciste allemand de mérite, qui a écrit un guide pour
les émigrants, ouvrage particulièrement précieux
pour les colons qui veulent fonder des établissements
aux Etats-Unis. Cet ouvrage renferme de sérieuses
recommandations et d'intéressantes directions adres-
sées à tout homme qui se prépare à quitter ses foyers
pour émigrer, quelle que soit du reste la contrée où
il compte se fixer.

Comme avant tout nous sommes ami de la vérité,
nous dirons, sans pour cela chercher à nuire à personne, que les émigrants qui se rendent aux Etats-
Unis y rencontrent de séduisants avantages, c'est à-
dire des terrains de choix par leur fertilité, leur emplacement, leur prix réduit, leurs communications

aisées, enfin par beaucoup d'autres facilités, telles, par exemple, que la plus grande proximité de l'Europe comparée à l'éloignement du Brésil. Mais combien aussi ces avantages, ne sont-ils pas largement achetés, par le triste délaissement dans lequel gémit souvent l'émigrant aux Etats-Unis, délaissement qui prend sa source dans l'égoïsme assez général de leurs habitants, dont un vif amour du gain est le principal moteur. On ne saurait oublier que l'axiome du *Selve Gouvernement* ne soit profondément enraciné dans les habitudes, les mœurs et les principes de l'américain du Nord. Et comme la fortune est un puissant levier dans les mains de l'homme indépendant, levier qui l'aide à faire prévaloir sa volonté, on ne saurait s'étonner qu'il cherche à acquérir cet agent suprême en sacrifiant ceux qui l'entourent, et plus particulièrement encore l'étranger.

C'est depuis 1828 que le public s'est plus particulièrement préoccupé de la question de l'émigration, surtout en la faisant réposer sur l'opinion quelque peu hasardée d'une surabondance de population en Europe, surabondance, ainsi que nous l'avons observé, souvent factice, qui se montre davantage dans les villes où s'agglomèrent des hommes avides de gains plus forts et de plaisirs plus variés. Cette mesure eût été plus véritablement assise sur la position critique où se trouve tout homme auquel son travail ne présente plus de lucre suffisant pour nourrir chétivement le père et les enfants. Du désespoir aux voies coupables est un pas glissant, malheur au pays où la faim fait mettre le pied sur ce pas dangereux.

Le premier devoir de toute société aussi fâcheusement placée, est d'y apporter un remède prompt et efficace. Ce remède ne saurait se rencontrer habituellement dans des chantiers nationaux, quoique nous reconnaissions qu'exceptionnellement, dans des circonstances extraordinaires et pour un temps très court, ce palliatif puisse servir de transition.

Le véritable remède gît dans de vastes terres destinées à être cultivées par des colons. Cette émigration est, sous tous les rapports et par ses résultats, mille fois préférable à toutes les taxes des pauvres, qui n'atteignent leur but que dans le plus petit nombre de cas. On ne saurait se faire d'illusion à cet égard, ceux qui mendient ne sont ni les plus malheureux ni les plus intéressants des pauvres.

Depuis quelques années, l'Europe a pu acquérir la certitude que les révolutions ne sont que de nouvelles sources ouvertes aux déceptions, aux mécontentements, à l'affaiblissement des ressources, à l'augmentation des impôts. Sources où l'abus de la raison, ou de ce qu'on appelle la raison et le progrès, n'a conduit qu'à égarer les esprits, qu'à multiplier les prétentions; et si, au commencement, on se contentait de combattre certaines opinions, dépendant du domaine de la foi, on ne tarda pas à la saper elle-même. A ces grands maux, qu'on ajoute encore les violentes calamités que les révolutions de tous les pays ont déversées sur eux-mêmes et sur les autres nations voisines ou éloignées, on verra ce qu'on doit en penser. Ce flot destructeur a introduit partout l'incitation, le ferment des passions, attisées par l'inactivité, l'absence de ressources, l'incertitude du présent et de l'avenir le plus rapproché, en sorte que le découragement et la volonté de tout bouleverser ont été universels.

Ces causes eurent toujours pour effet d'ouvrir de larges portes à l'émigration, qui apparaît indispensable à tous ceux qui soupirent après le repos et la sécurité; à tous ceux dont l'existence est compromise, ou simplement menacée. Aussi, en pareilles circonstances, songe-t-on à découvrir en d'autres contrées une terre d'asile, où la vie soit moins agitée, l'existence mieux assise, où la propriété soit inviolable, où les destinées se trouvent à l'abri des atteintes communistes, de la tourmente incessante des émeutes, enfin des révolutions toujours au moment d'éclater.

Cependant l'amour du pays émeut profondément le cœur du patriote; cet amour atténue beaucoup les douleurs que l'on est appelé à souffrir dans la patrie; l'oreille de celui qui l'aime n'épie-t elle pas constamment son précieux nom pour lui consacrer ses plus douces émotions. La patrie est semblable à cette bonne mère qui frappe ses enfants, ils en versent des larmes et la chérissent. Mais si l'enfant supporte tout de sa mère, il est loin d'éprouver la même résignation pour les mauvais procédés de ses frères; aussitôt qu'il le peut, il s'éloigne d'une maison où il ne rencontre plus le bonheur...; il l'abandonne sans l'oublier jamais; aussi conserve-t-il toujours le désir et l'espoir d'y revenir lors de meilleurs temps. Voilà l'Europe et la contrée où on reçut le jour; voilà ce qu'elles demeurent dans le cœur de tous les émigrants. Cependant chacun d'eux se dit aussi : la patrie n'est pas uniquement le terrain où se trouve la maison

dans laquelle on vit la lumière, le sol qu'on foula de
ses pas au début de la vie, ni les montagnes qui en
ceignent la vallée où se voit le toit paternel. Mais ce
qui constitue véritablement la patrie, ce sont nos
mœurs, nos usages, nos habitudes, nos affections,
notre famille, nos amis, nos relations, notre langue
maternelle. Toutes ces douces choses, nous pouvons
les réunir, les grouper autour de nous dans un autre
émisphère et sous l'azur de son ciel. Sans doute que
l'amour de son pays, ce sanctuaire des plus précieux
souvenirs, est une vertu sublime qui émeut vivement
l'âme de tout émigrant. Ne laissera-t-elle pas de
place aussi à l'amour qu'il doit à ses enfants, à tous
les membres de sa famille entière, à l'accomplissement du plus sacré des devoirs des pères? Partout
où il les remplit, le pays devient une terre chère
pour lui. Lors même que ses travaux sont accompa-
gnés de dures privations, il leur sourit en songeant
que ses efforts et sa persévérance préparent un heureux avenir à ses enfants, et, surtout, si la terre
qu'ils abandonnèrent n'offrait plus pour eux de ressources ni de sécurité.

Ajoutons, en dehors de ce qui précède, que les
motifs les plus divers conduisent de nombreuses familles à émigrer. Cependant le projet de quitter la
terre natale ne saurait être pris à la légère. La détermination d'abandonner la patrie, ne doit jamais
être l'œuvre d'une imagination surexcitée, ni le résultat de quelque passion chagrine, se complaisant à
jeter des ombres lugubres sur les épreuves que subit
l'Ancien Monde. L'émigration doit être fille de l'examen, d'un examen fait avec maturité, par une raison

calme, ne se dissimulant ni ce qui est bon, ni ce qui est dangereux dans l'entreprise qu'on médite, mais qui pèse impartialement le pour et le contre.

Que la plupart des émigrants accordent la préférence à l'Amérique, à l'exclusion de contrées plus rapprochées ; cette préférence repose sur ce que le Nouveau Monde présente des avantages et des ressources que l'Ancien ne saurait plus offrir à ceux qui l'abandonnent. Aucun autre lieu autant que l'Amérique, ne donne à l'émigrant le choix d'aussi grands espaces inoccupés, à acquérir pour de légères sommes, puisque dans ces contrées, soit au nord soit au sud, et tout particulièrement au Brésil, il est facile de devenir propriétaire de cent et plus de poses de terrain déjà défriché, pour une somme inférieure à ce qu'en coûterait une seule et unique dans maintes contrées de l'Europe. Et encore en Europe l'acquéreur n'aura-t-il qu'un sol épuisé, tandis qu'au Nouveau Monde, sa propriété sera de la plus grande fertilité et propre à toutes les cultures. Ce terrain vierge et riche ne réclame que des bras bien disposés pour lui faire donner d'abondantes récoltes, qui fonderaient l'aisance et la richesse des agriculteurs qui lui consacreraient des efforts soutenus, au centre de nombreux troupeaux, à l'ombre de la paix, de la liberté, de la sécurité. Quoiqu'il demeure encore beaucoup d'améliorations gouvernementales à opérer, cependant déjà, l'homme paisible, soumis aux lois, n'est inquiété ni pour ses opinions religieuses, ni pour celles politiques ; sa propriété est inviolable dès l'instant qu'elle a été légitimement acquise. Tels sont les avantages précieux dont tout émigrant jouira, s'il est homme de conduite irréprochable, c'est-à-dire morale et laborieuse. Ces contrées sont donc, pour l'homme actif et intelligent, le champ le plus vaste où puissent se déployer son savoir faire, son énergie, elles sont la nouvelle patrie, où libre arbitre de sa fortune, il peut fonder son avenir et celui des siens.

Tous ne sont pas immédiatement aptes à la chose, et, ainsi que l'a dit un homme d'Etat, il faut que l'émigrant pose sa vieille peau avant de prendre celle d'Amérique, pour apprendre à vivre indépendant et heureux. Les habitudes profondément enracinées sont, chez l'homme, des obstacles bien vivaces, aussi plusieurs qui nourriraient un séduisant idéal, seraient-ils fort surpris de ne point trouver au Nouveau Monde un paradis terrestre, où fleurit un printemps éternel. Le début, au contraire, se fait en réalité par tous les émigrants qui abordent l'Amérique sur un terrain qui exige de pénibles travaux, sur un sol qu'il faut arroser de sueurs, et où chacun, réduit à ses seules forces, doit se contenter de ses propres ressources. Aussi tous les émigrants trop optimistes, se trouvant subitement désenchantés, cèdent-ils au découragement, et, ne sachant prendre un parti salutaire, s'abandonnent-ils à une funeste oisiveté, et, demeurant dans les villes maritimes, y consument, dans une fatale indécision, les restes de leurs faibles ressources, et s'enfoncent ainsi dans la misère... C'est avec un cœur brisé qu'ils cherchent à revenir dans leur pays y trouver au moins le repos final que certainement ils eussent obtenu sans déplacement. Au fait, ils auraient plus sagement agi s'ils fussent demeurés chez eux, puisque leur résolution n'avait point été de lutter avec les difficultés, par conséquent de surmonter les obstacles que rencontre tout établissement nouveau ; obstacles qu'il faut vaincre, sous peine de voir son passé et son présent anéantis, dès qu'on renonce à se fonder un avenir. Ceux que nous venons de signaler ne sont donc point aptes à la chose ; mais les seuls émigrants dignes de réussir, et qui ont toute chance de succès, sont ces hommes actifs et laborieux, nés dans le besoin, privés de facilités, riches seulement du sentiment de ce qu'ils peuvent faire, lorsqu'ils seront placés pour cela, et qui ne soupirent qu'après le bonheur d'être transportés, avec leur famille, sur la terre d'asile qu'ils rendront florissante, parce qu'ils employeront à sa culture le zèle et les forces viriles qui donnent l'aisance à l'homme, en lui faisant chérir la vie et l'indépendance. Oui, c'est en Amérique, au Brésil, que l'agriculteur qui ne pouvait trouver à acquérir en Europe l'espace de terre nécessaire au développement de son travail, verra dérouler sous ses yeux des étendues incultes, où le déployement du travail de cent mille ouvriers, d'égale force aux siennes, ne sauraient suffire à leur culture. C'est donc là que la prospérité pourra couronner ses efforts, et que le ciel se réunira à la terre pour récompenser ses soins. Alors pas de délits comme en Europe, pas d'appel au communisme, qui n'est que le vol organisé en faveur d'habiles intrigants, dont tout le jeu est d'égarer les sots, pour profiter de leurs méfaits, d'intrigants qui ne réunissent la force matérielle de tous ceux qu'ils trompent et séduisent en flattant leurs passions envieuses, que pour en faire le levier

avec le secours duquel ils accompliront leurs abomi-
nables desseins.

La perturbation qui toujours menace la société ; les
machinations qui se préparent contre ceux qui possèdent ; les desseins que l'on ne cesse de nourrir,
seraient infailliblement anéantis, si ceux contre qu
tant d'attaques sont dirigées, s'unissaient pour participer à la création des fonds nécessaires à l'émigration de celles des classes qui ne soupirent qu'aprè
le travail. Cette prudente et prévoyante association,
assurerait la sécurité des particuliers et la paix stable
des Etats qui, eux-mêmes, ne sauraient employe
plus utilement des sommes votées au budget, afin
d'atteindre le même but.

Les mauvaises passions ne sont jamais surexcitée
autant par la misère et les privations, que par le
perfides insinuations des ambitieux. Ceci nous porte-
rait à croire que le côté dangereux des républiques,
est moins l'accès ouvert à tous de parvenir aux charges, que le droit illimité et sans garantie du vote
universel. Sans doute que chacun des individus, don
la masse se trouve composée, lorsqu'il est abandonné
à lui seul, serait insignifiant. Mais on stimule se
passions, et c'est alors que, joint à d'autres, il devient dangereux, même sans le vouloir, et souven
mû des meilleures intentions. Aussi tous les troubles des républiques sont ils le produit de deux
éléments qui s'allient, à savoir : les ambitieux qu
agitent par des moyens insidieux les masses égarées,
qui agissent sans responsabilité. Tous les Etats en
proie à ces genres d'agitation, ou ceux dont la population est scindée en deux catégories également dan-

gereuses, la trop grande richesse et la trop grande misère, sont-ils à côté de leur chute.

Revenant à notre sujet, nous ne cesserons de recommander chaudement la création de grandes facilités à offrir aux classes morales et laborieuses, pour qu'elles arrivent sur un théâtre propice à un travail productif, et surtout que ces classes soient convaincues, jusqu'à la dernière évidence, par toutes les précautions, les mesures et les procédés dont on enveloppera ces avances, que ces facilités ne sont destinées qu'à les conduire à une prospérité certaine, prospérité qui les attend dans d'autres régions, et dont la distance disparaît de plus en plus chaque année, par les rapprochements qu'offre la vapeur sur terre et sur mer.

Comme tous les émigrants ne seront pas campagnards, mais qu'il se trouvera parmi eux aussi des industriels, dont les métiers sont fort recherchés, particulièrement ceux en gros états, artisans qui peuvent beaucoup gagner; nous leur répéterons à tous qu'ils ne doivent point compter, dès leur arrivée, sur de beaux résultats immédiats, et que s'il y a dans leur nombre des gens déraisonnables, ceux-ci seront exposés à végéter en Amérique aussi bien qu'en Europe.

Nous encourageons d'autant plus volontiers à émigrer ceux qui possèdent encore quelques moyens dont ils pourront tirer un excellent parti, que c'est précisément dans cette catégorie qu'existe la pépinière des véritables futurs nécessiteux. Ceci cessera de paraître un paradoxe, si on veut réfléchir que le mendiant de naissance, ne connut jamais de position

meilleure; qu'à aucune époque il ne savoura les do
ceurs de la propriété, tandis que celui à qui il d
meure encore quelques restes de temps meilleur
les voit avec douleur s'engloutir d'année en anné
sans qu'il aperçoive aucune possibilité d'échapper
une ruine totale; celui-là ne saurait trouver de sal
que dans l'émigration.

Tous les pays où se trouvent des pauvres honteu
sous quelle forme qu'ils apparaissent, qu'ils soie
de misérables ouvriers, ou les détenteurs de propri
tés grevées d'hypothèques à l'équivalant de le
valeur, doivent s'avouer leur position et y port
un prompt remède par l'émigration; car, enfin
l'Etat, en vue de leur procurer du soulagement, n
saurait augmenter les impôts, ni établir des lign
de douanes soi-disant protectrices; ces moyens i
directs, loin d'atténuer le mal, ne font que l'au
menter.

Si l'on nous accuse de pousser à l'expatriation
nous dirons qu'un tel blâme ne peut partir que d'u
cerveau malade, puisque notre justification ressort d
soin empressé avec lequel nous signalons à ceux q
songent à émigrer tous les obstacles et tous les em
barras qui les attendent.

Le seul but de nos efforts, en faveur des class
honorables et souffrantes, est de leur ouvrir une vo
propice à les ramener au bien-être, à leur fai
recouvrer un heureux avenir. Ces sentiments, nou
l'espérons, trouveront une bienveillante sympath
qui conduira chacun à se joindre à nous, pour prêt
son appui au résultat tout philanthropique que no
nous efforçons d'atteindre.

On nous objectera peut-être que, si un torrent d'émigrants afflue vers l'Amérique, cela pourra devenir pour l'Europe le motif d'une défense d'émigration. Nous estimons cette crainte entièrement chimérique en ce qui concerne l'Europe, où il serait possible, que certains pensenrs, élevassent les mêmes objections qui déjà ont été réfutées victorieusement par tous ceux, qui sont mus d'une sage prévoyance, en faveur de classes, dont la position est infiniment précaire, pour ne rien dire de plus.

Nul doute que l'émigration, cette œuvre tout à fait volontaire de la part de ceux qui l'entreprennent, ne soit vue avec approbation par l'Angleterre et la France, elles qui possèdent de si vastes et de si excellentes colonies, et de plus toutes les facilités de transport pour y conduire leurs citoyens, afin de les y établir avantageusement, en les garantissant ainsi du paupérisme.

A la vérité, il a été question à diverses reprises, au congrès des Etats-Unis, de mettre des bornes à l'*immigration*; mais toute proposition tendant vers ce but a toujours été repoussée par des arguments décisifs. En effet, l'Amérique entière, et tout particulièrement celle du sud, a le plus urgent besoin, la plus indispensable nécessité, de voir accroître sa population d'émigrants européens; surtout les propriétaires indigènes ayant reconnu, depuis que les noirs diminuent en nombre, combien les travailleurs blancs leur sont plus utiles que les Africains.

C'est pour cette raison que les Brésiliens habiles, désirent avec ardeur l'arrivée d'abondants émigrants venant d'Europe. Une population blanche, nombreuse, acclimatée, donnera toujours de la splendeur et de la puissance à la nouvelle patrie qu'elle choisira, et sur laquelle aussi, elle exercera une heureuse influence.

Non! l'Europe ne songera jamais à entraver et moins encore à priver ses habitants du plus sacré de leurs droits, celui de transporter leur personne partout où ils peuvent espérer d'être admis à résider, en se soumettant aux lois et aux usages du pays qui les reçoit dans son sein. L'Angleterre elle-même considère l'émigration comme une véritable soupape de sûreté, à laquelle elle laisse tout son jeu, en faveur de la tranquillité publique.

Ajoutons ensuite que, sans compromettre en rien la politique, la religion ni la morale, sans atteindre en quoi que ce soit à l'autorité ou au règne des autres lois, il en existe néanmoins trois qui sont impérieuses, nonobstant qu'elles ne soient écrites dans aucun code. Ces lois doivent constamment demeurer présentes à la pensée des chefs des nations, parce que ce sont les trois colonnes qui affermissent la tranquillité des populations et la paix des Etats. Ces trois colonnes herculéennes sont : le déjeûné, le dîné, le repas du soir. Si l'une de ces colonnes menace malheureusement de manquer, si seulement elle est fortement ébranlée, cet ébranlement devient l'endroit par où s'introduit une première agitation. Si deux de ces colonnes devaient chanceler, toute puissance de convention éprouverait de redoutables commotions. Nous éviterons de toucher à la situation qui pourrait surgir après la chute des trois colonnes, persuadé que nous sommes, qu'un si terrible malheur n'affligera

jamais aucune nation. Mais il suffit de l'effroi qu'ins-
pire la seule pensée d'un si grand désastre, même
partiel, pour bien comprendre l'impérieuse nécessité
d'une émigration bien organisée, qui prévienne même
le plus léger ébranlement de la première de ces colonnes.

L'Amérique, à cette occasion, tend une main secou-
rable à l'Europe. O que l'ancien continent serait mal
avisé, s'il ne savait saisir et profiter de ce précieux
secours ! Gouvernements et populations sont donc
vivement intéressés à rendre l'émigration prompte et
facile, à tous ceux qui croiront y trouver une ancre
de salut, une existence nouvelle et heureuse.

Oui ! tous ceux qui manquent d'occupation, quoi
qu'ils en cherchent avec ardeur, doivent, sans
hésitation aucune, se transporter avec empressement
là, où ils sont assurés d'en trouver beaucoup. Un si
bon exemple ne demeurera pas sans imitateurs ni
sans succès. Les partants rendront non seulement de
l'espace en Europe, mais ils prépareront aussi des
voies plus faciles à ceux qui les suivront dans ces
milliards d'acres de terrain en friche, qui n'ont pas
encore un seul agriculteur pour les mettre en rapport.

N'est-ce pas à ses vastes colonies que l'Angleterre
est redevable de la haute position qu'elle occupe ? Cet
état de prospérité sera-t-il sans attrait pour les autres
peuples ? Cependant ils sont placés pour tirer un
propre profit de l'expérience britannique ; il ne s'agit
ici que de pacifiques conquêtes, ainsi que les nomment les partisans de colonisations systématiques,
puisque, jusqu'à un certain point de vue, que toutefois il ne faut pas exagérer, c'est avoir conquis une

portion du pays, dès que l'on devient propriétaire d'une partie de son sol, tout en acceptant pour légitimes et irrévocables suzerains, le souverain qui y règne et les lois qui le dominent.

Un monarque conquérant désire un peuple très-nombreux, parce que dans cette multitude, il trouve l'élément indispensable de ses succès à la guerre; mais tout prince, ami de l'humanité, préférera une population amie des douceurs de la paix, et qui jouisse de la plus grande dose possible de la prospérité qui en découle.

La misère enfante la grossièreté de conduite et le relâchement des mœurs. Ceux qui souffrent deviennent inévitablement le levier redoutable dont se servent les chefs de parti, ceux-ci leur promettent une situation séduisante, également hors de leur volonté et de leur pouvoir.

Les grandes entreprises nationales, lorsqu'elles ne sont pas indispensables et quand on ne les met en œuvre que pour le besoin du moment, ne sont que de ruineux expédients qui ne font que très-peu de bien à quelques-uns, et préparent sourdement beaucoup de mal à la généralité. Quelques sociétés savantes proclament qu'une surabondance de population est un signe certain de prospérité nationale. Nous pensons au contraire, que : toute population trop accrue, si elle n'est point en possession d'une forte aisance, marchant du même pas qu'elle, loin d'être un signe de prospérité, n'en est qu'un de décadence, qui, dans un temps plus ou moins rapproché, deviendra la source positive d'un malaise général, si une sage émigration ne vient y apporter le meilleur comme le plus énergique remède.

La nature elle-même, à la voix de laquelle nous ne demeurons que trop sourds, ne nous dit-elle pas que : les abeilles jettent des essaims, auxquels le propriétaire intelligent prépare des ruches, où se formera pour lui une augmentation de récolte de miel.

Les émigrations d'individus ont, sans contredit, un grand degré d'utilité ; cependant celles en famille, et surtout si elles sont composées de plusieurs familles groupées et animées d'un même zèle ; de familles qui veulent réunir leurs efforts pour atteindre un but convenu, ont des chances bien supérieures de succès et d'un avenir certain, parce que, fortifiées de leur bonne entente, elles décuplent leurs moyens d'action, leur sphère d'activité, leurs secours mutuels, enfin leur assistance réciproque. Les membres de ces précieuses sociétés de familles, en se répartissant la vocation et les travaux qui en dérivent, les utilisent avec précision et au plus grand profit de tous. Mais comme qu'il en soit de cet emploi des forces associées, nous croyons donner un excellent conseil aux émigrants, dont un commencement de prospérité couronne les travaux, en leur recommandant de calculer avec une sévère prudence l'emploi qu'ils feront de ce qu'ils auront déjà acquis, de manière à ne rien entreprendre qui puisse compromettre leur position, en dépassant leurs forces et leurs ressources. L'expérience a toujours démontré qu'en voulant avancer trop rapidement on risque de reculer, et que des entreprises trop hâtives n'ont conduit qu'au découragement et à la ruine, là où, avec un peu plus de patience et de sages délais, on serait arrivé au meilleur succès et à une prospérité certaine et brillante.

Nonobstant le petit avis qui précède, et que, selon notre conscience, nous avons cru devoir donner tout spécialement aux émigrants qui déjà, depuis un certain temps, habitent l'Amérique ou ailleurs, nous nous empresserons cependant de reconnaître, qu'en thèse générale, vouloir conseiller aux hommes de faire ou de ne pas faire, et surtout si le conseil qu'on leur donne vient à l'encontre de ce que, selon leur propre opinion, ils estiment être dans leur intérêt, c'est tenter une démarche tout aussi inopportune que d'imaginer conduire l'Europe à suivre une direction contraire à ses mœurs et à ses usages.

Individuellement, chacun conserve sa propre pensée, fille de sa conviction ou de ses penchants, et qui dirige son action d'après l'impulsion de son cœur, lors même que ce dernier ne serait pas d'accord avec la saine raison. Toutefois, n'est-il pas mal de dire à ceux qui ne cessent de crier à leurs concitoyens : Restez donc au pays! qu'ils doivent alors assurer aussi une existence certaine et durable à leurs voisins, lorsque ceux-ci manquant de tout, sont intentionnés d'aller ailleurs chercher une meilleure position. Si dans un sens opposé nous insistons auprès de ces classes malheureuses, pour qu'elles se décident à émigrer, c'est par la conviction qui nous anime que : l'émigration serait pour eux la véritable voie de salut et d'avenir. Cependant ajoutons de rechef, qu'avant de s'arrêter à une résolution définitive et irrévocable, chacun doit s'occuper à prendre de très-exactes informations sur le pays où il propose

d'aller se fixer..... Ne hâtez donc rien !.... Surtout
ne partez qu'après avoir obtenu les notions les plus
certaines et les plus satisfaisantes sur la terre d'asile
que vous projetez d'habiter, afin de ne pas être
exposés à revenir après un court séjour, plus malheureux que quand vous partîtes. Nul ne doit abandonner
un domicile actuel, sans être assuré des avantages
qu'il rencontrera ailleurs; et comme chaque contrée
offre du mieux et aussi du moins bon, l'homme réfléchi, surtout l'homme civilisé, établira attentivement des points de comparaison, d'où partant, il
prendra en haute considération ce qui concerne le
lucre, la science, la religion, la liberté, les jouissances auxquelles il est habitué, les commodités de
l'existence, celles des communications faciles et quotidiennes.

Il ne faut amoindrir aucun des sacrifices que l'on
sera appelé à faire, afin de ne pas se préparer des
regrets amers, qui feraient surgir un besoin passionné
de rentrer dans la patrie. Que celui donc qui veut
émigrer se pénètre avant son départ de la pensée
qu'il va abandonner un pays bien cultivé pour un qui
ne l'est pas encore, et qu'il fasse découler de là tout
ce qu'un pareil changement peut offrir de déceptions;
attendu que la dernière position présentera sans aucun
doute une complication de désagréments, ou de maux
inhérents aux mœurs ou au climat, inconvénients
qu'on n'aperçoit guère au sein de la civilisation, parce
qu'elle possède certains biens dont on jouit sans s'en
douter, et qu'on apprécie seulement alors qu'on ne
les possède plus. En conséquence, il faut que l'émigrant soit préparé, qu'il soit décidé à se séparer ré-

solument de toutes ces choses avant qu'il s'adonne à l'émigration ; il est important qu'il ne se laisse pas entraîner par des conseils légers ou intéressés.

L'homme prudent, quelle que soit du reste sa position sociale, n'aura point à redouter de si graves dangers, si préalablement il a mûrement pesé les avantages et les inconvénients des deux positions, en les plaçant en présence l'une de l'autre, et surtout s'il a fait, à l'inconnu, une large part d'obstacles qui ne laisse qu'une bien faible crainte de déceptions à redouter. Si ensuite il se décide à courir les chances de l'émigration, il faut que, revêtant le caractère d'homme inébranlable, aucune difficulté ne puisse plus lui causer de regrets, ni le décourager.

Personne n'ignore que le père qui veut travailler à la prospérité de sa famille possède une force de géant ; aussi acceptera-t-il les choses comme elles se présenteront ; sa persévérance surmontera les obstacles, et nous, nous ne reculerons point à donner à chaque émigrant de ce caractère l'assurance positive de la réussite qui l'attend, et des fruits abondants que lui donnera son émigration.

En dehors des avantages matériels que recherchent et qu'à bon droit peuvent se promettre les véritables émigrants, l'émigration peut offrir à toutes les classes même aux plus élevées de la société, un moyen très propice d'acquérir de grandes lumières et de précieuses connaissances, connaissances qui ne s'implantent bien que dans les lieux où elles existent et dont les voyageurs, qui les ont butinées, reviennent enrichir et la patrie et la science. Ces voyageurs d'élite pourront, mieux que personne, juger les souffrances d'hommes courbés sous le despotisme, ou les maux de ceux livrés aux abus d'une liberté licencieuse, liberté audacieuse bien autrement dangereuse à la société, que toute restriction outrée, qualifiée sœur de l'esclavage.

Peu de voyageurs riches dirigent leurs excursions vers l'Occident; c'est cependant là, qu'avec un juste enthousiasme, ils admireraient les beautés luxuriantes et natives de la plus magnifique nature; c'est là qu'ils pourraient acquérir de précieuses notions sur l'homme, encore tout à fait à côté de l'état où se trouvaient les premiers habitants du globe. Ces notions seraient importantes pour tous, et plus particulièrement pour ceux qui songeraient à rapporter eu Europe des améliorations recueillies en Amérique.

Nous estimons avoir rempli un devoir sacré en signalant les difficultés qui accompagnent une émigration en Amérique. Loin de nous toute prévention contre celle qui conduit l'émigrant aux Etats-Unis; cependant, nous répéterons ici que ces provinces, nonobstant leur plus grande proximité de l'Europe et toutes les ressources qu'elles semblent offrir aux émigrants qui s'y rendent, sont néanmoins le pays où ceux qui l'abordent, avec de faibles ressources, seront aussi le plus promptement désenchantés des illusions qu'ils pouvaient s'être faites. C'est, au reste, ce que la triste expérience de quelques-uns a fait savoir à ceux qui n'étaient pas encore partis pour les mêmes contrées.

C'est donc, et nous en convenons tout d'abord, à faire ressortir les précieux avantages que présente aux émigrants l'Amérique du Sud, que cette notice est destinée. Toutes nos sympathies appartiennent à la plus grande prospérité du Brésil, comme nos sentiments sont dévoués aux émigrants auxquels nous adressons cette publication, recueil de nos recherches, afin qu'elles les conduisent au bien-être.

Cet ouvrage est spécialement destiné à diriger les regards, comme à fixer l'attention de la classe intéressante dont la noble émulation vise à une position meilleure, et cherche, en s'expatriant, à acquérir un avenir heureux, du repos, de l'aisance, de l'indépendance pour une vieillesse encore éloignée, mais dont la perspective doit inspirer le courage, que caressent les douces joies de l'espérance. C'est donc pour ces hommes dignes d'un succès complet, que nous écrivons avec la vérité qui fait la force des assertions. Nous nous gardons d'autant plus de toute exagération, que nous voulons mériter un témoignage d'estime de l'émigrant qui, arrivé au Brésil, soit conduit à s'écrier : La chose est ici, comme on nous l'a annoncée, et nous trouvons dans ce beau et bon pays ce que l'on en a publié dans la notice.

CHAPITRE II.

LE BRÉSIL.

———

Ce fut en 1499 que Christophe Colomb aborda aux bouches de l'Orénoque, sans se porter plus au sud. Mais en 1500, Pierre Alvarez Cabral, cherchant à éviter les calmes de la côte d'Afrique, s'avança tellement en pleine mer que, battu par la tempête, il dût chercher un abri, qu'il trouva au 15° de latitude australe ; il nomma cette côte Porto-Seguro. A ce moment, il touchait au Brésil dont il prit possession, sans toutefois y former d'établissement. Il donna le nom de Sainte-Croix à cette terre, qui plus tard prit celui qu'elle porte aujourd'hui.

La Cour de Lisbonne ne tarda point à faire explorer les côtes du Brésil, nom donné à ce pays à cause des grandes forêts de cette espèce de bois qu'il contenait. Aussitôt que les navigateurs portugais crurent être certains que ces contrées ne renfermaient ni or ni argent, la métropole n'en fit que très-peu de cas ; elle se contenta d'y déporter des hommes flétris par les lois et des femmes perdues par leur conduite.

Au commencement, on rapportait de cette colonie des perroquets et des bois de teinture, ou pour la marqueterie. On renonça à en exporter du Gingembre, afin de ne point nuire en cela au commerce des Grandes-Indes.

L'inquisition donna aussi des exilés au Brésil. Ces Européens cherchèrent à établir quelque culture sur ces plages, et ces essais réveillèrent l'attention de la métropole, qui, en 1525, regarda moins dédaigneusement la nouvelle possession que lui avait acquis le hasard ; elle pensa alors qu'à défaut de métaux précieux, tout au moins pourrait-elle y recueillir des moissons.

Cette opinion, ayant pénétré dans la nation, prit aussi racine chez les grands seigneurs. Ceux-ci, animés d'un esprit aventureux, demandèrent et obtinrent du Gouvernement l'autorisation de conquérir sur les côtes des étendues de 40 à 50 lieues de largeur, sur une profondeur illimitée dans les terres. Les chartes, accordées pour autoriser ces conquêtes, ne statuaient rien à l'endroit des traitements que devraient subir les indigènes.

Les Portugais arrivant dans ces vastes domaines n'étaient soumis qu'à une légère redevance, tandis que leurs propriétaires jouissaient de tous les droits régaliens, dont toutefois furent exceptées la peine de mort, la frappe des monnaies et la dîme des productions, choses réservées à la couronne.

Les sociétés naturelles sout généralement peu nombreuses; elles subsistent d'elles-mêmes, selon leurs convenances, et se tiennent suffisamment espacées. Tel était l'état du nouveau continent.

Le Brésil se trouvait peuplé de petites nations, établies dans les forêts, dans les plaines, sur les rives des fleuves ou sur les côtes de la mer. Très-peu demeuraient sédentaires; le plus grand nombre menait une vie nomade; aussi n'entretenaient-elles que de faibles relations les unes avec les autres, vivant de la pêche, de la chasse, bien rarement de la culture des champs.

Les indigènes du Brésil, avec la couleur brune, sont généralement de la taille des Européens, cependant moins robustes. Peu de maladies les atteignent; l'une d'elles est le bicho dont il y a trois espèces. La première est celle d'un petit ver long et délié qui s'attache aux jambes des hommes, principalement à la suite de grandes fatigues, surtout lorsqu'étant à pieds nus, avec les jambes découvertes, ils n'ont pas soin d'être propres et de changer de chaussure. Ce bicho grossit entre chair et cuir, il cause des ulcères et conduirait à la gangrène, si on négligeait de le faire extraire de bonne heure. Les sauvages sont fort experts à cette petite opération; aussi ne s'inquiètent-ils que fort peu de ce mal.

On peut encore être atteint au Brésil d'un autre mal, qui commence par une inflammation au fondement, accompagnée de maux de tête insupportables et d'une fièvre continue. Les arrivants au Brésil préviendront très facilement cette maladie, s'ils ont soin de se laver chaque fois, après avoir été à la selle. Au reste, au Brésil, comme dans toutes les contrées du globe, le plus sûr brevet de santé est la propreté, la sobriété et une conduite régulièrement modérée.

Les indigènes brésiliens vivent longtemps, on ne voit pas d'estropiés parmi eux, ils ne connaissaient pas de vêtements, leur nourriture est peu variée. Ces peuples aiment la danse. Le sauvage n'est guidé, dans ses plaisirs, que par sa passion, son cœur et la nature ; quand il chante ou qu'il danse, c'est la preuve qu'il est heureux ; en sorte que ce qu'il sent réellement, nous, gens civilisés, nous le simulons.

Les notions de dépendance et de soumission n'avaient pu arriver à ces peuples, à cause de l'ignorance dans laquelle ils vivaient, de ce qui constitue une société bien ordonnée. Tout principe de gouvernement était inconnu dans ces déserts. Jamais ils n'eussent conçu qu'un homme pût avoir le droit, ou seulement la prétention, de commander à d'autres hommes.

Ainsi que tous les peuples errants, les indigènes du Brésil ne marquaient aucun attachement pour les lieux qui les virent naître. Cet amour si vif dans les sociétés civilisées est inconnu dans l'état de nature. La vie morale du sauvage est entièrement le contraste de celle de l'homme social. Ce n'est que dans son enfance que l'être civilisé jouit des bienfaits de la nature. Tout entier dans l'avenir, le temps pour lui se perd dans la spéculation. C'est ainsi que, chez l'homme civilisé, le cœur se refuse à ce qu'il désire, puis se reproche ce qu'il s'est permis. O que le sauvage est loin de là ; à chaque époque de sa vie, il jouit des plaisirs et des biens qu'elle fait éclore ; aussi ne les sacrifie-t-il point dans le but de baser une vieillesse moins laborieuse. De cette manière, la source de ses joies est en lui-même, et sa patrie se rencontre partout.

Quoique la tranquillité des peuplades brésiliennes ne reposât sur aucune loi, rien dans leurs petites sociétés n'était plus rare que des dissentions. Les voyageurs même, qui parvenaient jusqu'au milieu d'eux, y étaient reçus avec des égards ; aussi cette hospitalité naturelle est-elle l'un des plus sûrs indices que l'homme est né pour la sociabilité. Mais si l'Indien est naturellement hospitalier, jamais il ne faut l'offusquer, et bien moins encore laisser percer de l'ingratitude pour ses procédés.

En aucun cas, l'intérêt ni l'ambition ne conduisirent ces sauvages à la guerre ; mais souvent, ce fut le besoin de venger leurs proches ou leurs amis. Des mœurs semblables ne pouvaient guère disposer ces Indiens à recevoir patiemment les fers dont on voulait les charger. Cependant, que pouvaient des sauvages contre les armes et la discipline de l'Europe ?

Le vaste continent brésilien s'étend de Oyapoc au nord jusqu'au lac de Mirim au sud. Il est borné, au septentrion, par l'État de Venezuela et la Guyane ; à l'orient, par l'Océan Atlantique ; au midi, par l'Uruguay et les États de la Plata ; à l'occident, encore par les mêmes États, ensuite par le Paraguay, la Bolivie, le Pérou et la Nouvelle-Grenade. Il présente donc une étendue de 1,160 lieues du nord au sud et de 1,048 lieues de l'orient à l'occident. La côte qui s'étend de Oyapoc à l'embouchure de la Plata, est de 1,960

lieues, en sorte que la surface du Brésil est de
265,060 lieues carrées, dont seulement 5,300 sont
cultivées ou présentent des pâturages ; 31,800 appartiennent à des particuliers sans être défrichées ;
42,400 sont occupées par des fleuves, des lacs ou
des marais ; enfin le surplus, soit une étendue dépassant la moitié de la surface de l'Europe, est encore
inhabitée, couverte de forêts vierges, la majeure
partie très-propre à l'agriculture. C'est dans cette
dernière portion que se trouvent d'abondants métaux
et des bois très-précieux.

La conformation du Brésil est des plus variées.
L'extrême sud, ainsi que la plus grande partie du
nord, présentent de vastes plaines. La plupart des
autres contrées sont montagneuses, en sorte qu'elles
offrent un système géologique qui leur est propre. Les
points culminants de ces monts se trouvent dans les
provinces de Goyaz et de Minas-Geraes, dont la
chaîne principale s'étend à l'orient de l'Uruguay et
Parana, et part de la jonction du Tiete avec le dernier.

Les principales montagnes du système brésilien
forment trois grandes chaînes, qui, après diverses
déviations, s'étendent du nord au sud, d'où se déta-
chent de nombreuses subdivisions, courant dans
toutes les directions, et dont celle nommée Serra do
Espinhaço paraît être la chaîne la plus centrale. Ses
plus hautes cimes se trouvent entre le 18° et le 21°
sud, où le Jtacolumi, près de Villa Rica, s'élève à
5,850' ; la Serra da Frio, près de Villa de Principe, à
5,500', et la Serra da Piedade à 5,460 pieds.

Le pays supérieur a en moyenne une élévation de

2,500'. Les monts de la côte s'élèvent jusqu'à 4,000', et les sommets les plus culminants du pays ont une hauteur de six à huit mille pieds. Entre le 20° et le 23° sud, on trouve le Pico de l'Orgaos qui s'élève à 7,300', le Morro do Papageio à 7,000' et le Buquira à 7,513'. Ces diverses chaînes de montagnes séparent les forêts vierges à l'orient des parties rases occidentales.

Des plaines élevées, clairement boisées, nommées Campos, renferment au fond de leurs vallées quelques forêts primitives qui s'y sont conservées.

Les montagnes du Brésil sont composées de granit et d'ardoise, mais qui ne s'élèvent pas à plus de 3,500'; les couches supérieures renferment du quarz, de l'argile et de la chaux; des collines moins élevées ne sont formées que de pierres calcaires. Ce qu'on rencontre de remarquable sont des pierres roulées qui, conduites par les inondations et les submersions, ont comblé des vallées et empli des cavernes, maintenant elles distinguent le Brésil par des richesses d'or et de diamants.

Vers le nord, le pays se déploie en forme de terrasses, et dès le Cerro de Pacaraima et Ucurusira, il ne présente que des renflements insignifiants. A l'orient, la côte avancée du Cap San Roque et Antonio est en majeure partie plate; elle forme la lisière de cette plaine immense, qui s'étend en douces ondulations jusqu'à la chaîne des Andes.

Cette vaste contrée applatie se compose de prairies humides ou de Llanos; enfin de surfaces pierreuses, de forêts impénétrables ou de marais, d'où s'exhalent de dangereux miasmes.

On ne peut guère pénétrer que par eau dans cette portion du Brésil. Là de considérables écoulements parcourent le sol dans tous les sens, et dégorgent leur trop plein dans le Maranhon, qui, à son tour, jusqu'à présent sans utilité, va précipiter ses flots dans l'Océan.

Le sol du Brésil renferme un grand fond d'Humus. Ce vaste terroir nourrit un nombre considérable de forêts vierges, où se trouvent des arbres énormes et d'une difficile exploitation. Ce sol peut être divisé en quatre classes, savoir : en sol côtier, soit en littoral déjà cultivé, ou propre à l'être; puis en pays élevé et pierreux; ensuite en plaines élevées aussi, mais sablonneuses; enfin en abondantes submersions. Le Brésil est un pays de riche irrigation, par ses grands fleuves et ses nombreuses rivières, qui, sortis de leurs sources dans les montagnes de l'intérieur, en descendent et tout particulièrement de la chaîne des Andes. Ces fleuves traversent rapidement le pays, ils offrent bien des cascades. Le principal de ces cours d'eau est le Maranhon, nommé aussi fleuve des Amazones, dont l'étendue est de quinze cents lieues; il a une embouchure de cinquante lieues de largeur. Ce fleuve géant enserre une surface de 280,000 lieues carrées, soit un circuit égal aux quatre cinquièmes de la grandeur de l'Europe.

Le Tocantios, qui par le Rio dos Bocas est en communication avec le Maranhon, forme un fleuve spécial. A l'orient coule le Parnahiba. Au sud est l'embouchure du Francisco qui parcourt la partie intérieure du pays Au sud-est coule le Rio Grande de San Pedro. Enfin, au sud-ouest du pays, circulent le Parana et l'Uruguay. Le Paraguay traverse la plaine des Marais, qui, à l'époque des pluies, se transforment en un lac nommé Xarayes. Tous les autres nombreux fleuves du Brésil sont inférieurs aux précédents, quoique plusieurs d'entr'eux puissent porter des embarcations pendant un cours de quatre-vingts à cent lieues.

Le Brésil, véritable contrée des tropiques, est un pays chaud, mais dont la chaleur est tempérée par les nombreux fleuves qui le parcourent, par la proximité de la mer et la grande quantité de montagnes qui concourrent à en raffraichir l'atmosphère. Avec cette position, la partie sud du Brésil est incontestablement la plus propice aux établissements des Européens, parce qu'elle possède le climat le plus excellent et le plus sain. Si déjà à Rio de Janeiro on est assujetti à une chaleur de 16 à 30°, c'est cependant peu de chose, si on la compare à celle des plaines du nord, qui véritablement est étouffante; aussi ces plaines sont elles le siége régulier de toutes les maladies des tropiques.

Sur les montagnes, dont aucune n'atteint la limite des neiges, se retrouve alors une température des plus agréables, parce que les vastes forêts qui les ombragent, les fleuves qui arrosent leur base, forment de douces vapeurs qui divisent l'air et préparent ainsi d'abondantes pluies pour le printemps et pour les mois qui, chez nous, sont ceux d'hiver. L'étendue du Brésil rend assez variable l'ouverture et la durée de la saison des pluies.

De mars à septembre, le cours des vents qui régnent tend dans la direction du sud, tandis que cette direction remonte vers le nord depuis le mois d'octobre à celui de février. S'il y a de nombreux orages au Brésil, si de temps à autre ils causent de l'effroi, tout au moins d'autres fléaux qui bouleversent les Etats voisins, tels par exemple, que les volcans, les tremblements de terre, les ouragans, y sont-ils entièrement inconnus.

Nous dirons encore, au sujet des vents qui régnent sur les côtes du Brésil, que, depuis le Cap de Saint-Augustin, le vent souffle presque constamment du nord-est le matin, et que le soir et la nuit c'est du nord-ouest. Cependant, cela varie graduellement le long de la côte jusqu'à Rio de Janeiro et à la rivière de la Plata, où il y a une brise régulière de terre depuis le soir jusqu'au matin et une brise de mer pendant le jour. Durant les trois mois orageux, c'est-à-dire depuis la fin de février à la fin de mai, il y a généralement un fort vent du sud et de temps en temps des rafales de sud-ouest. Vers le milieu d'octobre, un fort courant commence à porter au sud depuis le Cap Saint-Augustin, et continue jusqu'en janvier, après quoi il n'y a plus de courant régulier jusqu'au milieu d'avril, où il y en a un considérable qui coule vers le nord jusqu'en juillet, époque où il cesse.

Les richesses naturelles que possède le Brésil, surpassent tout ce qu'on peut trouver ailleurs. Chacune d'elles est également grande, et présente à l'observation attentive le tableau le plus magnifique. Le règne minéral est sans mesure, soit en pierres fines, soit en or.

Au Brésil sont les plus vastes mines de diamants; c'est là qu'on les trouve épars, répandus sur des rochers, ou mélangés à la terre, au gravier des plantes, dont on les sépare au moyen du lavage. C'est la Serra da Frio qui est le district des diamants, pays peu hospitalier, dont le lieu principal est Tajuco, auprès duquel est justement située Mandange, la plus grande mine. On trouve des diamants de toutes les couleurs; celui vert, nuance émeraude d'une belle teinte, est le plus rare et aussi le plus cher. Il existe peu de mines de diamants, de cette pierre si supérieure à toutes les autres par son éclat et sa dûreté. Des chercheurs d'or remarquèrent, dans le sable qu'ils jetaient, des pierres luisantes; ils les signalèrent à leur chef. De ces cailloux furent envoyés à Lisbonne; là on en soumit à des lapidaires hollandais, qui déclarèrent que c'étaient de fort beaux diamants. Dès que la nouvelle en parvint au Brésil, une attention aussi vigilante qu'empressée fut employée à recueillir ce qui avait été repoussé. En peu de temps, on réunit 1,146 onces de ces cailloux, en sorte que le prix du diamant éprouva momentanément en Europe une assez forte baisse.

Tous les fleuves charient de l'or; on en trouve en grains ou par petites masses, et plus particulièrement dans les ruisseaux fangeux, dans les anfractuosités des rochers, enfin dans l'argile rouge des montagnes, qu'on lave aussi.

Les mines d'or furent découvertes en 1577, vers la montagne de Jaguara. En 1588, on en trouva sur les hauteurs de Jacobina, dans le district de Rio-das-Velhas; mais Philippe II n'en permit pas l'exploitation. En 1699, le hasard offrit à quelques hommes entreprenants, de grands trésors dans la province de

Minas-Geraes. Les mines de Goyas ne furent découvertes qu'en 1726. On trouva de l'or en 1735 dans la province de Mato-Grosso.

Ces trois contrées ont été appelées par excellence la région des mines ; les autres qui existent sont loin d'être abondantes.

Dans cette partie du Nouveau-Monde, l'extraction de l'or n'est ni dangereuse, ni fort pénible. Il se trouve quelquefois à fleur du sol, et ordinairement c'est le plus pur. Souvent on creuse jusqu'à la profondeur de 10 à 12 pieds, mais rarement au-delà.

Les premiers écrivains qui s'occupèrent des régions du Nouveau-Monde ne craignirent point d'énoncer l'opinion que la valeur de l'or et de l'argent se rapprocherait. Toutefois, l'expérience des divers peuples, et celle de la suite des âges, avait appris que toujours il fallût plusieurs onces d'argent pour en représenter une d'or, parce que les mines de l'une furent constamment plus communes que celles de l'autre. Il résulta donc, entre ces deux métaux, une différence qui varia selon les pays, et fut plus ou moins forte suivant leur plus ou moins grande abondance respective.

En 1780, cette proportion se trouvait être, au Japon, de 1 à 8 ; à la Chine, de 1 à 10 ; dans les autres parties de l'Inde, de 1 à 11, à 12, à 13, à 14, toujours plus forte, à mesure que les Etats se trouvaient plus rapprochés de l'Occident. L'Europe elle-même a présenté des variations semblables. Dans l'ancienne Grèce, l'or était à l'argent comme de 1 à 13. A Rome, lorsque cette capitale reine possédait les richesses du monde connu, la proportion fut de 1 à 10; au temps de Tibère de 1 à 13; enfin, lorsque Colomb aborda au Nouveau-Monde, l'or était à l'égard de l'argent au-dessous de 1 à 12. La quantité de ces métaux, importée du Perou et du Mexique, ne les rendit pas seulement plus abondants et plus communs; mais ce fut la valeur de l'or qui fut relevée, tant on trouva d'argent. L'Espagne, que sa position assignait à être le juge naturel de la proportion à établir, la fixa pour son système monétaire de 1 à 16; proportion qui, avec de bien légères modifications, a été adoptée par l'Europe entière.

Ce système continue d'être suivi, nonobstant que le Brésil et tant d'autres contrées produisent une surabondance d'or. Cette abondance pourra peut-être exercer quelque influence sur la proportion admise. Nous pensons néanmoins que, si cette influence a lieu, d'abord elle ne sera que temporaire, ensuite qu'elle sera infiniment moins sensible qu'on ne semble la redouter, et cela par les raisons que nous avons présentées au chapitre premier.

Nous ne voyons pas que la valeur de l'or ait baissé sur les principaux marchés et non plus dans les proportions monétaires.

Il existe encore au Brésil, une immense quantité de métaux de tout genre, de demi métaux, mais pas d'argent. Des chaînes entières de montagnes, composées de minerai de fer, d'étain, de plomb, de mercure, de soufre, d'alun, etc., y sont inépuisables.

Le régne végétal est non moins inombrable en toute espèce. Aucun pays ne possède une semblable diversité de végétaux délicieux. Le Brésil en présente l'universalité, dans sa plus somptueuse puissance.

Les contrées les moins élevées et où règne la plus forte chaleur réunissent tous les fruits que donnent le sud, les tropiques, les Indes orientales, et de plus diverses espèces entièrement inconnues dans d'autres contrées.

Les oranges, les grenades, les ananas, les guaves, les cocos, les yams, les jambu-tikabas, les mango's, le manioc, le pisang, la pêche y prospèrent délicieusement. Le café, le sucre, le coton, le cacao, le tabac, le riz y sont cultivés; c'est aussi avec succès qu'on a introduit au Brésil la culture du thé.

Les bois de teinture et en particulier celui de Fernambouc, s'y trouvent dans des forêts très-étendues. L'indigo est cultivé dans diverses contrées du pays. Les épiceries et les drogueries, comme le poivre, le gingembre, la vanille, le roucou, le china, la salsepareille, le sassafras, les gommes, les résines, les baumes, les huiles y sont en grand nombre. C'est dans les contrées du nord que se trouvent les espèces de bois les plus précieuses, ceux de construction les plus excellents. Il existe même une quantité de ces bois qui n'ont pas encore été scientifiquement classés. Parmi les arbres du Brésil, un des plus remarquables est le copau; il ressemble au noyer d'Europe et ne porte pas de fruit, mais dont on extrait un baume précieux. Il existe entr'autres un arbre qui exhale un parfum plus suave que celui de la rose, tandis que le aouai répand une odeur insupportable, outre qu'il est vénéneux.

Les vents, la pluie, même la neige (mais celle-ci

ne survient que rarement), n'enlèvent jamais la verdure des plantes ; elles demeurent toujours belles
comme au mois de mai en Europe. Au reste, c'est
en décembre que régnent les plus grandes chaleurs
et que les jours sont aussi les plus longs.

Les palmiers présentent au Brésil une diversité
qu'on ne retrouve nulle part ailleurs ; c'est à peine si
une moitié de ces arbres est connue des naturalistes.
Il en est surtout une espèce dont le bois est si dûr que
les sauvages s'en servent pour en fabriquer leurs
armes. Ce bois est non seulement d'une excessive
dûreté, mais encore si pesant qu'il s'enfonce comme
la pierre au fond de l'eau.

C'est majestueusement que les forêts primitives se
présentent à l'observation et à l'étude. Là sont des
arbres géants, dont la couronne de fleurs est entre-
lacée de lianes ou d'autres plantes grimpantes ; elles
forment des fourrés impénétrables dans lesquels
quelques mobiles rayons du soleil parviennent à
peine à s'introduire. D'autres arbres, couverts d'une
verdure perpétuelle, se réunissent en groupes plus
séduisants que ceux des plus habiles peintres. Leurs
pieds sont rafraîchis par des ruisseaux murmurants et
semblent jouir du flot gracieux qui les presse en
jouant, tandis que leurs branches sont habitées par
des milliers d'oiseaux, au plumage éclatant, surtout
admirable par la diversité de ses nuances. L'imagination la plus alerte et la plus riche, non plus que la
parole la plus éloquente, sont incapables de reproduire le luxe et la magnificence de cette nature en-
chanteresse qui se dérobe dans ces contrées mysté-
rieuses et éloignées. Nature séduisante et magique,

mais qui ne donne aucune prospérité à l'émigran
européen ; aussi ne devra-t-il point se laisser entraîné
par ces brillantes scènes.

Le Brésil du sud, lui qui n'offre que quelques-un
des produits que nous venons de citer, peut cepen
dant convenir seul à l'Européen, parce que ce n'es
qu'au midi que celui-ci rencontre le climat et le sol qu
correspondent à ses habitudes, à ses forces et à se
besoins. Ce n'est que dans cette partie du Brésil qu'
retrouvera les fruits de sa patrie, riches de leur plu
grande suavité. C'est là qu'il cultivera toutes les espè
ces de céréales, ainsi que du maïs, du chanvre, d
lin, du tabac, des pommes de terre. Il n'est enfi
aucune culture d'Europe qui, avec des soins, n
donne en ces contrées du sud des produits abondant
excellents.

Dans ce vaste pays, la même richesse que présen
le régne végétal se retrouve également dans le régn
animal. Les baleines qui se jouent sur ses côtes n'o
jusqu'à présent été poursuivies au moins la plupa
du temps que par les pêcheurs de l'Amérique du Nord
Ces côtes sont aussi couvertes de tortues. Des plaine
dont l'œil ne mesure pas toute l'étendue sont peu
plées de troupeaux composés de milliers de bœufs
de chevaux.

Les singes et les oiseaux aux mille couleurs rem
plissent les forêts de leurs cris ou de leur ramage
Mais si tant de choses sont agréables à l'habitant d
ces contrées, il en existe d'autres aussi qui le désc
lent, quoiqu'on puisse entrevoir que les mesure
prises par une population plus nombreuse et plu
active parviendront à les diminuer considérablemen

Ces inconvénients sont les mosquites, les insectes rongeants, les fourmis, les serpents dont la morsure de quelques-uns donnent une prompte mort, les alligators et les caïmans auprès des eaux, le Cuguar et le Jaguar dans les forêts; enfin diverses espèces de chats furieux, auxquels on peut ajouter les sauvages, lorsqu'on se trouve dans un trop grand rapprochement d'eux. Répétons-le encore, tous ces ennemis des colons, comme aussi des indigènes, disparaissent inévitablement des contrées cultivées et peuplées, dont en tout temps, comme en tout lieu, les premiers soins et la pressante précaution des habitants sont d'anéantir tout ce qui peut leur être hostile, leur devenir nuisible.

La population du Brésil n'atteint pas encore six millions d'âmes. Peut-être qu'en y ajoutant l'inconnue des Indiens indigènes demeurés indépendants, qui habitent le nord et l'ouest du pays, cette totalité d'habitants pourrait s'élever à sept millions.

La grande portion de cette population provient des descendants des premiers Portugais qui s'y transportèrent. Ils ne prirent point le nom de Créoles, mais celui de Brésiliens, *Brasileiros ;* on peut leur adjoindre les Portugais émigrés et une centaine de mille Européens divers venus d'Allemagne, de Suisse, de France et d'Angleterre. Le plus grand nombre des trois premières catégories sont des cultivateurs établis à l'intérieur; quant à ceux d'autres professions, ils ont fixé leur domicile dans les grandes cités. Plus de la moitié de la population du Brésil se compose de noirs, ou de ceux issus de ces derniers et de blancs.

En dépit de l'expresse interdiction du commerce

des esclaves, on ne cesse d'en amener ; mais, selon toute apparence, les Brésiliens, mieux éclairés sur leurs véritables intérêts, mettront de côté cet ancien système ; déjà les grandes vérités économiques commencent à éclairer, à réchauffer les sommités intellectuelles du pays.

Les indigènes primitifs sont répartis au Brésil en deux divisions, qui se composent des Indiens sujets : *Indios mansos* ou *Capoculos* et en Indiens sauvages : *Indios tapuyos*. La plupart vivent de la chasse ou de la pêche ; ils forment des centaines de peuplades. L'agriculture, dans le très-petit nombre de ceux qui s'en occupent, est des plus inférieures.

Ces races sont les ennemies nées des hommes civilisés, qui, il faut le reconnaître, ont fait supporter de grands maux à ces sauvages dont ils ne perdront jamais le souvenir et qui brûlent de s'en venger. Les missions ont obtenu parmi eux quelques succès ; cependant, l'influence qu'elles y ont acquise est encore assez faible.

Les Brésiliens indigènes blancs, proprement dit les seigneurs du pays, sont des hommes aussi bons que bienveillants, nonobstant qu'à regret, de temps à autre, il soit possible de rencontrer chez quelques-uns certains traits qui révèlent qu'ils tirent leur origine des anciens dominateurs. Si jusqu'à nos jours, maints Brésiliens ont fait peu d'efforts, au point de vue de la culture de l'esprit, ce qui tend à les laisser quelque peu en arrière des autres Américains, il faut toutefois reconnaître, qu'à cet égard aussi, il existe de très-nombreuses et de très-honorables exceptions. On ne saurait douter que l'amour des sciences et des arts prendra de plus en plus un essor distingué, et que les études, faisant des progrès croissants, l'ensemble du Brésil ne voudra point demeurer en arrière de la province de San-Paulo, qui offre le vrai modèle d'une noble éducation brésilienne.

La langue portugaise est généralement celle du Brésil. C'est dans cet idiome que sont écrites la Constitution, toutes les lois, et qu'on donne l'instruction publique.

Les capitales des provinces et les principales localités renferment des écoles élémentaires, dans lesquelles l'enseignement mutuel a été introduit. Il y a à Rio de Janeiro plusieurs collèges supérieurs et des séminaires. Toutefois, le nombre des établissements d'instruction, fondés pour l'ensemble du pays, ne consiste qu'en 617 écoles élémentaires, 1 lycée ou séminaire de garçons, 3 écoles latines, 8 écoles secondaires et 13 académies supérieures.

La religion dominante de l'Empire est la catholique romaine ; mais la Constitution assure à toutes les autres religions leur exercice, en ne plaçant d'autre interdiction que celle de toute cérémonie extérieure. Les couvents de moines et de nonnes qui existent au Brésil, ne contribuent en rien à la moralisation du pays.

Parmi les diverses branches de l'activité nationale, c'est à l'extraction des mines qu'on peut assigner la première place. Cependant leur produit demeure fort au-dessous de ce que pourrait donner l'exploitation du sol, s'il fût cultivé selon les méthodes européennes. Une agriculture supérieure, qui serait conduite avec vigueur dans ses développements, qu'on doterait de toutes les découvertes qu'on ne cesse de faire, enfin qui serait poussée avec une sage intelligence, offrirait à l'Etat et au commerce d'immenses et précieuses ressources ; elle deviendrait la vie de la population et la prospérité véritable des propriétaires. Les produits agricoles fourniraient de nombreux chargements à la navigation ; ces chargements, transportés en d'autres régions, y trouveraient un écoulement assuré et deviendraient ainsi la source de retours favorables au commerce américain. Ces produits de l'agriculture satisfont bien mieux les besoins réels de l'homme que l'or sorti des mines, qui, au fait, n'est qu'un moyen de transaction, utile sans doute, mais non indispensable. D'ailleurs, répétons qu'au Brésil l'exploitation de l'or a été faite jusqu'à ce moment, avec si peu de perfection, que les profits en sont comparativement à peu près nuls.

Quant aux autres métaux, dont le pays est si richement doté, on peut affirmer que l'on n'en tire aucun parti. Si de temps à autre on essaye d'en exploiter quelque peu, ce n'est qu'avec une extrême insouciance ; en sorte qu'on a plus vite recours au fer de Suède ; cependant ne serait-il pas bien plus profitable et surtout bien plus patriotique d'exploiter les mines du pays ?

La mer pourrait aussi fournir suffisamment de sel à la consommation du pays, puisque de nombreux marais salins existent sur les côtes.

Des houillères ont été découvertes dans la province de Santa-Catharina.

Si l'agriculture possédait l'élan qu'elle devrait avoir, qu'elle fut exploitée par un nombre suffisant de bras, alors ce ne serait pas la seule soixante et quinzième partie du Brésil qui se trouverait cultivée ; surtout on ne ferait pas, ainsi que cela arrive souvent, plusieurs journées de marche, au milieu des Savanes, pour passer d'un domaine à un autre. Et cependant quel sol, quelle terre vierge et bénie, que celle qui reste ainsi en friche ; tandis qu'en Europe et même déjà dans quelques parties de l'Amérique du Nord, le sol est épuisé et ne donne plus au cultivateur que de médiocres récoltes; chétive récompense de travaux incessants et d'engrais chèrement payés.

Au Brésil, au contraire, quelle facilité d'exploitation ne présente pas à l'agriculteur la culture du cafier ? Bien plus, l'émigrant n'est point limité comme en Europe à l'exploitation des céréales et de la vigne, mais il peut, selon ses goûts ou son choix, se vouer à celles du sucre, du tabac, du coton, de l'indigo, qui tous donnent d'abondantes récoltes.

Il doit néanmoins exister une lacune administrative bien regrettable, puisque l'expérience indique que quelquefois, nonobstant cette fertilité exceptionnelle et malgré les efforts de l'industrie, quand même les grains sont abondants dans les provinces du sud, celles du nord dont les productions sont surtout coloniales, souffrent d'une véritable famine.

Ce n'est non plus que dans la partie sud que se trouve pratiquée l'éducation des troupeaux, le commerce tire de ces contrées des peaux, des cornes, du suif et de la viande séchée. On y élève aussi des porcs, parce que la chair de ces animaux est une des principales nourritures. On ne rencontre qu'un petit nombre de moutons dont la viande est peu estimée, mais on nourrit beaucoup de chèvres pour leur lait.

Jusqu'à un certain point, l'industrie demeure en arrière de l'agriculture. Aussi, hormis les raffineries du sucre, les distilleries du rhum, les tanneries, les fabriques de faïence, celles du tabac et quelques-unes du drap et de la mousseline, on ne rencontre pas d'établissements à mécaniques. Les professions même les plus indispensables et les mieux rétribuées sont-elles peu pratiquées, et ce n'est presque qu'à Rio de Janeiro où tous les métiers soient représentés. A ce point de vue on peut encore citer Minas-Geraes, province dont l'infertilité doit être suppléée par l'industrie et des manufactures.

C'est à l'émancipation du Brésil qu'est due celle du commerce qui se fait chez lui, et qui est devenu une des principales branches de l'activité nationale. Dès que cette émancipation eut lieu, les villes importantes du Brésil prirent rang et se trouvèrent placées de manière à pouvoir rivaliser avec toutes les grandes et riches cités de commerce du Globe.

Rio de Janeiro se trouve à la tête de ce vaste mouvement commercial. Ses exportations sont estimées les cinquante-deux centièmes de tout ce qui sort des ports de l'Empire. Les exportations de tout le Brésil peuvent être assez bien classées comme suit : 36 pour cent en café, 20 pour cent en sucre et 44 pour cent qui se répartissent entre le coton, les peaux, les bois de teinture, l'or, les diamants, etc.

Les importations consistent en cacao de Venezuela, puis en articles de manufactures anglaises, françaises, allemandes et suisses ; en vins d'Espagne et de

France; en eau-de-vie du Portugal et de la Méditerranée; en morue de Newfoundland; enfin en esclaves d'Afrique. La balance des exportations et des importations se complète par l'arrivage des farines et des froments amenés des Etats-Unis, provisions qui pourraient être et au-delà produites par les provinces du sud du Brésil lui-même.

L'absence de grandes routes, conduisant à l'intérieur, où l'on ne parvient que par des sentiers que parcourent les mulets, demeure un des plus puissants obstacles au développement du pays, surtout de son agriculture. Le premier besoin d'un vaste Etat est, sans aucun doute, la création de communications commodes, faciles, directes; aussi les Administrations, mues du désir de voir augmenter la population, d'en voir accroître la prospérité, tout Gouvernement qui songera à imprimer un grand mouvement d'affaires à un tel pays, fera-t-il les sacrifices nécessaires dans le but d'ouvrir l'intérieur des provinces sous toutes les directions, soit par terre, soit par eau, sans négliger le concours des bienfaits de la vapeur, afin de rapprocher les distances, de concentrer l'ensemble, de telle sorte qu'en en reliant les parties, elles se prêtent un mutuel et précieux secours et parviennent elles-mêmes à l'étranger.

Pour atteindre ce but de première nécessité, chaque voie doit être étudiée avec les soins et l'attention nécessaires à la réussite, selon les localités, afin de les doter de canaux ou de chaussées, en adoptant le plus fructueux.

Plus les transports seront faciles et bon marché, mieux les produits circuleront, et plus aussi chaque habitant trouvera d'avantages à ce haut état de civilisation. L'agriculteur, le négociant, et l'Empire, recueilleront des fruits abondants de cette vaste circulation. Le dernier surtout verrait affluer dans ses coffres, non seulement le remboursement des avances qu'il ferait pour créer ces voies d'utilité générale, mais le fisc s'enrichirait du grand développement des transactions et de la vaste impulsion donnée par là à toutes les tractations.

Les routes non créées, ou mal entretenues, demeurent, dans l'ancien monde, l'indice le plus fâcheux de l'incurie du pays où ces choses existent. De semblables routes sont, en effet, du plus mauvais aspect; aussi, à leur seule vue, se forme déjà l'opinion de l'étranger, qui franchit pour la première fois les frontières de tout Etat, si indifférent au bien-être public.

Quant au Brésil, les provinces maritimes étant les principaux points d'établissement qui ont été préférés par les populations elles s'y sont agglomérées, et les transports se font là plus volontiers par le cabotage. Ceci ne saurait invalider en rien ce que nous avons exprimé sur l'absolue nécessité de communications intérieures et extérieures, surtout pour un Empire de si vaste étendue et qui touche à tant d'autres Etats, avec lesquels les rapports quotidiens ne sauraient être trop facilités.

Nous avons vu comment, depuis 1525, les établissements fondés au Brésil reposaient sur des concessions accordées à des seigneurs, qui les affermissaient par la conquête, appuyée d'actes les plus arbitraires. Ce cruel système dut éveiller l'attention de la métropole ; aussi la cour de Lisbonne envoya-t-elle en 1549 un Chef, pour donner une direction convenable à une colonie, qui jusqu'alors, avait été abandonnée aux caprices comme aux fureurs de quelques brigands.

Thomas de Souza bâtit san Salvador afin de donner un centre à ce grand établissement. Des missionnaires firent en peu de temps, avec les pacifiques armes de la bienfaisance et de l'humanité, plus de progrès dans toute l'Amérique que jamais les forces de l'Espagne et du Portugal n'en obtinrent pendant deux siècles. Tandis que les soldats réduisaient deux grands empires civilisés en déserts, ceux de Christ, réunissaient nombre de petites peuplades, qu'ils amenaient à la civilisation.

C'est de Madère que la canne à sucre fut importée au Brésil. Cette plante importante y rencontra un climat et un sol des plus propices pour elle ; aussi dès 1570 prit-elle un tel développement, que cette prospérité provoqua la cupidité de l'Europe.

Ce ne fut qu'après bien des vicissitudes qu'en 1661 la possession définitive du Brésil fut assurée par les traités à ses premiers maîtres, ce qui n'empêcha pas que pendant de nombreuses années ils en furent privés, années durant lesquelles ils ne comprirent pas qu'une entière liberté d'action est la base la plus sûre d'une grande prospérité.

On ignorait également alors que défricher les terres du Nouveau-Monde était le seul et le meilleur moyen de leur donner toute leur valeur ; on ne savait point non plus que ce succès ne pouvait être complet que par la coopération d'un commerce ouvert indistinctement à tous, sous la protection d'un gouvernement qui comprendrait ses plus chers intérêts.

Le premier soin du Portugal fut de s'occuper de la stabilité de sa possession ; mais les arrangements qu'il prit, en vue de la prospérité de sa colonie, furent marqués du sceau de l'ignorance et du préjugé.

On devait en effet, être loin de s'attendre que le Portugal, qui, sans autre secours que celui de ses propres forces, avait fait de vastes découvertes, opéré d'importantes conquêtes en Afrique et dans les deux Indes ; que le Portugal qui, dans des temps de barbarie, avait compris les inestimables avantages de la concurrence, finirait au milieu d'un siècle de lumières par adopter le système le plus destructeur, en plaçant dans une seule petite partie du corps politique tous les principes du mouvement, de la circulation et de la vie, enfin, en ne laissant en partage à tout le reste que l'inertie et la mort.

En 1755, la couronne créa la compagnie exclusive du Grand-Para et du Maragnan. Quatre ans plus tard, la province de Fernambouc subit un joug pareil. Ces deux compagnies furent autorisées à gagner quinze pour cent sur les comestibles, puis à vendre leurs autres marchandises au profit de quarante-cinq pour cent, ajoutés au prix de coût à Lisbonne ; quant aux produits emplettés par les sociétés dans la colonie même, elles étaient autorisées à ne les payer qu'aussi peu qu'elles le voudraient.... Et ces bases tyranniques, souscrites d'abord pour une durée de vingt années, pouvaient être renouvelées, au plus grand détriment, à la ruine même complète du Brésil.

La colonie gouvernée par son Vice-roi était soumise aux lois qui régissaient le Portugal. Dès l'origine, on s'était saisi des indigènes qu'on vendait, ou bien que l'on faisait travailler comme esclaves. Sébastien défendit que les Indiens fussent mis dans les fers; mais cette loi demeura sans effet, parce que les Portugais auraient cru déroger s'ils eussent travaillé leurs terres; il leur fallait des bras, et à cette époque les noirs n'avaient pas encore été transportés au Brésil.

Les réglements de 1605, de 1609, même de 1611, qui déclaraient libres les indigènes et décernaient de graves peines contre les infracteurs de ces lois, n'obtinrent non plus aucun résultat. Ce ne fut qu'en 1755 que, décidément, les habitants originaires du Brésil en furent reconnus citoyens. Cette bienfaisante loi donna-t-elle tout le bonheur que raisonnablement on devait en attendre? Disons, avec douleur, que nous en doutons. Dans tous les cas, c'est à peine si ce grand événement fixa quelque peu l'attention. Le public d'alors, hélas! comme celui de toujours, n'était occupé que de plaisirs, de fortune ou de guerres; mais le lot de tout ce qui touche à l'humanité est assez ordinairement de passer inaperçu, et si le mieux acquis se trouve être très-saillant, on ne s'en occupe guère que par curiosité, faiblement, passagèrement, parce que dans les mœurs de tous les siècles l'amour du bien général, quoique très-prôné, n'entre que pour une bien faible proportion dans le cœur de l'homme qui ne bat que pour son intérêt personnel et spécial.

Ajoutons cependant que quelques esprits attentifs et observateurs, plus préoccupés que d'autres des scènes intéressantes qu'offre de loin en loin le globe, augurèrent bien du nouveau système. Si donc l'ère qui commença en 1755 a préparé des voies de fusion, si elle a semé des germes d'une nationalité plus complète entre le Brésilien civilisé et le Brésilien encore sauvage, c'est au moment où le monde âgé d'un siècle de plus, c'est à l'instant de l'avènement d'une Administration nouvelle que les espérances conçues ont obtenu leur bienheureuse réalisation. Toutefois, n'est il pas inutile de se rappeler ici que, jusqu'en 1821, toutes les provinces du Brésil ont présenté le spectacle de Portugais, de Brésiliens et de noirs, demeurés mélangés, sans que de véritables efforts aient été jamais tentés pour les éclairer, pour vaincre leur paresse naturelle, ni pour stimuler leur émulation? Et cependant, qui pourrait ignorer que les Indiens, demeurés libres de leurs actions sont infiniment supérieurs en intelligence et en industrie à ceux soumis à une incessante tutelle? Aussi, quelle avait donc été la conduite des Portugais au Brésil, sinon celle de sauvages inquiets et hardis, cherchant à asservir d'autres sauvages moins forts et moins avantageusement armés qu'eux?

Pendant l'occupation temporaire que subit le Brésil, soit de la part des Espagnols, soit de celle des Hollandais, cette malheureuse colonie ne jouit point d'une meilleure direction que sous les Portugais. Les Espagnols, suspectant les Brésiliens, n'usèrent pas de plus grands soins envers les conquis qu'ils n'en avaient pour leurs propres colonies fort délaissées.

Quant aux Hollandais, ils possédèrent trop peu de temps cette conquête.

Le plus grand malheur du Brésil, durant cette dé-
sastreuse époque d'occupation, fut qu'on introduisit
dans d'autres colonies la culture de certains produits,
qui ne tardèrent pas à entrer en concurrence avec les
siens et diminuèrent ainsi d'une moitié la quotité de
ses exportations. Ces grands échecs, qui auraient dû
servir de précieux avertissements à la Cour de Lisbonne, qui eussent dû l'amener à de salutaires réformes dans ses taxes exhorbitantes, leur faire subir
de fortes réductions, ne provoquèrent que de déplorables mesures, qui tendirent plutôt à augmenter
qu'à diminuer le mal. Un des premiers, comme des
plus efficaces moyens, aurait été de faciliter par
toutes les voies possibles l'arrivée des Européens au
Brésil; ils eussent rendu aux créoles le ressort qu'ils
avaient perdu depuis longtemps. Mais surtout, il
fallait abolir l'inquisition, limiter sagement l'ascen-
dant que le clergé exerçait sur l'Administration publique. En outre, il était indispensable que l'Etat, se
confiant à ses propres forces et n'usant que de ses
ressources acquises, ne tolérât au Portugal l'influence
d'aucune autre nation. Jamais les relations, même du
meilleur voisinage, ne doivent ouvrir la porte au
plus léger empiètement.

Ceci est un principe fondamental auquel les Chefs
de tout peuple sont appelés à être invariablement
fidèles, et que leurs fonctions les obligent à faire
sévèrement observer, en demeurant convaincus que,
si eux-mêmes sont de scrupuleux observateurs de ce
qui est juste, toujours ils possèderont des appuis et
des moyens suffisants pour se garantir de toute
agression.

C'est à grands traits, et d'une manière rapide, qu'avec l'aide de Raynal, cet illustre écrivain, nous avons cherché à esquisser ce qu'était encore en 1783 la grande colonie du Brésil, sous la sévère et triste domination de la petite monarchie portugaise. Mais déjà à cette époque de grands événements se préparaient en Europe, événements qui dans un petit nombre d'années éclatèrent avec autant de retentissement que de gravité. Ces terribles commotions devaient ébranler tout l'ancien monde, et quoique le Portugal fût bien éloigné du volcan, lui aussi était appelé à subir une invasion, dont la secousse se ferait sentir jusqu'au Brésil.

Alors la maison de Bragance sentit chanceler son trône ; elle dut chercher un asile au Nouveau-Monde, dans le sein de cette Colonie, à laquelle les Monarques portugais n'avaient cessé de faire sentir le poids d'une domination, qui cependant ne devait plus avoir qu'une bien courte durée, puisque le Ciel préparait d'autres destinées au Brésil, qu'il avait marqué l'heure de son émancipation et que cette heure allait sonner. Oui, le Brésil devait sortir des langes de la servitude pour ouvrir les yeux au soleil de l'indépendance, d'une existence propre et toute nouvelle. Au moment de cette mémorable métamorphose politique, une vaste contrée, une colonie épuisée, se transforma solennellement en un puissant Empire, doté des plus précieuses ressources, dans lequel désormais chaque citoyen avait le droit de donner essor à son intelligence, de déployer ses moyens, de tirer parti de son énergie, de s'enrichir enfin en fondant la haute prospérité de sa nouvelle et heureuse patrie, de cette patrie dont cependant, lorsque l'ancien monde ne supposait pas même qu'il existât une Amérique, il en attribuait déjà, on ne sait à quel titre, la propriété au Pape, qui, lui aussi, ne laissa pas d'inféoder le Brésil au Portugal, comme avant il avait inféodé le surplus du continent américain aux Espagnols.

Ces concessions n'en demeurèrent, au reste, ni moins précaires, ni moins illusoires, ainsi que bien d'autres, comme des temps mieux éclairés l'ont surabondamment prouvé.

Mais revenons pour quelques moments encore à la grande Colonie, propriété du Portugal, pour qui elle était si intéressante, si utile, enfin si prodigieusement productive au revenu public.

Le frêt des navires, l'extraction de l'or, le commerce exclusif des diamants, les monopoles les plus variés, enfin les revenus des douanes étaient les canaux réguliers qui amenaient d'énormes valeurs dans les coffres d'un fisc insatiable. A la dîme, on ajoutait un droit sur le commerce des esclaves; on poussa même jusques-là, de frapper d'une contribution spéciale la colonie pour aider Lisbonne à sortir de ses ruines.

Lorsque les impôts sont trop pesants, quand ils sont inégalement répartis, loin de donner de l'abondance au gouvernement, ils concourent beaucoup à son dommage. L'administration, surtout en ce qui touche aux douanes, est particulièrement obligée de faire la forte dépense de nombreux gardiens, dépense qui absorbe tout ce que l'immoralité, la fraude et la contrebande ne lui enlèvent pas. Les droits trop

élevés sont donc la grossière erreur des gouvernements fiscaux, qui refusent de comprendre qu il est
rare qu'on songe à se soustraire aux droits modérés.
En suivant le premier de ces systèmes, les caisses à
Lisbonne eussent dû regorger des dépouilles des
Indes orientales et occidentales, tandis que, loin de
là, la métropole était aussi obérée de dettes que fou-
lée par la concurrence de plus en plus envahissante
d'alliés puissants.

Tous ceux qui sont initiés aux grandes opérations
de commerce; tous ceux qui peuvent en calculer les
ressources, en prévoir les chances, en déduire les
conséquences; tous ceux enfin qui ont attentivement
suivi leurs révolutions et étudié leurs suites, savent
que si un peuple actif et intelligent parvient à enlever
quelque branche principale et nourricière de l'industrie d'une nation concurrente, il ne tarde point à s'em-
parer successivement de toutes les autres. Au moyen
de cette première conquête, il inquiète, il dégoûte,
il déshérite, il éconduit celui qui ne tardera plus à lui
céder la place. Telle fut la cruelle leçon que le Portugal reçut de la Grande-Bretagne. Les flottes de cette
dernière firent tous les transports, en sorte que les
Anglais ne souffrirent plus que les produits portugais
passassent par d'autres mains que les leurs; aussi, à
cet effet, empruntaient-ils ou même payaient-ils le
nom portugais dont ils ne pouvaient se passer. Il demeura donc prouvé par les registres des flottes que,
dans l'espace de soixante années, c'est-à-dire depuis
la découverte des mines jusqu'à 1756, il était sorti
du Brésil de l'or pour une somme de deux milliards
et quatre cent millions de francs; tandis qu'à la même

époque il ne circulait pas, dans le Portugal, une valeur en numéraire atteignant vingt millions de francs.
Bien plus, au même moment, cet État devait déjà
cent millions de francs; il est clair enfin que ce que
Lisbonne perdait Londres le gagnait. L'Angleterre,
qui n'avait prodigué ni le sang, ni les travaux que
coûtent les conquêtes, demeura cependant bien plus
la suzeraine du Portugal que ce dernier n'était le
propriétaire des mines du Brésil.

Comme dans la nature tout se tient : Lorsque le
Portugal vit chanceler chez lui l'agriculture et l'industrie, il put s'apercevoir aussi que les arts libé-
raux, les lettres et les sciences suivaient la même
pente. Tous les bons principes d'administration pâli-
rent. C'est à peine si la lumière qui brillait de toutes
parts put parvenir jusqu'à Lisbonne.

Cette monarchie qui, jusqu'alors, avait précédé les
autres nations dans la voie de lois tolérantes, se
trouva, à cette époque, relancée dans une confusion
qui ne tarda point à anéantir tous les anciens avantages qu'elle avait possédés.

Le Portugal, avec une population de moins de deux
millions d'âmes, avait dû sa gloire, sa force, son
opulence, d'abord à sa marine, puis au dévouement
de ses grands citoyens. Tout autre peuple aussi peu
nombreux, mais plein d'ardeur et de patriotisme,
dès qu'il puisera ses sacrifices aux mêmes sources,
pourra arriver au plus haut degré de splendeur. Telle
est la voie qui est ouverte au Brésil, lui qui possède
tous les éléments propres à obtenir une immense
prospérité et une puissance redoutable. Nul doute que
cet empire ne devienne ce qu'il peut, ce qu'il doit

être. Les temps de 1525 sont passés ; cette époque de néfaste mémoire ne reviendra plus. L'indigne politique de la métropole, qui n'avait qu'un but, celui de maintenir la vaste colonie du Brésil dans une constante infériorité en la pressurant sans cesse, n'existe plus. Un gouvernement éclairé sur les vrais besoins du pays et dévoué à son bonheur, veille sur ses destinées futures. Loin d'interdire l'arrivée au Brésil de nombreux émigrants, pépinière de futurs citoyens, il suivra un système opposé, donc parfaitement approprié au plus grand développement moral et matériel de la patrie, qui lui a confié ses plus chers intérêts.

Le 24 mars 1824, fut un grand, un heureux jour pour le Brésil, qui en conservera le précieux souvenir aussi longtemps que le soleil répandra ses rayons bienfaisants sur ce magnifique Empire, le troisième en étendue sur le globe, et le premier en rang au continent du Nouveau-Monde.

La Constitution du nouvel Etat reconnaît quatre pouvoirs : le législatif, l'intermédiaire, l'exécutif et le judiciaire.

Le pouvoir législatif, sous la sanction de l'Empereur, est confié à une Assemblée qui se compose de la Chambre des députés et du Sénat. Les membres de la première de ces Chambres sont élus pour quatre ans; les Sénateurs le sont à vie.

Le pouvoir intermédiaire appartient exclusivement à l'Empereur, qui, étant la plus haute dignité, doit sans cesse veiller à l'intégrité, à l'indépendance, à la pondération, à l'harmonie des autres pouvoirs. L'Empereur est, en outre, le Chef suprême de la puissance exécutive, et il l'exerce avec l'assistance de ses Ministres au nombre de six, et d'un Conseil d'Etat dont l'avis doit être entendu sur toutes les affaires difficiles et dans toutes les mesures générales d'administration.

Le pouvoir judiciaire est exercé par des Juges et des Jurés. Le jury exerce également au civil et au criminel. Le pouvoir judiciaire est indépendant.

Les affaires d'administration intérieure sont confiées à un Président qui réside dans chacune des provinces. Des magistrats dans toutes les villes sont chargés de la direction économique. Quant à la police générale, elle est encore peu développée, en regard d'un si vaste Empire, où, à la vérité, il est des plus difficiles encore, de l'exercer en son entier. Jusqu'à présent, elle n'est guère utilisée que comme police locale.

Il est facile de concevoir qu'un Empire qui vient de naître, qui cependant possède déjà d'inépuisables ressources, mais encore tout à fait peu développées, ne doive présenter un vaste champ à des études approfondies, à des soins laborieux, aux plus sérieuses investigations. Cet Etat doit demeurer l'objet sacré du plus pur patriotisme; il présente d'ailleurs la tâche la plus noble, comme la plus élevée à accomplir, celle de fonder comme de porter au plus haut degré possible sa prospérité et sa splendeur. Mais si de semblables efforts ont à lutter avec de véritables difficultés à vaincre, le Brésil possède des hommes à la hauteur de la situation; ils exécuteront ce qu'on attend d'eux, ils répandront sur leur patrie tout le lustre qu'elle mérite et qu'elle a le droit de posséder. Ces hommes, appréciant leur haute mission, vou-

dront l'accomplir. C'est avec courage qu'ils combat-
tront les anciens préjugés, enfants d'autres mœurs et
d'autres temps ; ils travailleront à anéantir tous les
usages surannés et délétères. Ils conduiront avec
prudence le char de l'Etat dans des voies nouvelles,
contre lesquelles s'élèvent les cris de douleur de ceux
qui ne vivent que d'abus.

C'est par de si sages mesures qu'ils parviendront à
faire occuper au Brésil la haute position qui lui appartient, et que lui destina le ciel. Certes, leur plus
grande gloire, comme leur plus douce récompense,
sera d'avoir triomphé d'opinions éronnées, pour les
remplacer par la vérité et la lumière. Certainement,
la plus heureuse réussite couronnera les efforts de
ces patriotes dans l'accomplissement de leur œuvre,
parce qu'ils seront inspirés des véritables besoins du
pays, qu'ils utiliseront toutes les ressources dont ils
peuvent disposer, afin de le doter de tout ce qu'il ne
possède pas encore. Que leur constante étude porte
donc sur ce qu'il faut supprimer et surtout sur ce
qu'il est indispensable d'implanter dans les mœurs,
les habitudes et les lois de leur patrie.

La première nécessité est de peupler largement un
territoire qui renferme au plus sept millions d'habitants, tandis qu'il en nourrirait facilement deux cent
millions.

Si le Brésil a besoin de bras? Combien l'Europe
n'en a-t-elle pas à lui céder. Il faudra des terres pour
ces émigrants blancs et chrétiens ; certes il n'en manque pas au Brésil ; mais ce qu'il est encore plus important de réunir pour ces émigrants, ce sont les
moyens de faciliter leur arrivée parce qu'ils possèdent

plus de courage et de force que d'espèces. Ces facilités de transport devront donc être celles auxquelles l'Administration brésilienne sera appelée à accorder une sérieuse attention, à préparer une solution favorable, parce qu'au nombre de ces émigrants se trouveront, non seulement des agriculteurs, mais encore des industriels propres à fonder des fabriques, à pousser au développement des arts, des métiers, du commerce, et dont les produits tendraient à créer des relations qui lieraient d'autant plus le Brésil avec les autres contrées du globe et parviendraient, par la suite, à le rendre indépendant d'elles, avantages tellement inestimables, que les valeurs avancées dans le but de faciliter l'abord du pays, seraient un placement susceptible de rapporter mille pour un.

Nous ne saurions ignorer que déjà des essais ont été tentés, en perspective de ce but à atteindre, mais sans résultat. Ces essais n'ont pas eu le succès désiré, sans doute, parce que le Gouvernement, nonobstant ses excellentes intentions, aura été trompé dans l'exécution de ses mesures. L'intérêt personnel aura absorbé les sacrifices de l'Etat. Ce ne peut être qu'ainsi que se sera trouvé anihilé ce que l'Administration consacrait au bien de tous, et que le précieux germe de volontés propices au pays aura été anéanti.

Le Monarque, dont tous les vœux sont pour le bonheur de son peuple, ne saurait manquer de l'atteindre, si, créant une section spéciale de colonisation, il admettait particulièrement au nombre des membres de cette direction des esprits éclairés, mus de l'amour du pays, n'importe que ces commissaires

fussent nationaux ou étrangers, pourvu que les directions qu'ils fournuiraient eussent été étudiées avec
maturité et bonne foi. Après cela, qu'en ce qui concerne les contrées d'Europe et spécialement celles
qui donnent le plus d'émigrants, il y fut nommé des
Consuls, gens dignes d'une entière confiance, sur
l'attestation desquels des avances de route pourraient
être accordées aux émigrants jugés dignes de converger au plan général, et propres à contribuer à la
prospérité du Brésil. Pour atteindre sûrement ce but,
il faudrait que des instructions précises, des réglements positifs, des directions invariables fussent
livrées aux Consuls, dont le devoir impératif serait
de s'y conformer consciencieusement en les faisant
ponctuellement et fidèlement exécuter. Mais quelles
que sages et prudentes que fussent ces dispositions et
ces règles de conduite, elles demeureraient sans effet,
si les lois votées et promulguées au Brésil n'étaient
point observées; si le Gouvernement ne s'armant
d'une inébranlable volonté, ne les faisait respecter
partout, dominer sur tous indistinctement. De tels
plans, reposant sur des bases larges et solides, et
que nous ne faisons qu'indiquer ici, sont seules capables de fonder des colonies, de leur assurer une
existence durable, et dont la principale force se
trouverait dans l'inviolabilité de la propriété, dans
une liberté d'action illimitée tant qu'elle demeure
légale, dans la garantie assurée aux émigrants contre
toute injustice. Nul doute, du reste, que les Européens ne trouvent au Brésil les mêmes avantages
de civilisation qu'aux États-Unis, où personne ne
réclame d'un autre plus qu'il n'entend lui accorder

lui-même, où la limite de la liberté est posée par la loi, où ce qui est juste pour l'un demeure légal pour l'autre, et où enfin les différences d'homme à homme ne s'établissent que par l'esprit, l'application et l'activité qui basent le véritable amour de la patrie. Ajoutons encore à la louange de l'Amérique du Nord que les impôts sont modérés et justement répartis, que la justice y est prompte, qu'elle y est dégagée de procédures ruineuses, parce qu'il est interdit aux avocats de compliquer les moyens et aux juges d'éterniser, même seulement de prolonger les procès. C'est là encore que, l'agriculture est facilitée par des communications multipliées, comme par de nombreux marchés; autant de choses qui provoquent des bénédictions méritées en faveur du gouvernement et lui assurent le respectueux amour des administrés.

L'Empire du Brésil se divise en dix-huit grandes provinces. Celles qui sont plus particulièrement recommandables aux émigrants européens, sont : San-Pedro, Rio-Grande-do-Sul, San-Paulo et Santa-Catharina. Toutes les acquisitions faites dans ces provinces fertiles, tous les établissements formés sous leur heureux climat, seront de beaucoup préférables et supérieurs à ceux des Etats-Unis. La seule province de Rio-Grande-do-Sul, peut offrir une étendue de plusieurs milliers de lieues carrées à livrer à l'agriculture ; une moitié de cette étendue se trouve sous les précédentes misssions de l'Uruguay, et présente un sol des plus favorables, tant pour l'agriculture, que pour l'éducation des troupeaux. Considéré comme choix de colonisation en grand, San-Léopoldo sera accepté comme ne pouvant être surpassé: ceci est suffisamment prouvé par la préférence qu'accordent à cette contrée les émigrants allemands. Aucun colon des Etats-Unis n'acquiert avec moins de peine, ni ne retire autant de profit, que les émigrants qui sont allés se fixer au Sinos, ou à Santa-Maria ; aussi est-il facile de prévoir que les rives en terrasses du Jacuby reproduiront, aux yeux des futurs arrivants, des rivages semblables à ceux du Rhin, ou de tel autre fleuve de l'Europe ; tableau bien propre à évoquer dans leur mémoire les souvenirs de l'enfance. Nul autre lieu n'offrira, aux émigrants européens, un asile semblable, lors même qu'ils y arriveraient dans le plus grand dénuement, surtout s'ils sont laborieux et honnêtes-gens, puisque le Gouvernement accorde gratis du terrain à chaque famille, à chaque individu ; mais, après cela, ils ne doivent ni ne peuvent songer à aucun autre appui.

Formons des vœux pour que tous les gouvernements prennent de favorables mesures, dans le but de fournir des facilités à tous ceux de leurs ressortissants qui désirent profiter de semblables avantages. Mais sera-t-il permis d'espérer pour l'avenir quelque élan généreux, quand tout ce que l'on a écrit, publié, répandu sur ce sujet, est demeuré inaperçu, ou a été mis de côté, oublié, dédaigné... Cependant, ces publications faites dans un but tout philanthropique, renfermaient de précieux avis, offraient de bonnes directions, ouvraient la voie à d'excellents résultats... On s'est borné à faire chorus à de pures théories, on s'est joint, d'opinion au moins, à d'absurdes utopies, lorsqu'il n'était besoin que d'aborder une pratique simple, sans ostentation, toute unie, mais abondante en bons fruits. Il ne s'agissait que de donner une meilleure direction à des fonds livrés souvent en pâture à la paresse, à l'oisiveté, à l'obsession, sommes qui eussent utilement servi au paiement du passage d'émigrants hors de position de le faire eux-mêmes ; à empletter des outils aratoires, enfin, à ce qui est reconnu, partout et en tout temps, comme le meilleur emploi, c'est-à-dire, à la véritable charité, qui consiste à aider le prochain à gagner honorablement son existence. On aurait également dû assurer aux émigrants, la protection et toutes faveurs possibles de l'administration du pays, dans lequel ils auraient résolu d'aller asseoir nn nouveau domicile. Ce serait par de semblables, ou d'autres voies analogues encore, que les gouvernements, les associations philanthropiques, tous ceux, enfin, qui aiment le prochain, s'associeraient utilement à l'œuvre doublement importante et méritoire, de procurer d'abord à un concitoyen, la facilité de baser son présent et son avenir, puis d'assurer la paix du pays.

Nous dirons encore quelques mots de plusieurs provinces, principalement des villes les plus considérables du Brésil ; de celles où les artisans européens peuvent trouver un avancement avantageux, ou prendre uu service bien rétribué.

Rio-de-Janeiro, capitale de l'Empire, est située dans la province du même nom. Annonçons d'abord que dans cette province le climat est chaud. Les cultures y languirent longtemps, mais elles finirent cependant par y acquérir de plus en plus de l'importance. Ce sont celles du café, du sucre, du thé, on y recueille de l'huile, du mandioca, du milho. On y exploite des bois de Jacaranda. Il existe aussi sur son territoire un arbuste particulièrement propre à fournir une matière pour la fabrication des toiles à voiles. On trouve, dans cette province, divers établissements industriels. Rio de Janeiro est bâtie sur une presqu'île au centre d'une baie délicieuse, suffisamment spacieuse pour contenir des flottes entières, aussi ce port est-il un des plus beaux qu'on connaisse. Resserré à son embouchure, il s'élargit insensiblement. Les vaisseaux de toute grandeur y entrent facilement depuis avant midi jusqu'au soir. Ce port, aussi sûr que commode, fut découvert en 1525 par Diaz de Solis.

Rio de Janeiro renferme près de deux cent mille habitants; son aspect est avenant, ses rues sont larges et tirées au cordeau, elles sont pavées en granit et pourvues de trottoirs. Les maisons bâties en pierres de taille, ou en briques, ont deux étages. On trouve dans Rio de Janeiro de grandes places, et, parmi les principaux édifices, on remarque le Palais Impérial, l'Hôtel des Monnaies, la Maison de correction, l'Arsenal maritime, l'Académie militaire, le Palais de l'Evêque, l'Hôtel de la Douane, beaucoup d'églises et de chapelles, quatre couvents et plusieurs hôpitaux. Quelques forts protègent la ville du côté de la mer. Un aqueduc, digne d'être visité, la pourvoit d'une excellente eau à boire.

Cette cité devint célèbre depuis que de riches mines furent découvertes dans son voisinage. D'ailleurs, elle fut encore l'entrepôt général des richesses qui partaient du Brésil pour le Portugal, et aussi le port où abordaient les flottes destinées à l'approvisionnement de cette partie du Nouveau Monde. Toute ville où se traitent constamment des affaires très-considérables, ne peut manquer de se peupler promptement, et de s'agrandir beaucoup.

Bahia, assise sur le côté oriental de la baie de Tous-les-Saints, possède 120,000 habitants. C'est une importante ville de commerce, qui se distingue tout particulièrement par sa situation. Le climat est chaud dans la province de Bahia, ses produits sont le café, le sucre, le cacao, le coton, le tabac. On y exploite diverses espèces de bois, on y fabrique aussi de l'eau de vie, du papier, des cigares, des bougies; il y a des filatures de coton et on y trouve des mines de diamants.

Pernambouc, à l'embouchure de la Capibaride, possède un excellent port et 62,000 habitants. Le climat de cette contrée est chaud. Ses produits sont le sucre et le coton; on en tire des cuirs, on y fabrique de l'eau-de-vie, on y trouve aussi des diamants.

San-Paulo est au confluent du Tamautahati et du Hinhangabahu, il est à treize lieues de Santos. Cette ville compte 30,000 habitants. Le climat de la province de San-Paulo est tempéré, toutefois, il varie selon ses divers degrés, soit à cause de sa position montagneuse. Cette province offre tous les produits de l'Europe, escortés de ceux des autres parties de l'Amérique, des Indes et de la Chine. Ses principales cultures sont, quant à présent, le café, le sucre, le tabac, le thé, le riz. On y élève des bestiaux. Il existe dans cette province des mines de fer et une fonderie; les sapins y abondent dans le sud, et de nombreux et vastes terrains y sont encore inexplorés.

Para, ou Bélem, est située sur la rive droite du Para, vers la baie de Guajara. Cette ville, éloignée de vingt lieues de la mer, est peuplée de 28,000 habitants. Elle fut longtemps l'entrepôt du cacao, de la vanille, de l'écaille de tortue et de crabe, de la salsepareille, de l'huile de coupeau, de la laine végétale, qu'on achetait, ou, plutôt, qu'on spoliait aux Indiens. C'était dans son port, qu'avant 1755, venaient aborder les navires de la métropole. Dès 1778, Bélem fut débarrassée des entraves inséparables de tout privilége exclusif, aussi, depuis ce moment, put-on se convaincre du développement que peut procurer une plus grande liberté de commerce. Ajoutons que c'est au Maragnan, que croît le meilleur coton du Nouveau Monde. On trouve dans cette province beaucoup de plantes médicinales, on en exporte aussi des oiseaux.

Villa-Réal de Cuyaba est située à demi-lieue à l'orient du fleuve dont elle emprunte le nom, et compte 27,000 habitants.

Aracaty, sur la rive droite du Jaguaribe, et à trois lieues au-dessus de son embouchure, possède un bon port et fait un commerce considérable de coton et de peausserie ; on y trouve 26,000 habitants.

Villa-Bella, sur le Guaporé, dans la province de Matta Grosso, est l'une de la région des mines d'or, elle a 25,000 habitants.

Natal, sur la rive droite du Rio-Grande-del-Norte, avec un petit port et 18,000 habitants.

Capoaira, ou Cachoira, sur les deux rives du Paraguassa, avec 16,000 habitants.

Parahiba, sur le fleuve du même nom, son embouchure forme un bon port; elle a 16,000 habitants. Le climat de cette contrée est chaud, difficile, même pernicieux pour les émigrants; on y éprouve, tous les dix ans, de très-grandes sècheresses, on en tire du coton et du sucre.

Sainte-Catharine jouit d'un climat tempéré, on trouve dans cette province toutes les espèces de produits, propres à la consommation du Brésil; cette province aussi est encore peu développée.

Vittoria est bâtie sur une île de cinq lieues d'étendue, qui se trouve dans la baie du Saint-Esprit. Cette cité a 13,000 habitants; le climat en est chaud.

Portalègre, sur la rive orientale du Lagoa-de-Niamao, à soixante lieues de Rio-Grande-do-Sul, est une ville de 12,000 habitants, parmi lesquels on rencontre beaucoup d'européens.

Alagoas, ville située au centre d'une grande culture de sucre et de tabac, renferme 12,000 habitants.

Soracaba se trouve dans la province San-Paulo, où l'on élève une grande quantité de bœufs et de chevaux. Cette cité contient 11,000 habitants.

Villa-do-Rio-Pardo, au confluent du Pardo et du Jacuy, cité qui renferme 11,000 habitants.

Rio-Grande-do-Sul, bâtie à l'entrée du Lagoa-de-Niamao. Ce port est entouré d'un terrain très-sablonneux; il fait un grand commerce d'importation et d'exportation; il renferme 15,000 habitants. La province de Rio-Grande possède un climat tempéré, aussi sa culture est-elle semblable à celle de l'Europe, on y recueille des vivres de toutes les espèces.

Le commerce de la contrée consiste en cuirs, graisses, suifs, crins, cornes et viandes. L'industrie, qui y est passablement développée, donne pour produits des chandelles, des bougies, de la bière, de la colle, du savon, des conserves. On en tire aussi des bois de construction, des résines, etc.

Le Gouvernement Impérial brésilien a très-bien compris qu'il était de la plus haute importance, de la plus urgente nécessité, de prendre toutes les mesures en son pouvoir propres à augmenter la population de la monarchie et surtout d'hommes civilisés. Dans ce but, l'Administration a promulgué, le 18 septembre 1850, une loi sous n° 601, concernant les terres et les colons; elle renferme entr'autres les dispositions suivantes :

Ceux qui s'emparent de terres qui ne leur appartiennent pas, et dans lesquelles ils feraient des défrichements, des abatages de bois, ou y mettraient le feu, seront tenus de se retirer desdites propriétés, et ils perdront les améliorations de culture et les constructions faites. Ils seront, en outre, passibles d'uue détention de deux à six mois et d'une amende de cent mille reis (environ 300 fr.), indépendamment de tous dommages causés.

La naturalisation n'est point obligatoire au Brésil. On ne l'accorde à l'étranger que sur sa demande.

L'étranger n'est pas soumis au recrutement; il n'est astreint à aucun service militaire de guerre quelconque. Il n'est point appelé à faire partie du Jury; il ne saurait non plus remplir de charge.

Les étrangers qui ont obtenu la naturalisation ont droit à tous les emplois et à toutes les charges, excepté à celles de Député et de Sénateur.

Le commerce et l'industrie sont libres. Les étrangers ne sont pas chargés de droits d'établissement plus forts que les nationaux, et ils peuvent s'établir dans l'Empire où bon leur semble.

Le cabotage est national.

La navigation des rivières, des fleuves et des lacs est libre. Le libre-échange existe. L'étranger peut réaliser ses biens meubles, immeubles et ses fonds publics, tout comme les Brésiliens et aux mêmes conditions. Il n'existe pas d'entraves à la sortie des biens ou des valeurs, que chacun peut posséder.

On voit, d'après ce que nous venons de rapporter, qu'au Brésil les lois sont libérales, et que s'il y a quelque chose à observer à ce sujet, c'est que ceux qui sont chargés de leur exécution ne s'empressent pas toujours d'accomplir leur mandat. Aussi est-il indispensable que les colons évitent, avec le plus grand soin, tous les actes judiciaires, les avocats, les procureurs, etc.

Il existe au Brésil une classe nombreuse d'individus ne basant leur existence que sur la chicane. La loi admettant des juges-arbitres, c'est à ceux-là seuls que les colons doivent recourir pour prononcer sur leurs différends litigieux. Du reste, en se conformant à la loi, si on allie de la fermeté à un esprit peu tracassier, on peut y vivre en parfaite tranquillité.

Empressons-nous de proclamer que le peuple brésilien est bon, hospitalier. Il a moins de rudesse et d'énergie que les Européens; mais, en général, il est plus vindicatif qu'eux. Les habitants du sud sont liants, plus civilisés que ceux du nord. Aussi peut-on s'établir sans crainte au milieu d'eux.

Malheureusement qu'on ne rencontre pas toujours au Brésil cette franchise si désirable, si précieuse pour les transactions ; l'étranger fera donc très-sagement de ne point se fier trop à la simple parole donnée, mais de prendre toutes précautions propres à valider ses contrats. Nul doute qu'un avenir infiniment meilleur modifiera ce défaut de caractère, défaut qui cèdera au sentiment d'indépendance individuelle, à des lois plus parfaites, à une moins grande apathie provenant du travail des esclaves, enfin à un contact plus fréquent avec des émigrants européens.

Les enfants, nés au Brésil, sont considérés Brésiliens.

Un système hypothécaire étant en vigueur au Brésil, la loi prononce des peines sévères contre ceux qui disposent clandestinement de l'immeuble grevé d'une hypothèque.

Au Brésil, les Consuls étrangers délivrent les certificats de nationalité qui les concernent. Mais les passeports ainsi que les permis de séjour ne sont accordés que par la police. On peut soumettre des réclamations au Gouvernement, pour que ces expéditions aient lieu gratis et sans embarras pour les émigrants.

Une loi concernant la succession des étrangers défunts sera incessamment promulguée. En vertu de cette loi, les consuls seront chargés de recueillir ces successions. Il résultera de ces dispositions nouvelles une sécurité d'autant plus grande que, maintenant, sous l'administration confiée au Juge des orphelins, il surgit de nombreux abus et des frais exorbitants, sans compter les obstacles qui ne manquent jamais de s'élever. En faisant un testament selon la loi et en nommant un exécuteur testamentaire, on peut éviter de grands embarras et de graves préjudices.

La liberté de conscience existe au Brésil. Les protestants peuvent y construire des temples, mais sans signes extérieurs. On peut aussi, contracter au Brésil des mariages mixtes et y élever ses enfants dans la religion de son choix. On tente quelquefois à l'intérieur, d'exiger des époux, des promesses concernant la religion dans laquelle ils élèveront leurs enfants ; c'est un abus contre lequel les colons peuvent et doivent s'élever et réclamer. Le peuple est tolérant. Lorsque dans une localité on ne rencontre pas de prêtres des deux religions pour bénir le mariage mixte, le mariage civil seul est alors mis en pratique.

Ce n'est que pour entrer ou pour sortir des ports qu'il est indispensable d'avoir un passe-port en règle ; mais chacun peut parcourir tout l'intérieur de l'Empire avec un simple permis de résidence qui suffit.

L'étranger et le national jouissent du même accès et des mêmes droits auprès des tribunaux. Outre le Jury, il y a des Cours d'appel au Brésil.

Au point de vue du service militaire, l'étranger est moins surchargé que le Brésilien.

Le système de cultiver par des esclaves, n'avait pas seulement été un mode défectueux d'agriculture pour le Brésil en général, mais il a toujours exercé une influence pernicieuse et délétère sur les mœurs, les usages, les habitudes, enfin sur le caractère des populations. Un nouvel esprit surgira d'une existence différente, de notions plus lumineuses, plus fortes, plus actives. Une différence sensible se fait déjà remarquer, dans la nouvelle génération brésilienne.

par ceux qui comparent les opinions de cette jeunesse,
avec l'esprit qui animait jadis le Brésil, et qui, heureusement tend à s'éteindre de plus en plus. Le nouveau caractère qui se développe, quoiqu'il conserve
encore quelque peu des éléments natifs, a cependant
beaucoup moins d'analogie avec eux, et il tend
éminemment à se délivrer du joug de l'ancienne métropole, pour prendre un essor tout patriotique. Il y
a donc un noble développement d'intelligence et ce
bel élan se fortifiera d'autant plus par une expérience
suffisante, ainsi que par une vive énergie, si indispensables à l'action comme à la réussite de toute
entreprise de haute utilité, de prospérité générales.

Le Brésilien est, de sa nature, antipathique au
Portugais, comme l'Américain du nord l'est à l'Anglais. Il ressent encore tous les maux dont il souffrit
durant des siècles, sous la domination portugaise,
escortée de vues exclusives et stationnaires. Il est
donc facile d'entrevoir, en étudiant les idées qui
naissent et le caractère qui se dessine, que le Brésil
est parvenu à un point progressif tel, qu'il suivra
les phases de succès et de splendeur qui illustrent
les Etats-Unis, bien qu'il agisse autrement que ces
derniers, en prenant pour base d'autres principes
politiques. Encore quelques pas, et l'ancienne génération portugaise, entichée de ses idées restreintes
et étroites, laissera la carrière libre à des hommes
supérieurs en génie, en patriotisme, et qui dans
leur conduite publique et privée imprimeront, au
peuple brésilien, des errements plus dignes de l'époque; des sentiments qui le rendront plus laborieux,
plus moral, partant plus heureux, donc toujours
plus digne de l'être.

CHAPITRE III.

DE LA COLONISATION ACTUELLE AU BRÉSIL.

—

Nous avons terminé le chapitre qui précède, en présentant le tableau de ce que le Gouvernement actuel a cru devoir faire en faveur des étrangers qui viennent se fixer au Brésil. En d'autres termes, nous avons relaté ce que la législature a sanctionné pour baser la colonisation de cet Empire.

Nous nous demandons maintenant si, là se trouve précisément tout ce qu'il fallait faire, pour atteindre le but éminent d'une vaste colonisation, bien autrement favorable au Brésil lui même, qu'à l'étranger tenté d'y émigrer?

Approfondir cette question, telle est la tâche que nous chercherons à remplir dans ce chapitre, en basant notre travail sur ce que nous croyons essentiellement vrai, parce que la vérité est si puissante de sa propre force, qu'elle finit toujours par remporter la victoire. Aucun peuple, aucun âge, aucune assertion ne parvinrent jamais à prouver qu'elle ait tort. Toujours une, toujours semblable à elle-même, elle demeure sa propre démonstration. Ce que la vérité est aujourd'hui, ce qu'elle fut dans l'antiquité, elle le sera au dernier instant du monde et durant toute l'éternité.

Or, posons d'entrée, que chaque nation ne commence à revêtir l'esprit qui lui convient, qu'au moment où ses principes spéculatifs concourent, avec sa position physique, pour l'introduire dans la véritable voie de ses intérêts. C'est seulement alors que, d'un pas ferme, elle avance vers l'opulence, la splendeur, vers ce qu'elle peut se promettre du libre usage de ses ressources locales. Telle est la position du Brésil.

Le grand art de ceux qui sont appelés à l'administration des peuples, est d'éviter soigneusement de prendre pour règle de conduite, la ligne que suivraient de simples individus, parce que ceux-ci ne songent qu'à leur seul intérêt personnel, tandis que les Chefs des Etats ne doivent s'occuper, avec le plus grand empressement, que de ce qui peut assurer le bonheur de chacun et fonder la prospérité publique... Ils doivent avoir toujours présent à la pensée, que l'opulence des individus est la base la plus large et la plus solide de la fortune de l'Etat.

Les capitales des monarchies sont de puissants foyers d'énergie, de ressources et d'intrigues. Les moyens d'action sont d'ordinaire en proportion des passions qui agitent les hommes, quoique souvent aussi, par une heureuse compensation, plus il y a de chaleur dans le discours et moins il en existe dans l'action. Mais si l'absence de mouvement se rencontre à l'endroit de bonnes choses à créer, cette froideur est alors un danger, c'est un obstacle à surmonter avec le plus grand soin. Lorsque la volonté de faire doit s'allier aux moyens d'exécution, certes, il ne faut jamais que l'une fasse défaut aux autres.

Quand nous avons entrepris d'écrire cette notice sur la colonisation au Brésil, notre impulsion principale a été d'offrir également aux Brésiliens, comme aux européens émigrants, les fruits abondants recueillis des observations d'un homme consciencieux, qui a consacré de longues années d'étude attentive et sérieuse à un sujet aussi important.

Les mesures prises par le Brésil, quoique bonnes en elles-mêmes, ont été insuffisantes et sont demeurées presque sans résultat, parce qu'une ancienne prévention planait toujours et qu'il fallait reconquérir une confiance qui, ayant été trompée une fois, n'existait plus. Nous ne reviendrons pas sur ce passé dont nous avons donné une esquisse vraie en tous points, et que déjà aussi nous avons indiqué ce qu'il était urgent de faire, pour ramener toutes choses dans la bonne voie.

Nous ne nous étendrons pas davantage sur la question de savoir : s'il convient au Brésil d'avoir les bras nécessaires pour mettre en plein rapport un sol béni, qui, par cette seule mesure, acquérerait une valeur incalculable de milliards de francs ; mais le nœud de la question est de pénétrer l'esprit, qui préside à sa solution, de s'enquérir si des mesures d'un si grand intérêt, des résultats si magnifiques, seraient paralysées par la crainte de quelques légers sacrifices, de quelques avances faites par l'Etat et qui rentreraient dans ses caisses peut-être avec la seule perte de quelques intérêts. Nous ne saurions admettre que des esprits éclairés et perspicaces pussent être retenus par de si minces considérations, par un présent si mal compris, qu'il anéantirait dans son germe un avenir rempli d'or. Avenir dont une faible partie des vastes ressources qu'il offrirait, serait plus que suffisante pour couvrir les frais de création de canaux, de chemins ferrés, de télégraphes, de communications directes, célères, faciles, indispensables, d'embellissements de cités, de commodités, de sécurité de ports, de construction, d'entretien de flottes, enfin surtout de ce qui base une éducation morale et scientifique.

C'est en souriant que tout homme d'Etat jettera un coup-d'œil sur l'esquisse que nous venons de tracer de ses propres pensées, de ses méditations, de ses plus chères intentions; et tous les hommes supérieurs du Brésil s'écrieront : Voilà ce que nous demandons pour notre belle patrie !

Le Brésil ne possède-t-il pas toutes ces richesses, toutes ces splendeurs ? N'est-il pas un magnifique diamant sorti de la mine, mais qui n'attend que l'œuvre du lapidaire pour lui assigner toute la valeur qu'il renferme en lui-même.

La taille de ce précieux brillant, c'est l'agriculture étendue sur toute sa surface. Le lapidaire est une population nombreuse, intelligente, agissante, qui, en cultivant le sol, prépare les produits qui donnent la vie au commerce, que votre pavillon national protégera dans les contrées les plus éloignées, et d'où il rapportera les trésors qui enrichiront l'Empire.

Mais pour parvenir à ce point culminant de prospérité, il faut des agriculteurs, un grand nombre d'agriculteurs, et où sont-ils? Où voit-on les cent cinquante millions d'hommes qui manquent encore au Brésil?

Le Brésilien ne demande pas mieux sans doute que les terres qu'il possède soient bien cultivées; cependant on n'a rien fait d'heureux jusqu'à ce moment, pour amener les Indios tapuyos à goûter de la civilition, et quant aux Indios mansos s'adonnent-ils à l'agriculture? Pas beaucoup plus que leurs compatriotes encore sauvages. Il ne reste donc, en fait de véritables agriculteurs, au Brésil, que des Européens, en nombre si restreint, qu'il serait presque ridicule d'en faire compte, comparativement à ce qu'il faudrait qu'il y en eût. Tout repose encore sur le travail des noirs, dont le nombre, quelque peu menaçant, égale les deux cinquièmes de tous les habitants de l'Empire.

Lorsque les Espagnols et les Portugais, aussi insatiables d'or les uns que les autres, eurent inhumainement massacré ou acculé, dans des lieux presque inaccessibles, les tristes restes des anciens habitants, ils demeurèrent les propriétaires des vastes solitudes actuelles. Les dominateurs de ces contrées désolées ne trouvèrent, dans les indigènes captifs, que des êtres si faibles et si souffrants, qu'un homme, profondément charitable et surtout éminemment bon, imagina, sans y avoir suffisamment réfléchi, et aussi sans en avoir prévu les cruelles conséquences, il

imagina, disons-nous, de soulager les souffrances des infortunés américains, en les faisant aider par les fils de l'Afrique, qui, nés forts et robustes au centre de climats analogues, se trouveraient dans la position de pouvoir supporter les étouffantes chaleurs du monde nouvellement découvert et si barbarement dépeuplé.

C'est ainsi que la compassion d'un homme, animé de la plus incontestable charité et d'un vif amour pour son semblable, créa à son insçu les hideux malheurs d'un nombre inconnu de millions d'êtres, dont les douleurs et les souffrances sont dignes de la plus profonde sympathie.

Dès que ce criant système eût été admis, le Brésil et bien d'autres contrées encore, furent peuplés d'esclaves. Ces hommes, achetés comme des bêtes de somme par les propriétaires de domaines, leur parurent désormais indispensables à l'agriculture. Cet infâme trafic entra dans l'usage, passa dans les mœurs, devint chose légitime et prit profondément racine par la succession des siècles. Combien ne faudra-t-il pas d'efforts, et d'énergiques efforts encore, pour parvenir à extirper entièrement un usage affligeant, coupable, dernier vestige palpitant d'une barbarie surannée, et qui néanmoins s'est perpétué jusqu'à nos jours, époque que nous osons proclamer celle de la lumière, du christianisme, de l'humanité, de la fraternité ?

Laissons à des cœurs battant à l'unisson du nôtre, mais qui guident une plume plus habile que la nôtre, à lutter en faveur de cette intéressante cause, et contentons-nous ici de dire aux propriétaires brésiliens, avec autant de vérité que de franchise, qu'ils sont dans la plus complète erreur, relativement à leur intérêt matériel, lorsqu'ils caressent l'esclavage et qu'ils regardent les nègres comme la base de leur richesse. Le fait est que ces malheureux noirs, ne sont que la sape qui les conduit à une ruine plus ou moins rapprochée, mais certaine.

Que le propriétaire d'esclaves nous permette, pour quelques instants, de lui parler de sa position. Que veut-il? au moins au Brésil et vraisemblablement partout. Ce qu'il veut? Il ne demande pas autre chose, sinon : que ses plantations lui donnent le plus fort revenu possible, et, pour obtenir ce résultat, il demeure convaincu que le travail des noirs est celui qui atteint le mieux et le plus sûrement le but qu'il se propose.

Une fois dans cette persuasion intime, le propriétaire résiste à tout ce qu'on peut lui dire, à tout ce qui tend à prouver qu'il se trompe. Il est cependant dans l'erreur, parce qu'il existe d'autres moyens plus certains d'obtenir un meilleur résultat de ses terres, en ne courant pas les mêmes chances de pertes. Voilà ce que nous nous proposons de lui démontrer, s'il veut bien prendre la peine de nous lire, s'il veut bien avoir la patience de nous suivre et de réfléchir à ce que nous lui exposerons aussi clairement que la chose nous sera possible. Mais avant de traiter ce qui concerne les particuliers, qu'il nous soit permis de débuter par quelques mots préalables, sur ce qui, dans cette question, touche à l'intérêt général, c'est-à-dire à la morale comme à la sûreté publique.

Le commerce, non le trafic des esclaves, c'est-à-dire la vente du prochain, la livraison de son frère, à un maître, homme comme le vendeur, comme le noir lui-même, est-elle une œuvre innocente devant le Créateur des trois parties de ce marché?.... Que ceux qui le pensent, que ceux qui l'affirment, en demeurent responsables devant le tribunal suprême. Mais en ce qui nous concerne, que l'Eternel nous préserve de jamais assumer la terrible responsabilité de notre adhésion à une pareille action, ainsi qu'à tout ce qui peut en découler.

Si cet acte est criminel devant Dieu, quelle atteinte ne porte-t-il pas à la morale publique! quel exemple pernicieux ne donne-t-il pas aux jeunes générations! dont il tue les sentiments, dont il pervertit le jugement, parmi lesquelles il prépare peut-être des bourreaux, ou tout au moins des maîtres, qui ne seront contenus vis-à-vis d'autres hommes que par ménagement de leur intérêt, non par conscience, mais pour épargner leur bourse.

Et l'Etat, qui tolère de tels abus publics et privés, lui qui ne s'enquiert et ne peut non plus s'enquérir de tout ce qui se passe au loin, dans l'intérieur des plantations, saurait-il être bien rassuré sur les suites qui peuvent naître de vengeances à exercer par l'esclave, pour la violente séparation dont il a été la victime lorsqu'on l'arracha de son pays, pour les maltraitements qu'il a soufferts en route, pour ceux qui y sont succédé depuis son débarquement? L'Etat n'a-t-il non plus à concevoir aucune crainte de l'existence possible d'associations sourdes et étendues entre gens désireux de secouer le joug trop pesant qui peut les opprimer?

On ne saurait sans effroi mesurer une situation pareille, ni les suites qui peuvent en surgir ; mais ce qu'on doit oser, aussitôt qu'on aborde cette terrible supposition, c'est d'en tarir la source de manière à ce que jamais on ne courre le risque de la voir devenir une cruelle réalité. Il faut, pour tarir cette source, ne plus importer de noirs mais punir rigoureusement cette importation ; il faut ne plus en accumuler la masse dans un pays, où le bonheur ne saurait pas plus être leur partage que les Brésiliens eux-mêmes ne peuvent fonder de sécurité sur la présence de ces nègres.

Cependant, en admettant que nos craintes soient exagérées, parce qu'on nous oppose qu'au Brésil, comme ailleurs, les noirs sont satisfaits de leur situation, que, soumis, ils sont doux et inoffensifs, nous demanderons alors aux Chefs du gouvernement si ces nègres sont bien la population de choix, à laquelle ils souhaitent accorder une préférence à l'exclusion de toute autre ? Jusqu'à ce qu'ils nous affirment eux-mêmes que c'est là le vrai de leur pensée et la règle qui les dirige, nous nous permettrons de ne pas le croire.

Passons maintenant à l'examen de la question, au point de vue de l'intérêt particulier, et voyons s'il est mieux satisfait que l'intérêt général et public, en ce qui concerne la propriété des noirs.

Citons tout d'abord l'usage qui régne en Europe parmi les propriétaires, pour exploiter ou faire valoir leurs domaines. Tel propriétaire cultive son fonds à sa main, soit par lui-même, et, pour cela, il prend des domestiques ou des ouvriers, et il cherche par tous les moyens scientifiques ou matériels, en son pouvoir, à tirer le meilleur parti de sa propriété; 2° ou bien il afferme ses terres, c'est-à-dire qu'il les remet à bail à un preneur ou fermier, qui en paie une redevance annuelle et qui, à son tour, s'évertue à tirer de sa ferme le plus grand avantage possible; 3° enfin ses terres sont cultivées à mi-fruit, c'est-à-dire que le propriétaire fournit le sol pour sa part, l'agriculteur ou granger pour la sienne, donne ses soins et ses travaux à la culture de ces terrains. Après chaque récolte, les contractants partagent entre eux, par moitié, tous les produits du domaine, remis à *grangeage*.

Sans entrer dans l'examen du mérite plus ou moins contesté de ces trois différentes manières d'exploiter un domaine, ainsi que sur leurs avantages respectifs, nous dirons seulement : que le premier de ces modes est celui qui plus particulièrement est en usage au Brésil, avec cette différence énorme qu'en Amérique ce sont des esclaves qui sont employés par le propriétaire pour l'exploitation de ses terres, tandis qu'en Europe ce sont des hommes libres qui les cultivent.

En quoi donc gît cette *différence énorme?* D'abord, en ce que l'homme libre suit une vocation de son choix, qu'il a étudiée; que, voué à son métier, il acquiert par la pratique, chaque année, une expérience qui donne de la valeur à son travail, en sorte qu'appelé à profiter de ce qu'il gagnera, puisque son lucre demeure sa propriété, il s'applique toujours davantage à devenir habile, afin d'être d'autant mieux salarié; enfin parce que, sans nuire à son maître, il cherche par sa bonne conduite à se créer des économies.

Au point de vue de la nourriture, l'ouvrier européen ne coûte pas davantage que l'esclave noir ; mais voici enfin où se rencontre l'*énorme différence* : c'est que le noir a coûté un capital à celui qui l'a acheté, capital qui peut être instantanément anéanti par la mort, par la fuite, mais capital qui sans cela s'épuise chaque jour par la diminution des forces, par la maladie ou par l'âge de l'esclave.

Pour tout homme, habitué à calculer juste, il doit demeurer acquis que, quiconque peut avec une dépense égale obtenir un ouvrier habile, diligent, expérimenté, travaillant de bon cœur, sans contrainte, pour lequel il n'aura qu'un salaire à payer, mais point d'achat à faire, point de chance de perte de capital, de maladies ou d'autres dommages à courir, entendra bien mieux ses intérêts quand il préférera l'homme libre à l'esclave et le blanc au nègre.

On opposera sans doute à ce que nous venons d'exposer : d'abord l'antique usage, l'habitude consacrée, quelques avantages de détail, les dangers d'inovation ; enfin, qu'en achetant un noir, on voit ce que l'on acquiert, et que si l'on rencontre un bon sujet, qui devienne père d'enfants qui vous appartiennent, ils compenseront l'achat et le décès et formeront une famille qui ne fuira pas. Il est incertain d'ailleurs si on verra venir des Européens pour l'époque des travaux, et lors même qu'il en arriverait, conviendront-ils ? Et s'ils conviennent, rien n'assure la permanence de leurs travaux. Ensuite, qui ignore que les colonisations tentées jusqu'à présent n'ont offert que des résultats très-peu satisfaisants. Donc, dans le doute, on s'abstient volontiers. Certes, convenons-en, ce parti est le plus facile; mais, à nos yeux, il n'est certainement pas le plus avantageux.

Les raisons données en faveur de l'esclavage prouvent évidemment que la vieille marche ne saurait convenir à l'Empire, qu'elle ne le peuple que de sujets factices, extrêmement inférieurs sous tous les rapports, et dont le recrutement coûte chaque année peut-être cinquante millions aux sujets de la Monarchie, pesant tribut payé à la traite des nègres; tandis que la cinquantième partie de cette somme serait plus que suffisante pour faciliter l'arrivée de blancs, d'Européens libres, de Chrétiens, qui donneraient ou aideraient à donner au Brésil des résultats d'une tout autre importance, en créant des citoyens, des propriétaires, dont la présence assurerait au sol une valeur toujours croissante, enfin énorme.

L'état actuel des choses, entretient en outre, un piège permanent, tendu aux propriétaires brésiliens, grands ou petits, c'est-à-dire la facilité qu'on leur donne d'acheter des esclaves à crédit, mais alors à un prix élevé escorté de forts intérêts, qui, ainsi que le capital, sont hypothéqués sur leurs terres, souvent engagées au-delà de leurs forces; aussi la plus complète ruine est-elle le lot certain de tous les acquéreurs d'esclaves à crédit. Cet énoncé seul ne serait-il pas assez saillant pour ouvrir les yeux de ceux qui les ont le plus fermés à la lumière, et pour leur faire concevoir que des hommes, dont l'achat est un pas vers des engagements imprudents et onéreux, devient entièrement dangereux, lorsque l'objet acquis est sujet à la maladie et à la mort.

Parce que vos dominateurs portugais l'ont fait,

est-ce donc un motif suffisant pour vous de les imiter? Il y a bien d'autres choses qu'ils pratiquaient,
auxquelles vous avez renoncé avec grande raison,
parce que vous les avez reconnues mauvaises. Les
esclaves sont encore un de ces usages injustifiables,
que, d'accord avec la loi, vous saurez repousser,
non seulement pour le repos de votre conscience, pour
le mieux de vos intérêts, mais aussi pour la plus
grande sécurité de votre patrie.

Soit! répondez-vous, mais avec cette adhésion
apparente, vous vous hâtez de citer tout ce que la
législature s'est efforcée de faire pour attirer des
étrangers; toutes les faveurs qui leur sont accordées
au Brésil, où, à beaucoup d'égards, ils sont placés
au niveau des nationaux, et où, dans d'autres cas,
ils sont moins surchargés que les indigènes, sans que
nonobstant, jusqu'à présent, on ait vu naître rien
de favorable de toutes ces concessions, qui n'ont
donné aucun résultat satisfaisant. Peu d'émigrants
abordent le Brésil, et si quelques colonies sont venues s'y asseoir, elles sont loin encore de présenter
des succès, malgré les sommes qui ont été votées
pour les faciliter. Vous ajoutez ensuite : Veuillez donc
nous indiquer le bien que ces lois, ces essais, ces
allocations ont produit, ne sont-ce point des peines
et de l'argent perdus?

Non! ce ne sont certainement pas des sacrifices en
pure perte, ainsi que vous semblez le croire, et que
vous vous efforcez à le prouver. C'est ce que nous
allons chercher à vous démontrer d'une manière aussi
claire qu'incontestable. Et d'abord, si, jadis, des
personnes de grand mérite, parfaitement honorables

et dignes de respect, telles que M. le Consul-général
Sturz, à Berlin ; M. le docteur Schmidt, à Hambourg ; et M. Kalkmann, à Brême, ont, avec une
parfaite loyauté, fait de grands et d'infructueux efforts, afin de réunir des colons pour le Brésil ; c'est
que ces messieurs n'étaient autorisés à disposer d'aucune somme en faveur des émigrants, auxquels ils ne
pouvaient accorder que des facilités de protection...
et cela dans le même temps où des spéculateurs, qui
ne travaillaient qu'en vue de leur seul intérêt personnel, trompèrent et dégoûtèrent si fort d'autres émigrants, que ceux-ci, par leurs hauts cris, effrayè-
rent et retinrent ainsi ceux qui se préparaient à partir ;
ensorte que le Brésil fut à la fois décrié et délaissé.

Mais si, nonobstant, quelques-uns persistèrent à
se rendre au Brésil, ils y furent, dès leur arrivée,
répartis dans des colonies tentées sans succès, parce
qu'elles ne reposaient point sur de véritables principes vitaux ; ces émigrants devinrent les victimes de
nombreuses erreurs, ou la proie de criants abus,
que nous indiquerons pour que chacun les évite ;
d'autant plus que cette Notice est spécialement destinée à signaler les écueils, à faciliter les voies, à
créer des ressources, à coopérer activement au développement, à la prospérité, à la splendeur du
Brésil, et encore à préparer un avenir satisfaisant et
heureux aux émigrants qui viendront y chercher une
meilleure fortune.

Quant à la somme votée par les Chambres, n'est-
elle pas une preuve, qu'elles aussi, ont compris
l'urgence de faciliter beaucoup l'arrivée des colons.
Donc elles n'ont pas reculé, nous ne dirons point, à

faire des sacrifices, parce qu'un tel emploi de fonds
ne saurait, ni ne doit être considéré comme tel, elles
n'ont point reculé de voter une avance, qui rendra
au pays mille pour un. Ajoutons encore que la législature, en entrant dans cette voie propice et salutaire
au Brésil, ne doit jamais agir avec parcimonie en cet
endroit, pour lequel elle ne saurait faire de trop
larges efforts. Cependant, les efforts les plus grands,
les plus importants, les plus efficaces, sont ceux à
faire pour régler sévèrement le judicieux emploi de
ces allocations. Si ces subsides sont votés dans le
but précis de faciliter l'arrivée des émigrants, soit
en subvenant en grande partie à leur traversée, soit
en leur préparant des outils, il faut que ces sommes
remplissent le but et que jamais elles ne soient appliquées à d'autres usages, qu'à leur véritable destination. Agir contrairement aux vues et au vote des
Chambres, ne serait-ce pas anéantir tout moyen de
réussite, et donner un signe bien affligeant d'incapacité ou de non patriotisme chez ceux auxquels serait
confié le véritable emploi de ces valeurs.

Le Gouvernement du Brésil ne saurait douter de la
nécessité de peupler l'Empire, en donnant des agriculteurs au sol, des artisans à l'industrie; son plus
grand empressement doit donc être d'atteindre ce
but, pour la réalisation duquel il se trouve en pleine
concurrence avec les États-Unis; qui, au point de
vue géographique, sont mieux situés que le Brésil
pour attirer les Européens. Il faut bien reconnaître
que pour atteindre le continent sud américain, l'émigrant doit se soumettre à une plus longue navigation, à habiter un climat plus chaud et dans des con-

trées où n'existent que peu de prairies naturelles et artificielles, et, enfin, où les communications intérieures ne sont pas encore multipliées. Mais si le Brésil ne présente pas certains avantages qu'offrent les Etats-Unis aux émigrants qui s'y rendent, en revanche, il leur assure de précieuses compensations dans des produits que ne donne pas l'Amérique du nord, dans une culture infiniment plus facile ; enfin, dans la certitude que l'Administration dotera l'Empire des voies qui lui manquent encore, qu'elle aidera les émigrants par toutes les facilités qu'elle créera en leur faveur, au moment de quitter le sol européen, pendant leur traversée, enfin, à leur arrivée au Brésil.

En effet, maintenant, déjà les traversées sont plus faciles que jadis, et certainement on s'appliquera à les rendre de plus en plus aisées, quoiqu'on ne puisse raisonnablement pas espérer de voir employer la vapeur pour transporter les colons au Brésil. Mais ce qu'on pourra leur réserver, c'est une extrême économie, jointe à un bien-être positif, deux avantages qui pourraient être portés aux dernières limites, surtout si un service spécial, pour cette navigation, était organisé par le Gouvernement, avec bâtiments frétés par lui, et que l'exécution du tout fut confiée à des hommes probes et consciencieux, soumis à la surveillance des passagers et de commissaires spéciaux munis de pouvoirs suffisants. Ces derniers résideraient soit au Brésil soit en Europe.

Quant à nous, nous sommes convaincu que si le Gouvernement brésilien parvient à se pénétrer de l'importance du sujet, il prendra la colonisation de l'Empire en haute considération, et lui vouera un immense intérêt, qui se traduira par d'énergiques moyens employés à cette source de prospérité pour l'Etat. Toujours, selon nous, il ne saurait s'appliquer ni trop tôt, ni trop activement, à réaliser ce grand bienfait, en s'aidant du concours des lumières et de l'active coopération de la direction administrative dont nous avons parlé dans le chapitre précédent.

Des mesures sanitaires en faveur des émigrants, ne devraient pas être négligées, de manière à ce qu'ils ne fussent pas atteints par le découragement dans leurs travaux ; ceci dit particulièrement en vue des régions du nord de l'Empire. On se tromperait cependant si l'on pouvait nourrir l'opinion que l'européen ne peut s'acclimater dans la partie la plus chaude des tropiques. Il le peut très-bien, s'il veut prendre quelques précautions dont on devrait, sans délai, lui donner connaissance, soit avant son embarquement, en Europe, soit, encore, au moment même qu'il descend sur le rivage américain. Ces directions imprimées dans sa propre langue, lui seraient délivrées gratis, afin qu'il pût les consulter au moment opportun et s'y conformer scrupuleusement, ainsi que cela lui serait chaudement recommandé. On peut même affirmer que les divers climats chauds, sont favorables aux constitutions faibles qu'abattent les rigueurs du froid. La chaleur du climat ne doit donc pas être un motif d'empêchement de choisir le Brésil pour y fixer son séjour.

La Direction administrative, quoique nantie de pouvoirs suffisants, pour agir sans délai et selon les besoins de la situation, serait encore appuyée de la protection puissante, de l'active coopération du Ministère, et particulièrement dans l'emploi judicieux des fonds votés par les Chambres. Cette direction surveillerait le départ, la traversée, comme l'arrivée des émigrants, leur répartition suivant leurs engagements, l'exécution des contrats stipulés, dont l'une des expéditions devrait être déposée dans ses archives. Elle correspondrait avec les agents fixés en Europe; elle leur ferait connaître les facilités qu'ils pourraient accorder à ceux qui les mériteraient, puisque ces agents seraient placés de manière à pouvoir juger de la moralité et des besoins des émigrants.

En dehors des Ambassadeurs, mais toujours sous leur inspection, un Agent supérieur, en Europe, serait chargé d'une haute surveillance sur les divers agents placés dans les ports ou dans l'intérieur des pays, qui fournissent le plus d'émigrants. Cette rapide esquisse indique déjà les traits principaux de la marche à suivre pour obtenir une entière réussite, pour rassurer et satisfaire les émigrants qui se proposent, non-seulement à devenir colons, mais aussi citoyens du Brésil.

Nous ne saurions trop répéter ici, combien il est urgent que la Direction administrative soit composée d'hommes de bien; de gens éclairés, de chauds patriotes, n'ayant en vue que le seul intérêt du pays. Il est indispensable que leurs efforts ne soient entravés, ni par de fausses influences, ni par des usages surannés, ni par d'antiques préjugés, ni par l'avidité de quelques-uns. C'est précisément à cause de l'absence d'une direction, reposant sur les bases que nous venons de relater, d'une direction tutélaire et protectrice, faisant exécuter à fond les contrats des établissements particuliers, que la plupart de ces établissements ont mal fini. Sans contredit, toute colonisation privée doit avoir une sphère d'action entièrement libre, tant qu'elle n'enfreint en rien la légalité ni les institutions consacrées; mais encore il faut qu'elle tienne elle-même ses engagements vis-à-vis des tiers, et qu'à cet égard, elle demeure sous la surveillance de la Direction administrative, qui, de son côté, pourrait lui accorder un précieux appui et même lui fournir d'intéressantes communications, toutes les fois qu'il conviendrait à une colonisation d'en réclamer.

Jusqu'à présent, divers systèmes de colonisation avaient été tentés et étaient demeurés sans succès, par des causes variées. De vieilles habitudes ont prévalu dans quelques-uns; dans d'autres, on a essayé l'amalgame d'anciennes routines avec des méthodes modernes. Au milieu de ces conflits, des émigrants arrivés au Brésil après une traversée plus ou moins pénible, furent placés, privés de secours, sur de mauvaises terres, où ils eurent à lutter avec la faim et le prosélytisme. Tels furent les maux qu'eut à supporter la colonie suisse. On ne saurait s'étonner si les suites d'un pareil système furent désastreuses, et qu'elles aient laissé de profondes traces. Mais cette fausse position n'existe plus, elle sert d'avertissement aux émigrants, pour qu'ils la fuient à l'avenir. Un autre motif de juste effroi pour eux, doit être tout procès; qu'ils se gardent d'avoir jamais à en soutenir avec des propriétaires voisins.

Le Gouvernement qui jadis, en semblable occurrence, aurait pu intervenir utilement dans l'intérêt de tous, ne le fit pas. Cependant la porte qui conduit à de semblables attaques, doit être l'une des premières à clore, afin d'assurer la tranquillité des colons. Ici se trouverait encore une des précieuses attributions de la Direction administrative des colonies, qui prendrait les intérêts des colons sous sa protection tutélaire, et, afin de prévenir les discussions, elle ordonnerait le tracé de lignes précises de démarcation, de manière à allouer à chacun ce qui lui appartient. En délimitant ainsi les propriétés, la garantie existerait pour chacun, l'arbitraire serait banni, tous les droits seraient reconnus devant la loi. Mais la protection de la loi ne serait qu'un vain mot, si celui à qui l'exécution en a été confiée se place au-dessus d'elle.

La plus précieuse garantie, celle qu'il importe d'assurer aux colons est, que jamais ils ne seront victimes des coupables vexations des employés; sans quoi les institutions les plus parfaites, ne sont que des feuilles mortes, pire même, ce sont des leurres. Certes telle n'est pas la volonté auguste et suprême du Monarque, que ses Etats gémissent sous l'arbitraire obscur de subalternes, il les empêchera d'attenter à son autorité souveraine, à laquelle tous aiment à accorder leur entière confiance.

La législature s'est déjà occupée, avec sollicitude, de la modification des lois qui concernent les successions et règlent le maniement des biens des orphelins. C'est ainsi que de criants abus ont pris fin, et n'effraieront plus ceux qui avaient à les redouter.

Ce que nous avons énoncé plus haut, au point de vue de la création d'une Direction exécutive supérieure de colonisation, et en ce qui concerne les secours accordés par les Chambres, suffirait pour donner déjà une vie nouvelle et de puissantes forces à cette branche d'économie politique. En attendant l'heureux moment où ces mesures pourraient exercer cette précieuse influence, qu'il nous soit permis de jeter un regard rétrospectif sur les fautes du passé. Nous reconnaîtrons, tout d'abord, qu'on ne pouvait donner le nom de colonisation à quelques individus épars, sortis du Portugal, pour venir exercer leur métier au Brésil. Là, on les entassait dans des magasins, d'où on les ressortait ensuite, en essayant d'en faire des colons. Les choses allèrent-elles mieux plus tard ? Une colonie qui était parvenue à un certain point de prospérité, resta cependant stationnaire, à la suite de dissentions intérieures, et aussi par le trop faible débouché de ses produits.

Une seconde colonisation a été morte-née, parce qu'elle reposait sur l'application d'un système réformateur de la société, pour l'exécution duquel on eût dû, préalablement, créer des hommes spéciaux.

Il a existé d'autres tentatives de colonies, seulement en vue d'obtenir des concessions de terrains, d'en former des lots, de manière à les vendre aux émigrants qui, par là, se trouvaient abandonnés à leurs seules ressources.

En d'autres temps, des émigrants ont essayé de se grouper pour s'asseoir en colonie dans les provinces de Pernambouc, de Spirito-Santo, de Rio de Janeiro ; mais l'absence d'organisation, le climat et les recrutements du Gouvernement, n'ont point tardé à les anéantir.

Santa-Catarina a possédé un noyau de colons; mais ces gens ont été dispersés par les inondations et aussi par des invasions de sauvages.

Nous nous réservons de parler plus tard de la colonisation Vergueiro.

La colonie de Petropolis s'est trouvée dans une position particulière; aussi a-t-elle rempli les vues de ses fondateurs, non pas comme exploitation d'agriculture, mais comme villa de Rio de Janeiro.

Tout en prospérant, la colonie Léopoldina n'a pas obtenu le développement qu'on pouvait en espérer. Une grande mortalité, surtout les vexations des employés, ont grandement nui à l'extension qu'elle pouvait facilement présenter.

Une loi sur la propriété des terres a bien été votée, promulguée, mais elle n'exercera sa bienfaisante influence, qu'après la création réelle d'un cadastre définitif.

Le temps est maintenant passé, au Brésil, durant lequel on cherchait à établir des colonies par pure spéculation, en seule vue du profit exclusif de quelques habiles, qui savaient se faire concéder par le Gouvernement de vastes étendues de terrain, non-seulement gratis, mais accompagnées encore d'allocations de toute nature. En sorte que ces colonisateurs, uniquement favorisés, n'avaient d'autre occupation que celle de vendre des lots à gens arrivant d'Europe, d'où ils apportaient d'autres notions d'exploitation, ne connaissaient d'agriculture que celle d'autres climats, ayant lieu à des époques différentes.

Isolés au Brésil, où l'on parle un idiome qui n'était pas le leur, où les mœurs, les vêtements ne sont point les mêmes ; ces émigrants, abandonnés à eux seuls, ne trouvaient ni logement, ni vivres, ni outils, ni encouragement, mais beaucoup d'obstacles à vaincre, et de dégoûts à surmonter.

Telle fut la marche suivie jadis, et même jusqu'à une époque très-peu éloignée, où une famille brésilienne distinguée, possédant de vastes propriétés, animée surtout de nobles sentiments philanthropiques suivit les véritables principes de la colonisation qu'elle mit en pratique ; aussi, après avoir résolu un problème mal étudié, mais qui, aujourd'hui, présente toutes les garanties de réussite, obtint-elle de ses vues généreuses, de son zèle et de ses efforts, les plus excellents résultats.

Il ne pouvait convenir aux propriétaires, ni même aux émigrants, de contracter ensemble des engagements, en exécution desquels les derniers seraient admis, pendant un certain temps, en qualité de serviteurs à gages, parce qu'avec la susceptiblité européenne, ces serviteurs se croiraient assimilés aux esclaves, et cette opinion se fortifierait surtout, pour peu que le maître laissât percer d'exigence. Il devint donc indispensable, dès l'origine, d'anihiler cette difficulté, en laissant à l'émigrant sa pleine liberté d'action, de manière à ce que son intérêt personnel devint le seul mobile du déploiement de son intelligence et de ses forces.

La colonisation qui reposerait sur de fausses bases comme, par exemple, l'injustice, qui allouerait toute la peine à l'un, tous les avantages à l'autre, serait une colonisation impossible, dut-elle introduire les émigrants dans un paradis terrestre. Tandis qu'il est cependant possible qu'une colonie prospère, lors même qu'elle serait assise dans une contrée médiocrement favorisée de la nature, si le colon, étant persuadé que le sol récompensera son travail, demeure certain aussi, que la part qu'il se sera acquise par ses sueurs, lui sera loyalement remise, par conséquent, que le contrat souscrit sera irrévocable, et que dans le cas où il surgirait malheureusement quelque difficulté, il se trouverait puissamment soutenu dans ses droits, par une Direction administrative, tenant la balance égale entre chacune des parties, sans que ses décisions à intervenir pussent être invalidées par d'autres juges, ou par les tribunaux ordinaires.

La colonisation en grand deviendra d'autant plus possible, si elle est appuyée du concours des capitalistes, des propriétaires, des négociants et des divers particuliers, parce que plus il existe de bonne volonté appliquée à la réussite d'une entreprise, et plus aussi le succès en est assuré.

Le Gouvernement est d'autant mieux placé pour faciliter puissamment le succès de ce genre d'établissement, qu'au-delà de sa protection, il possède les moyens de faire jaillir toutes les lumières utiles; qu'il peut, outre son appui, accorder une surveillance conservatrice de tous les droits. C'est surtout à l'endroit des colonisations que, provisoirement et temporairement, au moins jusqu'au temps où l'expérience nécessaire et régulatrice serait acquise et bien basée, des mesures exceptionnelles demeureraient d'un précieux secours, lors même qu'elles ne devraient servir qu'à faire disparaître les préventions fortement enracinées qu'ont laissé de fâcheux précédents.

Il faut absolument que le colon, pauvre ou riche, ait un plein repos d'esprit sur la limite de ce qui lui appartient. Il faut que jamais il ne redoute l'arbitraire des employés subalternes. C'est surtout en faveur des colons, qu'une justice sommaire, exceptionnelle, est de première, d'urgente nécessité ; parce que l'agriculteur ne possède ni le loisir, ni les moyens de soutenir de longs procès. Il ne peut, il ne doit non plus être dépouillé du sien, parce qu'il a cherché à éviter des formalités longues et dispendieuses.

La confiance universelle renaîtra infailliblement, lorsque de justes et sévères exemples, prouveront à tous que la Suprême Volonté veille à la sécurité comme à la protection de l'émigrant étranger qui vient s'asseoir à la table hospitalière du Brésil, à la prospérité duquel en retour, il consacrera tous ses efforts. Au nombre de ces étrangers se distinguent tout particulièrement les Allemands et les Suisses nés cosmopolites.

La suppression de l'esclavage ne saurait ressortir de son entier effet, qu'au moment où la colonisation d'hommes libres aura pris une extension suffisante, au point d'anéantir l'ancien système, en lui substituant le travail volontaire des européens, qui alors prouveront, jusqu'à la dernière évidence, tous les avantages de ce mode là.

Les Brésiliens, propriétaires de vastes domaines, et particulièrement ceux qui, doués d'une véritable intelligence, secouent les préjugés des amateurs de

vieilles routines, ou peut-être aussi d'hommes peu
soucieux de leurs vrais intérêts, enfin tous ceux
qui sont mieux avisés, s'empresseront, sans doute,
d'étudier, d'adopter le système Vergueiro, dont nous
reproduirons d'autant plus volontiers les bases, que
nous sommes certain que ce genre de colonisation
éveillera vivement l'attention des émigrants européens, auxquels il servira de flambeau dans les déterminations qu'ils auront à prendre.

Nous reconnaissons cependant que ce système,
quelqu'excellent qu'il soit, pourrait admettre avec
avantage des modifications, ou des adjonctions,
susceptibles de le rendre plus complet, donc, plus
parfait encore. Néanmoins, ce système, tel qu'il
est, a fait victorieusement ses preuves, puisqu'il a
soutenu l'existence de plusieurs années, pendant
lesquelles il a donné des résultats toujours plus satisfaisants, tant pour les propriétaires que pour les
colons.

D'après cette expérience, il n'existe plus de doute
que des compagnies, qui suivraient ce modèle de
colonisation, ne marchassent sur un terrain solide
vers une prospérité certaine, et cela d'autant plus
sûrement, qu'il peut être mis en pratique sur une
grande échelle, le Brésil offrant à l'exploitation un sol
d'une vaste étendue.

Les sociétés qui s'adonneraient à de pareilles entreprises, en les basant sur des émissions d'actions,
agiraient prudemment, si elles avaient la précaution
de statuer leur contrat d'association, de telle manière à pouvoir donner à l'entreprise tout le développement, tout l'accroissement qui seraient reconnus

nécessaires, pour agir sans empêchement, avec aisance, partout où la prospérité de la colonisation le réclamerait, et si même sa direction se trouvait appelée à pousser sa sphère d'action au point de traiter avec des Administrations d'Europe, lorsque ces dernières voudraient faciliter l'émigration à leurs administrés et leur créer ainsi une existence.

Une société pareille, qu'elle fut une institution de l'Empire lui-même, ou simplement l'œuvre d'une compagnie privée, devrait dans tous les cas se faire convenablement représenter en Europe, soit pour l'émission de ses actions, soit pour toutes les communications à faire aux actionnaires; recevoir les versements des actions ou opérer les paiements de dividendes ou de simples intérêts; surveiller les embarquements d'émigrants, les placements de marchandises, toucher le montant des ventes; s'occuper de la recherche des colons, des publications propres à éclairer les émigrants, des contrats, des certificats, des recommandations, de l'économie; enfin, de tous les précieux renseignements dont l'absence est souvent aussi fatale que ruineuse, et qui cependant manquent presque toujours du plus au moins.

Ce qui précède pourra paraître minutieux; mais ce n'est que de cet ensemble de précautions, de soins, de classement d'idées, d'accord dans les vues et dans l'exécution, que naissent la confiance, la sécurité dans la marche, la réussite dans l'exécution, donc la satisfaction réciproque. Sans doute qu'au milieu de ces prévisions indispensables, tout doit être simple, facile, économique en Europe; régulier applani, scrupuleusement accompli au Brésil, dans les plus grandes comme dans les plus petites choses. Des comptes annuels vrais et sincères justifieraient de la loyale exécution du contrat de la société, dans toutes ses parties et dans toutes ses prescriptions.

Comme déjà nous avons parlé de la colonisation Vergueiro; il est temps que nous pénétrions dans cette Fazenda modèle, que nous y voyions une sage théorie transformée en heureuse pratique.

La Fazenda, ou Propriété de la Famille Vergueiro, s'appelle Ybicaba; elle est située dans la province de San-Paulo. Les propriétaires se réunirent pour exploiter l'ensemble de leurs domaines, en y fondant une colonie d'Européens. A cet effet, ils tracèrent le plan, d'après lequel se déroulerait l'exécution de leur projet. Ce plan seul, indique déjà suffisamment, une réunion d'hommes encore assez rares au Brésil, c'est-à-dire exempts de préjugés, ayant des vues larges, possédant des connaissances variées et particulièrement celle des hommes et des choses, de manière à prévoir l'avenir, à créer un but, à le suivre, à l'atteindre en frondant l'opinion, en luttant envers et contre tous, pour déraciner de vieilles routines, pour anéantir de fausses notions, enfin pour faire faire au Brésil un pas de géant dans la pratique de la science économique et vers la civilisation.

En 1846, cette propriété renfermait 215 nègres et quelques familles européennes logées à un quart de lieue de la Fazenda, soit dans des bâtiments principaux de l'établissement, et dans des maisons préparées pour elles; ces Européens cultivaient des cafiers dont le produit devait être partagé entre eux et les propriétaires. Donc ils travaillaient à mi-fruit. Ces colons fixés à Ybicaba, depuis 1842, y possédaient déjà, en 1846, une réserve de quelque importance. Cette même année de 1846, la récolte du café s'éleva entre 12 et 13,000 arobes.

Le plan qu'on avait adopté et qu'on poursuivait commençait de prouver aux voisins, ennemis de ce système nouveau, qu'avec une population blanche, on obtenait des récoltes plus fortes, et que les terres, en prenant une bonne tenue, augmentaient de valeur.

En 1847, la colonie prospérait notablement, en sorte que MM. Vergueiro continuaient à demander à l'Europe de nouveaux émigrants, pour l'arrivée desquels toutes dispositions nécessaires se trouvaient prises. Les colons déjà à Ybicaba, satisfaits de leur existence, y vivaient dans une grande aisance. Le doute et l'incrédulité devaient céder, parce qu'ici la question se trouvait nettement tranchée en faveur du Brésil, où la colonisation offre les plus grands avantages.

Ybicaba est situé à deux lieues de la petite ville de Lemeira, placé sur un sol d'excellente qualité, planté de belles forêts et jouissant d'un climat parfait, comme il l'est sur tout le plateau des montagnes de cette province. On cultive là la canne à sucre, les cafiers, les mûriers.

Ybicaba possède un village composé de 76 maisons, renfermant un égal nombre de ménages qui présentent un ensemble de 375 individus, parmi lesquels se trouvent quelques familles portugaises et brésiliennes, qui ont sollicité d'être admises comme colons, aux conditions générales. Il existe encore 120 noirs conservés à Ybicaba pour défricher les terres destinées à d'autres colons européens, dont on pourrait facilement occuper quelques milliers.

Le domaine, en 1851, était planté de 400,000 pieds de cafier; il y a suffisamment de cannes pour donner un millier de quintaux de sucre et 3,800 gallons d'eau-de-vie.

La récolte de café, en 1850, a été de 30,000 arobes, soit d'un poids de 9,600 quintaux. On doit ajouter à cela les produits nécessaires à la nourriture des colons, des serviteurs et des animaux, un surplus se vend au dehors.

Quoiqu'il existe 8,000 mûriers à Ybicaba, leur produit non utilisé encore, n'attend que des colons pour en tirer un bon parti.

L'établissement possède une scierie, un moulin pour le maïs, toutes les machines ou les agencements nécessaires à la manutention du café, à la fabrication du sucre, de l'eau-de-vie, de tuiles et de briques; enfin encore, des ateliers de forgeron, de charron, de menuisier.

Tous les produits sont portés à dos de mulet à Santos, ville située à 42 lieues de l'établissement; c'est là qu'ils sont embarqués. On peut prévoir le moment où les propriétaires d'Ybicaba mettront à profit les cours d'eau qu'ils possèdent, et peut-être la vapeur pour la préparation du café; ils gagneront ainsi de la célérité et une forte économie de bras.

Ce qui précède suffit déjà pour faire juger combien M. Vergueiro a détruit de vieilles et fausses routines, tout en démontrant à ses compatriotes les avantages supérieurs qui distinguent le travail intelligent de celui qui n'est que machinal.

L'établissement modèle d'Ybicaba présente à la fois un précieux enseignement pratique aux Brésiliens et un avertissement positif des avantages réservés aux émigrants européens, qui seront assez bien inspirés pour en faire le fondement de leur bien-être présent et de leur fortune à venir.

Le départ des émigrants, leur traversée, leur arrivée au Brésil, doivent être autant de circonstances dignes de fixer l'attention, les soins, la sollicitude des propriétaires ou des sociétés qui attendent en Amérique des Européens, que ces sociétés avancent ou non les frais du voyage, ou que ce soient les émigrants eux-mêmes qui en fassent le déboursé ; dans tous les cas, ils doivent être patronés. Il est donc indispensable que les capitaines, comme leurs navires, présentent une pleine sécurité ; les premiers au point de vue de bons procédés envers les passagers, ensuite que les vaisseaux soient suffisamment approvisionnés, parfaitement solides, très-propres et d'une capacité suffisante.

Ordinairement, la traversée depuis Hambourg ou Brême, jusqu'aux ports du midi du Brésil, se fait en 40 ou 45 jours. Les émigrants, autant qu'ils le peuvent, doivent prendre la route qui les conduit le plus directement au lieu d'embarquement; Ils devront aussi toujours, se servir de l'entremise de l'agent de la société avec laquelle ils ont contracté, pour traiter des conditions avec le capitaine qui les prendra à son bord, afin qu'ils ne soient pas exposés aux mêmes tribulations dont certains passagers, qui se rendaient aux Etats-Unis, ont été les victimes. Dans le cas où les colons auraient avec eux de très-jeunes enfants, ils feront sagement d'engager le capitaine de prendre une ou deux chèvres à son bord.

Comme les premières impressions laissent de longues et profondes traces, les propriétaires d'Ybicaba, lors de l'arrivée des émigrants, avaient préparé toutes choses, de manière à ce que ces Européens fussent satisfaits. M. Vergueiro les accueillit comme des amis; il prodigua des soins aux malades, et, pour atténuer les fatigues de la traversée, il fit reposer chacun d'eux pendant quelques jours. Ces bons procédés et des vivres abondants furent les preuves de toute sa sollicitude.

La caravane se remit ensuite en route, et, comme d'habitude, on fut appelé à vaincre quelques difficultés; particulièrement celles concernant les bagages apportés par les émigrants, qui se trouvaient ou trop lourds ou trop volumineux pour être placés sur le dos des mulets, seul moyen de transport, surtout parce que ces animaux ne peuvent être chargés que de 240 livres, soit 120 livres sur chaque côté de la bête. Certains meubles de famille que l'on conservait avec amour et vénération, ou simplement comme souvenir du pays, durent être laissés à Santos; ceci relaté comme un avis adressé aux futurs émigrants.

L'aspect de la côte, qui s'élève au-delà de Santos, est sombre et monotone. Ce sont des monts couverts de forêts, en sorte que rien n'égaie la vue du nouveau débarqué, qui n'éprouve de plaisir que celui d'avoir mis pied à terre, sentiment auquel succède insensiblement un serrement de cœur bien naturel, que n'adoucit guère une traversée de marais étendus, environnés de mangliers, route dont la seule distraction consiste dans la rencontre de nombreuses mules chargées de marchandises, de cavaliers voyageurs, de plantations distancées, enfin de maisonnettes ou hangars, refuge des mulets et de leurs conducteurs.

Lorsque le colon se trouve moins absorbé par ses impressions intimes, il peut, en gravissant la montagne Cubatao, qui est sa route, jouir de la magnifique vue de la mer, comme aussi de celle de la plaine dans laquelle serpente un lac semblable à un large fleuve; enfin de la cité de Santos, dominée par l'église du Mont-Serrato, et encore de Sainte-Vicente, premier lieu ou abordèrent les Hollandais.

En avançant vers Saint-Paul, l'aridité du sol cède aux pâturages et à la culture, particulièrement à celle du thé. Nul doute que la première impression produite par le sol brésilien ne soit désagréable à l'Européen, qui, si pauvre qu'il soit, est cependant habitué à voir de belles maisons entourées de jardins, à parcourir des routes bien entretenues, qui traversent partout une campagne cultivée, et sont bordées d'arbres fruitiers; enfin où il rencontre une population active et agissante.... Alors, le sol du Brésil, si vanté pour sa fertilité, pour la richesse de ses productions, ne lui apparaît plus que comme une nature brute et ingrate.

Ces mêmes impressions, disons-le, surgissent également chez ceux qui habitent les villes, lors même qu'au Brésil ils se trouvent placés dans une situation quelquefois bien supérieure à celle qu'ils occupaient dans leur patrie.

La caravane ne franchit guère, chaque jour, un espace de plus de trois lieues, quoiqu'elle marche pendant cinq heures. Au-delà de Jundiahy, petite ville à onze lieues de Saint-Paul, le pays devient plus pittoresque par sa culture ; on ne tarde point à rencontrer de nombreuses plantations de cannes à sucre, de cafiers et de milho.

C'est ici que commencent les bonnes terres et ces belles forêts vierges, qui signalent la qualité supérieure du sol, par la magnificence des arbres variés dont elles sont peuplées.

L'aspect misérable des petites villes de l'intérieur indique suffisamment les progrès réservés à une Administration appartenant de cœur au Brésil, Administration qui saura redonner de la vie à une population paresseuse, en la faisant contraster avec celle qu'on implantera d'Europe ; c'est ainsi que cette dernière fera non seulement fleurir par ses travaux le bien-être, mais donnera à ces contrées négligées, on pourrait presque dire honteuses de leur abandon actuel, la physionomie de joyeuse prospérité, fille de l'énergie et de l'industrie, poussées à une plus grande perfection.

Les habitants de ces lieux vivent de peu ; ils ont suffisamment de produits, en sorte que la plupart ne travaillent que quand un pressant besoin les y contraint.

On se tromperait cependant si, d'après ce qui précède, on pouvait croire qu'il n'y ait pas d'honorables exceptions ; oui, il en existe ; mais, disons-le aussi, elles sont en petit nombre.

La caravane mit quatorze jours de marche et deux de repos pour franchir la distance qui sépare Santos d'Ybicaba, trajet qui, ordinairement, se fait en quatre jours sans bagage, et en dix jours par des mulets chargés.

A la vue de leur futur séjour, les émigrants retrouvèrent un peu d'animation ; ils saluèrent avec joie les habitations qui leur étaient destinées, où ils furent cordialement accueillis et où ils trouvèrent des vivres abondants.

Du repos et la position agréable du lieu retrempèrent leur moral. Lorsque les arrivants furent installés, il demeurait à organiser l'administration, à mettre en activité la police et le travail, en attendant que le climat se trouvât racheté, époque où il s'agirait d'adopter un nouveau genre de vie, en prenant d'autres habitudes et d'autres usages. Ce moment de transition en est toujours un plus ou moins d'épreuve pour l'émigrant, à qui tout est nouveau.

Chaque famille occupe une habitation séparée. Là on lui livre tous vivres nécessaires jusqu'au moment où elle pourra en recueillir provenant de sa propre culture. On fournit aux arrivants des inspecteurs chargés de les renseigner, de les diriger.

Ces émigrants avaient abordé Ybicaba au moment le plus favorable, même pour le climat, puisque c'était en juin, soit au commencement de l'hiver au Brésil ; la température y était fraîche, puisque à cette époque le thermomètre de Réaumur descend quelquefois la nuit à six degrés au-dessus de 0. Or, partant de là, ils pouvaient parvenir insensiblement aux chaleurs de décembre, de janvier et de février, en s'y habituant. Pendant les mois d'hiver, il survient des nuits qui sont suffisamment fraîches, pour que les végétaux soient couverts d'une rosée blanche.

À l'arrivée des émigrants, les cafiers chargés de fruits n'attendaient que des bras pour les cueillir; ils se mirent donc à l'œuvre, recevant pour salaire la moitié de la récolte, obtenant ainsi un gain immédiat, travail auquel pouvaient prendre part les femmes et les enfants.

Cette récolte n'est pas pénible. Les cafiers sont plantés symétriquement et espacés de six pieds et demi; leur tige ne s'élève guère au-dessus de six pieds. Les branches commencent à sortir du tronc, à fleur de sol, et poussent jusqu'au sommet; elles mettent ainsi les travailleurs un peu à l'abri du soleil. Le colon apporte sa cueillette vers les chars qui l'attendent; un inspecteur la reçoit, la mesure et l'inscrit; dès ce moment, le colon n'a plus à s'en occuper, que pour régler ultérieurement son compte.

En dehors des occupations générales, le colon doit encore mettre à profit son temps, soit pour cultiver le nécessaire à son existence, soit aussi pour coopérer à l'extraction de quelque forêt, dont le sol est destiné à préparer la place où devra venir s'asseoir un futur village.

C'est au colon qu'appartient également la tâche de prendre soin des cafiers, de nettoyer le terrain qui les entoure de toutes les mauvaises herbes, qui croissent rapidement dans un sol si riche; ce nettoyage doit être fait deux fois par année.

Entre les jeunes cafiers âgés d'un à trois ans, et lorsque les mauvaises herbes en ont été extirpées, les colons cultivent du maïs, des haricots ou d'autres légumes, qui, en trois mois, peuvent être récoltés. Ces produits et d'autres analogues servent à la nourriture des gens comme à celle des animaux domestiques qu'ils élèvent.

C'est au milieu de ces travaux que les émigrants paient leur tribut au climat; épreuve qui dure plus ou moins d'une année, et se manifeste par de l'abattement, des éruptions de boutons, ou par le développement de maladies dont ils ont apporté le germe depuis l'Europe. Généralement, les fatigues du voyage aggravent les maux qui existaient au moment du départ; en sorte que, souvent à l'arrivée, un excès de nourriture, ou l'usage de trop de fruits, peuvent causer la mort à ceux qui commettent ces imprudences, auxquelles ils n'étaient pas habitués et que de bons conseils n'ont pas toujours pu prévenir.

Autant que possible, il est important que ceux qui s'adonnent à l'agriculture au Brésil ne soient pas des industriels des villes d'Europe, parce que la transition se trouve bien forte pour eux, surtout s'ils ne sont plus jeunes et robustes. Ceci ne doit point être envisagé comme une exclusion sans appel. Dans toute colonisation, le nombre des gens de métiers, qui sont si utiles et si indispensables, doit néanmoins demeurer dans une proportion très-limitée; tandis qu'il n'en arrivera jamais trop, non plus que de domestiques, pour peupler les villes où ces catégories trouveront un emploi lucratif. Au surplus, ajoutons encore qu'aucun émigrant, quelle que soit sa sphère d'occupation, ne doit se livrer aux rêves séducteurs de jouissances nouvelles; il en aura sans doute, mais qu'il s'attende qu'elles seront escortées aussi, de peines d'un genre différent de celles qu'il connut.

Dans tous les cas, ces peines s'adouciront beaucoup,

lorsque les émigrants acquerront les habitudes des lieux et la connaissance des usages du pays, où ils sont venus chercher un bien-être qu'une conduite régulière leur donnera assurément.

Nous avons dit qu'à l'arrivée des colons M. Vergueiro leur fournit les vivres nécessaires à leurs besoins, et cela jusqu'au moment où ils pourront en recueillir, après les avoir cultivés eux-mêmes. Les détails qui suivent ont été relevés du compte d'une famille composée de huit personnes, et pour le courant d'un mois. Les objets de même nature et livrés à des dates diverses, seront présentés ici réunis en un bloc.

Septembre 1847.

56	*Liv.*	Farine de maïs . .	*Reis*	1,050	soit	F.	3 09
32	»	d. de mandioca. . .	»	1,000	. .	»	2 94
8	»	de café	»	500	. .	»	1 47
16	»	de haricots.	»	500	. .	»	1 47
24	»	de sucre.	»	1,200	. .	»	3 53
16	»	de lard.	»	1,760	. .	»	5 18
1/8	alquiere de sel.		»	400	. .	»	1 18
32	*Liv.*	de riz	»	1,000	. .	»	2 94
22	aunes étoffe zuarte . . .		»	1,509	. .	»	4 41
1	mesure pommes de terre		»	320	. .	»	» 94
2	—	de maïs.	»	100	. .	»	» 30
1/8	alquiere café vert . . .		»	100	. .	»	» 30
1	aune tabac en corde. . .		»	240	.	»	» 70
			Reis	9,670		Fr.	28 45

Lesquels reis à raison de 340 pour un franc, donnent vingt-huit francs et quarante-cinq centimes.

Ces fournitures, avancées aux colons par le propriétaire, lui sont naturellement dues.

Après avoir esquissé la position des premiers colons, à leur arrivée à Ybicaba en 1847, après les avoir suivis durant la première année de leur séjour, jetons un regard sur ce qu'ils sont devenus en 1851.

Le nouveau village des colons, distant d'un quart° de lieue du principal établissement de la Fazenda, et assis sur une petite colline au pied du Morro-Azul, boisé en entier de cafiers; comptait trente-neuf maisons neuves, uniformes, alignées sur plusieurs rues droites, au centre desquelles se trouve une place destinée à la construction d'un édifice public et aussi d'une fontaine.

A quelques centaines de pas de là, et sur une autre élévation, à laquelle on parvient, après avoir dépassé un ruisseau qui coule entre les deux collines, on aperçoit les habitations où furent logés les émigrants à leur arrivée et où encore il en reste quelques-uns.

Les bâtiments neufs, construits en terre, ont des toits couverts de tuiles, et sans y être obligé, M. Vergueiro a fait bâtir ces habitations en faveur des premiers colons.

Ces maisons présentent un joli aspect; elles ont une face de 27 pieds, sur une profondeur de 24 pieds. La porte en occupe le centre, une fenêtre est placée à chaque côté de la porte; le derrière de l'édifice est la répétition du devant. Quant à l'intérieur, les colons le distribuent à leur convenance.

La Fazenda communique au village par une belle et large route bordée d'arbres. Mais ce qui frappe tout d'abord, c'est la propreté de la localité et l'air heureux des physionomies. La première réflexion porte sur le contraste de ce lieu, avec ceux que l'on a franchis, et l'on ne peut s'empêcher de dire : C'est ici que sont les gens qui travaillent?

Mais ne nous arrêtons pas à l'extérieur et pénétrons dans ces maisons blanchies où les colons sont casés. Un corridor partage la maison et donne accès à trois chambres également blanchies à la chaux, propres, meublées de lits, de chaises, de tables, de miroirs, de pendules, etc. En entrant à la cuisine, on s'aperçoit qu'il y a une ménagère, et que le colon ne se contente pas pour sa nourriture de farine et de haricots; l'aspect seul de cette pièce est une investigation suffisante pour indiquer l'aisance qui règne. La batterie de cuisine est luisante, le dîner qui se prépare fume au foyer ou sur le potager. On aperçoit aussi le four pour le pain, le beurrier et la petite presse à fromage.

Derrière la maison, au fond de la cour, est un hangar où vivent la vache, la chèvre, quelques porcs, et presque toujours aussi des poules et des canards, quelquefois un cheval. Là est un tas de maïs, chez quelques-uns une petite provision de foin. Pour compléter cette visite, entrez au jardin; il est à côté ou derrière la demeure, il abonde en légumes et en fleurs; on y a introduit aussi divers arbres fruitiers, des bananiers et des orangers.

Pour qui connaît le Brésil, il est même difficile de concevoir qu'en si peu de temps une poignée de colons, arrivés sans ressources, presque tous chargés d'une dette originelle, soient parvenus à ce degré de bien-être, ainsi que nous le démontrerons plus tard. En effet, pour pouvoir se le persuader, il faut l'avoir vu, il faut en avoir compulsé les preuves. Chacun peut chaque jour, comme nous l'avons fait nous-même, se convaincre irrésistiblement de la vérité, de la réalité de nos assertions; il serait sans doute heureux que les incrédules voulussent en prendre la peine.

Le village n'est point dans le style de ceux d'Europe, il ressemble bien davantage à une réunion de petites maisons de campagne. On n'y voit pas de grands bâtiments, encadrés de fumier ou de tas de bois; pas d'outils ou de chars en désordre, aucun entassement de provisions pour l'hiver. Le colon n'ayant pas la manutention du café, ne possède non plus d'outillements; il n'a non plus besoin de charrue, de herse, de charrois, par conséquent de grandes dépendances lui seraient inutiles. Malgré tout le déploiement des fermes d'Europe, le fermier est loin d'y rencontrer le confort de ces petites habitations brésiliennes, bien claires, bien nettes, bien aérées.

En 1851, le village Vergueiro a été augmenté d'un carré de vingt nouvelles maisons.

Les chefs de familles sont en général des personnes âgées ou dans la force de l'âge, dont souvent la figure conserve des traces de souffrances passées. Il n'y a de jeunes ménages que ceux formés en dernier lieu.

Sur les 376 membres de la colonie, il y a 216 jeunes gens ou enfants. Quelques familles, plus particulièrement vouées à des métiers, et auxquelles l'agriculture n'allait pas, ont quitté Ybicaba, tandis que de nouveaux colons sont venus les y remplacer.

La plupart des émigrants, à Ybicaba, sont Bavarois ou du Holstein; au milieu d'eux se trouvent deux familles portugaises, deux brésiliennes et une espagnole. Tous sont d'un caractère doux et tranquille;

ils sont travailleurs et de bonnes mœurs, mais ils n'entretiennent que peu de rapports avec les populations voisines, dont cependant ils sont considérés.

Nous avons beaucoup questionné ces colons : tous répondent qu'ils sont bien, qu'ils sont contents, sans pour cela oublier la patrie. Tous aussi nous ont assuré, supporter très-bien le climat depuis l'épreuve de la première année quoiqu'il y ait de la différence dans la nourriture; ils ont ajouté que le travail leur a paru moins pénible, depuis que le soleil ne les effraye plus; ils affirment qu'en général les maladies ne sévissent pas, le climat étant aussi favorable aux vieillards qu'aux jeunes gens. Si leur physionomie n'indiquait pas la véracité de leur dire, on en aurait la conviction par l'absence de médecin. Les indispositions momentanées proviennent de fièvres légères ou de refroidissements, que dans le pays ou nomme *constipatacao*.

On trouve à la colonie des remèdes qui rétablissent de suite l'indisposé. Ce mal pourrait toutefois devenir dangereux, si on négligeait de faire immédiatement le nécessaire. Dans des circonstances plus graves, la famille du malade appelle le secours du docteur d'une ville voisine, mais c'est un cas rare.

Les colons possèdent des vivres en abondance. Aussi n'ont-ils aucune appréhension de l'hiver; d'ailleurs il leur est facile de se pourvoir à la Fazenda de tout ce qui peut leur manquer. Là on les fournit de semences, d'argent; on les facilite pour se procurer des animaux domestiques, pour le transport des bois, des planches, de la terre, du sable, des pierres; rien ne leur manque matériellement.

Le système Vergueiro a ceci d'excellent, qu'il place le colon dans la position d'être heureux, en lui laissant son entière liberté, ne réclamant en retour de tout ce qui lui est fait à lui-même, qu'une bonne conduite et un travail raisonnable au profit de tous.

Cette position de choix n'éteint point cependant chez le colon, la pensée intime de la propriété. Ces colons, il est vrai, jouissent d'une excellente maison, d'un joli jardin, mais où la certitude d'y rester toujours n'existe point pour eux. Ils ne plantent donc pas tout, ils n'arrangent pas non plus complètement, afin de ne pas créer pour d'autres. Ils se préoccupent souvent (et là gît leur pensée intime) du moment où ils pourront avoir gagné suffisamment pour acquérir du terrain, y construire une maison, de manière à être chez eux, à employer leurs forces pour eux-mêmes ; toute leur ambition est là, ambition sans aucun doute noble et louable, mais dont cependant la réalisation pourrait bien n'être pas aussi heureuse qu'ils la rêvent et qu'elle les séduit, parce qu'une famille isolée, qui ne s'appuierait que sur ses seules ressources, surtout si celles-ci sont faibles, se trouverait appelée à lutter contre mille obstacles décourageants. Dans ce cas, il faut non seulement que le colon travaille pour produire, mais il est forcé de s'occuper encore de la préparation, du transport, de la vente, du recouvrement de ses produits ; et c'est alors que ce colon, lorsqu'il est trop faible propriétaire, se trouve privé des avantages immédiats dont il jouit chez M. Vergueiro, avantages qu'il n'apprécie guère mieux qu'il ne le fait du jour qui l'éclaire, dont il profite sans y songer ; c'est-à-dire qu'il oublie le travail de la préparation et

de la vente qui s'opère pour tous, et dont par conséquent il retire une part de profit, sans aucune sur-
charge de coopération ni souci d'administration pour
lui ; loin de là, il peut employer ce temps à son
propre bien-être. Aussi, peut-on affirmer avec certitude qu'il existe des propriétaires, ayant des esclaves, qni nonobstant, sont plus mal placés que les
colons d'Ybicaba, si bien que, tout compté, leurs
résultats sont beaucoup plus soumis à des chances et
moins profitables que ceux des derniers.

Avec du travail et de l'économie, le colon se crée
insensiblement un capital ; tandis que le propriétaire
isolé, tout en travaillant davantage, tout en courant
des hazards et des chances, ne conserve pas toujours
le sien.

Ajoutons que plusieurs colons, qui avaient tenté cet
essai, se sont trouvés heureux de venir se réinstaller
à Ybicaba. En sorte qu'il ne faut pas être surpris si
cette crainte vague, si un arrière doute de réussite,
influent plus ou moins sur la conduite, le travail et
les déterminations de plusieurs. Chacun conviendra,
surtout, que l'isolement conduit à de nombreuses
privations : avec l'isolement, pas de culte public,
pas d'école, pas de médecin, aucun des biens précieux, aucun des secours nés des réunions d'hommes
en société, qui tous aiment à jouir des bienfaits comme
des agréments que l'agglomération procure ; l'homme
n'a-t-il pas un continuel besoin de communication, de
contact et d'appui.

Néanmoins, M. Vergueiro, pour satisfaire à cet
entraînement intime vers la propriété, pour correspondre enfin, autant qu'il est en lui, aux désirs et aux

penchants raisonnables de l'homme, a formé le projet de faire préparer des terrains pour ceux des colons
ou des émigrants qui voudront être propriétaires eux-
mêmes, et encore pour toute association dont les
membres éprouveraient le besoin impératif d'être attachés au sol dont ils cultiveront les produits. En
faveur de ces derniers et pour les éclairer sur l'exécution de leurs projets, nous leur dirons que : nous
croyons que des associations, composées d'une ving-
taine de familles, comptant chacune au moins cinq
personnes, pourraient utilement se cotiser entr'elles,
dans le but d'acquérir en commun un espace de terrain suffisant et déjà en plein rapport, garni d'habi-
tions nécessaires, terrains qu'elles exploiteraient à
leur plus grand profit et qui ne tarderaient point à
acquérir un développement important et une grande
valeur.

Un autre mode d'association que nous signalerons
encore aux émigrants qui compteraient un même
nombre au moins de familles que ci-dessus serait :
que chacun des cent membres, fournissant une quote
part de six cents francs, ils réuniraient ensemble un
capital de soixante mille francs, avec lequel ils acqué-
reraient du terrain défriché, garni d'habitations et
des dépendances nécessaires. Au début, les nouveaux
colons devraient être dirigés par un homme expert
dans les usages et la culture du pays. Comme on peut
sans exagération admettre que le produit du travail de
chacun des membres adultes de la société s'élèverait
à trois cents francs dans l'année, il en résulterait
qu'en quatre ans, au plus tard, l'association pourrait
être rentrée dans le capital déboursé, et qu'elle serait

en possession d'un bel immeuble en plein rapport, position impossible à réaliser de même en Europe.

Enfin une troisième combinaison, encore plus à la portée de tous, serait la réunion d'un même nombre d'associés que plus haut, mais versant un capital sensiblement inférieur, et qui néanmoins pourrait également se préparer, mais pour une époque plus éloignée, celle par exemple de six à huit ans, une propriété qui fournirait abondamment aux besoins des associés. Une mise de fonds de cent ou cent cinquante francs, versés par chacun des intéressés, mettrait la masse en position d'acquérir des terrains non encore défrichés, d'une grande et suffisante étendue. Parvenu à ce point, le personnel de l'association se diviserait en deux parts, dont l'une entrerait dans la colonisation Vergueiro ou tout autre semblable pour trois ou quatre ans, tandis que la seconde portion des associés défricherait les terres acquises au nom de l'association, de telle manière que les gains faits par les uns et les terres défrichées et mises en rapport par les autres, formeraient la propriété générale et deviendraient le capital de tous les associés. Cette position prospère permettrait plus ou moins vite à l'ensemble des membres de se réunir pour exploiter désormais en commun leur propriété, en faveur de l'association, qui, reposant sur des bases équitables, tendrait à grandir de plus en plus. Chacun pourra apprécier les facilités possédées par une semblable association, au moyen des lumières acquises par les uns et par leurs gains destinés à l'achat d'outils et de mobilier, et aussi par le défrichement opéré par les autres, qui auraient préparé des plantations et des habitations pour tous.

Pour satisfaire nos lecteurs, dans l'intérêt qu'ils pourraient porter aux colons dont nous venons de les entretenir, nous nous faisons un devoir de les initier à la marche progressive de leur prospérité, en relevant des livres de la Fazenda d'Ybicaba les comptes de quelques-uns des émigrants, parce que des chiffres sont concluants et bien plus persuasifs que tous les raisonnements :

Doit Crispinus Maréchal, n° 53 :

Voyage de famille . . .	juin 1847	R.	320,000	soit fr.	941	17
Argent et vivres. . . .	1847 1848	»	113,880	»	334	94
d° d°	1848 1849	»	94,790	»	278	74
d° d°	1849 1850	»	76,760	»	225	76
Solde à son crédit en . . .	1850	»	154,048	»	453	08
		Reis	759,478	fr	2,233	69

AVOIR :

Café recueilli en	1847	R.	104,678	soit fr.	307	87
d°	1848	»	76,720	»	225	59
d°	1849	»	69,200	»	205	53
Service au village		»	14.720	»	43	29
d° à la Fazenda		»	494,160	»	1,433	41
		Reis	759,478	fr.	2,233	69

Donc, après être arrivé à Ybicaba, avec une dette de neuf cent quarante-un francs dix-sept centimes, non seulement cet émigrant s'est acquitté en quatre ans de toutes les avances qu'on lui avait faites, mais en 1850, d'abord il possède à son compte une valeur disponible de 154,048 reis, soit fr. 453 08, et il sera aussi crédité de la somme inconnue encore, de sa récolte de 350 1|2 alquiros de café.

Doit Topp , 46 , famille de 7 personnes :

Passage				R. 240,000	soit fr.	705	88
Argent et vivres. . . .	1847	1848	»	82,480	»	242	58
d° d°	1848	1849	»	67,250	»	197	79
d° d°	1849	1850	»	81,427	»	259	49
Solde à nouveau à son crédit .	1850		»	127,423	»	374	76
		Reis		598,580	fr.	1,760	50

AVOIR

Café cueilli en	1847	R. 149,500	soit fr.	439	70
d°	1848	» 171,500	»	504	40
d°	1849	» 209,600	»	616	47
Service		» 67,980	»	199	93
	Reis	598,580	fr.	1,760	50

A son avoir en mars 1850 une somme disponible de 127,423 reis, fr. 374 76; plus l'inconnue de sa récolte de 1850 , présentant un total de 942 alquiros de café.

Doit Groeber, 1 , famille de 10 personnes :

Passage				R. 480,000	soit fr. 1,411	76	
Argent et vivres. . . .	1847	1848	»	86,880	»	255	53
d° d°	1848	1849	»	60,728	»	178	61
d° d°	1849	1850	»	129,065	»	379	60
A son avoir au 15 mars . . .	1850		»	6,477	»	19	05
		Reis		763,150	fr.	2,244	55

AVOIR :

Café cueilli	1847	R. 152,250	soit fr.	447	73
d°	1848	» 191,940	»	564	53
d°	1849	» 181,200	»	532	94
Service à la Fazenda.		» 57,780	»	160	94
Rembours de passage par deux gendres	» 180,000		»	528	41
	Reis	763,150	fr.	2,244	55

Somme disponible à son avoir en mars 1850, 6,477 reis, soit fr. 19 05; plus la récolte de 1850, en 907 1|4 alquiros de café.

Doit Dengler, n° 31 :

Passage de 9 personnes			R.	480,000	soit fr.	1,411	76
Argent et vivres . . .	1847	1848	»	109,240	»	321	30
d°	d° . . .	1848 1849	»	91,515	»	269	45
d°	d° . . .	1849 1850	»	49,695	»	146	16
		Reis		730,550	fr.	2,148	67

AVOIR :

Café cueilli	1847	R.	140,910	soit fr.	414	46
d°	1848	»	154,770	»	455	20
d°	1849	»	133,200	»	391	76
120 jours service du fils		»	57,600	»	169	41
3 1	2 mois service d'un fils		»	22,090	»	64	97
10 jours d°		»	3,960	»	11	64
50 d° pour capiner		»	14,800	»	43	53
Remhours de passage d'une fille . .		»	80,000	»	235	29
Débiteur au 15 mars 1850		»	123,220	»	362	41
	Reis		730,550	fr.	2,148	67

Celui-ci solde en demeurant débiteur à nouveau de 123,220 reis, soit de fr. 362 41 ; mais il lui est dû la récolte de 1850, soit 540 alquiros de café.

Doit Emrich, 59, bourgmestre :

Passage de 4 personnes			R.	320,000	soit fr.	941	17
Argent et vivres . . .	1847 1848		»	57.300	»	168	53
d°	d° . . .	1848 1849	»	59,572	»	175	21
d°	d° . . .	1849 1850	»	54,480	»	160	23
		Reis		491,352	fr.	1,445	14

AVOIR :

Café cueilli	1847	R.	46,210	soit fr.	135	91
d°	1848	»	129,360	»	380	47
d°	1849	»	104,200	»	306	47
12 mois service de bourgmestre . .		»	36,000	»	105	88
12 d° . .		»	36,000	»	105	88
Une barrière pour sa maison . . .		»	10,000	»	29	41
Deux d° . . .		»	20,000	»	58	83
6 jours de service		»	2,880	»	8	48
Un voyage à Santos		»	15,000	»	44	11
Service mesurage de café		»	24,000	»	70	58
Débiteur au 15 mars 1850		»	67,702	·	199	12
	Reis		491,352	fr.	1,445	14

Encore un qui demeure débiteur de reis 67,702,
soit fr. 199 12; mais qui a sa récolte de 730 alquiros
de café à voir porter à son crédit.

On ne saurait rien offrir de plus positif ni de plus
officiel que ces comptes, pour fixer l'attention et
asseoir l'opinion des émigrants, et tout particulièrement si l'on y ajoute la certitude que le même colon,
avec une somme de mille francs, qu'il aura apportée
d'Europe, ou acquise au Brésil par son travail et par
son économie, pourra, ainsi que nous l'indiquerons
plus bas, acheter une propriété de cinquante-cinq
poses, soit quinze hectares de terrain, déjà préparé
pour le culture.

Ceci prouvera, jusqu'à la dernière évidence, la
grave erreur dans laquelle seraient les émigrants qui
pourraient imaginer qu'en venant prendre place dans
la colonie Vergueiro, ou dans toute autre, reposant
sur le même système, ils deviendraient les esclaves
blancs du propriétaire. Rien de plus faux que cette
opinion, puisque chaque émigrant, devenu colon,
demeure aussi indépendant qu'il peut l'être; de telle
sorte que, si le lendemain de son arrivée il ne doit
rien à la colonie, donc qu'il ait remboursé toutes les
avances que la Fazenda peut avoir faites pour lui, il
est entièrement libre de se placer ailleurs. Mais chaque
famille qui vient s'installer dans la colonie prend un
engagement d'honneur d'y donner l'exemple d'un
travail régulier, et, dans le cas où cette famille veut
forcer le travail, c'est à son propre profit. A Ybicaba,
chacun est libre aussi de ses opinions religieuses et
politiques.

La colonie est divisée en trois quartiers; chacun

d'eux est administré par un inspecteur, qui y maintient l'ordre en y surveillant les travaux. Lors de quelque difficulté, l'inspecteur intervient comme arbitre entre les parties. Dans le cas où il ne peut arranger l'affaire, les trois inspecteurs se réunissent alors en tribunal et tranchent la question. Toutefois, liberté entière demeure aux colons de recourir à une dernière instance, en en appelant au prononcé du propriétaire, ou en son absence à celui du directeur général de la Fazenda, lequel se trouve aussi être le délégué du Gouvernement provincial, pour les cas de délits criminels.

Le contrat qui soumet les colons au prononcé d'arbitres les place ainsi à l'abri des procureurs et des avocats, enfin de tous les suppôts de la chicane, qui ne doivent jamais avoir accès dans la colonie.

Toute la législation Vergueiro repose sur deux points principaux : former des colons moraux, travaillant bien et dans la juste mesure de leurs forces ; ou renvoyer de la colonie ceux qui refusent de remplir leurs engagements et y jettent aussi de la perturbation.

Le droit acquis à chaque colon de se retirer lorsqu'il le souhaite, dès qu'il a remboursé les avances qui ont été faites pour lui, est la raison pour laquelle aucun temps déterminé n'est stipulé au contrat ; il fallait qu'une entière liberté mutuelle demeurât réservée aux contractants. Ceci est une précaution d'autant plus importante que la seule pensée d'un engagement, à temps obligatoire, pèse toujours comme une chaine plus ou moins lourde. Il n'existe donc de réglement pour la colonie que le seul contrat qui lie le colon avec le propriétaire. Ce contrat est le pacte qui règle le droit et la conduite de l'un et de l'autre. Nous en transcrivons la traduction littérale en affirmant que tous sont semblables :

CONTRAT.

ART. 1ᵉʳ.

Vergueiro et Cⁱᵉ contractent ce qui suit avec le colon, sieur N. N., naturel de....., avec sa femme, N. N., et ses enfants, N. N.

ART. 2.

Vergueiro et Cⁱᵉ s'obligent de payer au Gouvernement Impérial la valeur de...... reis, montant du passage qu'il a avancé et dont le susdit colon est responsable.

A délivrer audit colon la quantité de cafiers qu'il pourra cultiver, cueillir et bénéficier.

A lui laisser la faculté de planter dans leurs terres, en un endroit désigné, l'espace nécessaire pour subvenir à ses besoins.

A lui avancer le montant des dépenses à faire pour son transport jusqu'à la Fazenda, et ce qui lui sera nécessaire pour sa subsistance, tant qu'il ne pourra l'obtenir par son travail.

ART. 3.

Le susdit colon s'engage à ce qui suit :

1' A se conduire paisiblement sans *perturber* ou préjudicier ses voisins, ni la Fazenda;

2° A cultiver et cueillir comme il convient les ca-fiers qu'il aura reçus, déposant le café cueilli dans l'endroit marqué du *cafezal*, où il le délivrera par mesure au receveur de la Fazenda ;

3° A concourir en commun, pour le service correspondant à la quantité de café délivré, pour le travail de préparation qu'il exige, jusqu'à son entrée au marché ;

4° A replanter les cafiers qui pourraient venir à manquer dans la partie de cafiers à sa charge ;

5° A payer à Vergueiro et Cⁱᵉ la susdite somme de..... qui, après deux ans, portera l'intérêt fixé par la loi, pour ce qui ne serait pas remboursé; de plus, le montant des valeurs avancées, suivant l'art. 2, § 4, avec les intérêts depuis une année ;

6° A appliquer aux susdits paiements au moins la moitié de ses bénéfices nets, annuels.

ART. 4.

Le café sera vendu par Vergueiro et Cⁱᵉ, la moitié du produit leur appartiendra, et l'autre moitié au susdit colon.

ART. 5.

Vergueiro et Cⁱᵉ n'auront aucune part des produits alimentaires, cultivés par le colon, et qui serviront à sa consommation ; mais ils auront droit à la moitié du surplus.

ART. 6.

Vergueiro et Cⁱᵉ ne pourront point se décharger des obligations de ce contrat, tant que le susdit colon

10

remplira fidèlement les siennes. Toutefois, il est libre de se retirer, après avoir payé à Vergueiro et Cⁱᵉ ce qu'il pourrait leur devoir, en annonçant six mois à l'avance et par écrit son intention de se retirer, et s'assujétissant à une amende de cinquante mille reis (150 fr. environ), s'il se retirait avant d'avoir payé sa dette, ou sans avoir fait la déclaration de son intention.

ART. 7.

Toutes les difficultés qui surviendraient entre les contractants seront décidées par arbitres, devant l'autorité compétente, sans autre recours d'appel.

En foi de quoi, étant d'accord, les contractants ont signé.

Santos, le.....

Lorsque, conformément au contrat, il est question de l'expulsion d'un colon, c'est à M. Vergueiro qu'on en réfère; il en est de même pour une admission.

Pour ce qui concerne le travail : Si le colon ne remplit pas ses engagements, et que, par paresse ou par négligence, il préjudicie aux cafiers qui lui sont confiés, l'administrateur fait faire le travail négligé et porte ces journées-là au compte du colon. Cette déduction n'a lieu que bien rarement, et seulement quand les inspecteurs n'exercent pas une surveillance efficace, afin d'inculquer une bonne direction dès le principe.

L'amende est fructueusement employée lorsque la négligence est poussée trop loin, ou que le colon veut quitter la colonie avant d'avoir acquitté sa dette. L'expulsion est certainement préférable lorsqu'il y a persistance dans la mauvaise culture.

Personne ne peut s'installer dans la colonie sans le consentement du propriétaire. Le colon ayant, selon ses forces, reçu un certain nombre de cafiers à soigner, il est dans son intérêt bien compris de le faire convenablement, puisque, pour sa part, il recevra la moitié du produit net de la vente du café. Il découle de tout ceci que le colon peut travailler à son entière convenance. La seule chose qu'on exige de lui est que son œuvre soit faite aux époques voulues, de telle sorte que la récolte ne souffre en rien.

Un grand principe en fait de colonisation est de prévenir les abus par tous les moyens possibles, afin de n'avoir point à les corriger, ce qui n'a jamais lieu sans faire surgir des murmures.

Les travaux agricoles des colons étant accomplis, ils peuvent, selon leur goût, tirer parti de leur temps et de leur industrie.

Un inspecteur interprète soigne la comptabilité des colons, leur distribue des bons nécessaires à leurs besoins. Il consigne dans un registre les ordres reçus, ainsi que tout ce qui survient dans la colonie. Cet interprète est salarié par M. Vergueiro. Les autres inspecteurs, outre des lots de cafiers, reçoivent 3,000 reis par mois (environ 10 fr.), et sont encore indemnisés pour la perte de temps que réclame leur service.

C'est principalement d'une bonne administration que dépendent la réussite et la prospérité des colonies. Le chef demeure donc l'âme de tout établissement; lorsque ses vues personnelles sont justes, quand le développement régulier d'un système bien conçu a lieu, le bien général en découle. Tout en revêtant une intime sollicitude pour l'ensemble, le chef doit à l'occasion, et selon la circonstance, savoir agir avec autant d'équité que de fermeté; c'est ainsi qu'il se fera aimer et respecter. Cependant, un chef peut être appelé de s'absenter; il ne peut non plus tout voir ni tout faire; c'est donc avec une grande sagacité qu'il doit choisir des agents dignes et capables, qui, animés des mêmes intentions, mus du même intérêt, le suppléent autant que possible. Ceux placés à la tête d'une entreprise semblable doivent donc revêtir un esprit conciliant, être impartiaux, conserver du sang-froid, éviter toute faveur, pratiquer la patience et anéantir dès qu'il apparaît tout germe de division. Il est indispensable que la familiarité, ainsi que la sévérité excessive, soient interdites; elles sont aussi dangereuses l'une que l'autre, et chacune d'elles provoque l'irritation. Faciliter partout, toujours rendre service, fermer les yeux à propos sur les choses insignifiantes, tout en ne cessant d'exercer une vigilante surveillance, telles sont les principales qualités que doivent posséder les agents choisis par le propriétaire, pour le représenter en son absence, pour exécuter ses directions; telles sont la moralité et les lumières qui rendent leurs fonctions faciles et respectables.

Les caractères des émigrants sont aussi variés que les circonstances qui ne cessent de les modifier. Si le malheur, si les besoins exercent une grande influence sur l'homme souffrant, la prospérité ne tarde guère à raviver, à retremper ses passions, en lui rendant ses volontés, lorsqu'il a le pouvoir de les satisfaire.

Des différences peuvent surgir insensiblement dans une colonie, et la jalousie y naître comme partout. C'est alors que la direction y augmente en difficultés; alors un redoublement de tact devient indispensable, pour maintenir l'harmonie au milieu d'une population agitée par le succès ou par l'infortune. Dans ses moments d'effervescence, les inspecteurs arbitres ont à justifier le choix qu'on fit d'eux, en captivant la confiance et l'estime de leurs compagnons d'habitudes quotidiennes et sédentaires; leur caractère doit être sérieux, franc, intègre. L'influence, née de ces dispositions, prête un puissant appui aux bons conseils et facilite considérablement les conciliations. Nous l'avons dit, la probité des administrateurs est seule capable de leur acquérir tout le respect qui fait leur force. Aussi un employé passionné, imprudent, peut-il causer les plus grands maux dans une colonie et les haines, une fois introduites, ne sauraient plus que difficilement s'éteindre. Le propriétaire lui-même et tous ses employés doivent se placer à l'abri de tout soupçon de partialité, et dès lors ne pas craindre, dans certains cas délicats qui ne concernent que les colons seuls, d'autoriser ceux d'entr'eux en discussion à choisir, pour arbitres, d'autres de leurs collègues de la même colonie.

Parmi les émigrants, se rencontrent fréquemment des gens de métiers; aussi, dans le nombre des colons d'Ybicaba compte-t-on : 2 boulangers, 5 tailleurs, 3 charpentiers, 6 maçons, 1 menuisier, 4 cordonniers, 1 boucher, 2 tanneurs, 1 barbier, 2

tisserands, 1 tailleur de pierres, 1 maréchal, 1 maître d'école, 2 charrons, 1 calfat, 1 ferblantier, et
déjà il était sorti de la colonie 2 acteurs, 1 tonnelier,
1 boulanger, 1 charpentier, 2 cordiers, 2 maçons,
1 constructeur de bâtiments. Donc, dans cette réunion,
se trouvent bien des colons qui n'avaient point été
habitués aux travaux de la campagne, et qui cependant se sont voués à l'agriculture, tout en exerçant
simultanément leur métier, quand l'occasion s'en
présente. La Fazenda en occupe plusieurs; d'autres,
à côté de leurs récoltes, se créent un revenu de ce
qu'ils fabriquent, et vendent leurs produits à l'extérieur. Nous répéterons, malgré cela, qu'il est généralement peu convenable d'agglomérer beaucoup de
gens de métiers, d'abord parce qu'ils se fixent difficilement, ensuite que les jeunes ouvriers, aux idées
turbulentes, deviennent des entraves pour l'administration, parce qu'ils introduisent dans les colonies des
habitudes qui ne conviennent guère ; tandis que les
agriculteurs, quoique jeunes, possèdent mieux la
tranquillité d'un âge plus avancé.

Les colons inoccupés trouvent ordinairement du
travail à la Fazenda, où leur journée leur est payée
480 reis (1 fr. 50 c.), outre qu'ils y sont nourris.

M. Vergueiro se propose, pour l'avenir, de faire
préparer le café par les colons de la Fazenda. Ce sera
une ressource pour ceux dont la santé ne pourrait
supporter les travaux de la terre, ensuite pour les
très-jeunes gens, ainsi que pour les vieillards. Déjà
maintenant, on voit avec le jour arriver, à l'établissement, une trentaine d'enfants de 4 à 10 ans, qui
viennent pour trier le café. C'est un spectacle intéres-

sant, celui de cette jeune population, gaie, active, s'amusant du travail. On leur paie seize et demi reis pour chaque arobe, équivalant à 14 1|2 k°, ce qui leur vaut de 50 cent. à 1 fr.; en outre, ils reçoivent à dîner à la Fazenda, puis ils s'en retournent en gambadant, en chantant. O combien il est frappant le contraste qui existe entre cette allégresse et le travail triste et morne des noirs.

C'est ainsi que tout ce qui entoure le colon l'aide à gagner; aussi les habitations sont-elles emplies d'enfants qui sembleraient annoncer de jeunes parents, tandis que l'on ne rencontre devant soi que des visages qui attestent le contraire.

Lorsque l'inspecteur des enfants, à la Fazenda, est content d'eux, il les conduit de temps en temps au verger, où il leur permet de cueillir des fruits; c'est alors une grande fête pour eux.

Un menuisier intelligent, qui s'occupe de la construction des machines, a fabriqué des chars et des brouettes pour remplacer les véhicules portugais, aux roues pleines et massives, dont l'essieu criard tourne avec elles, et cause ainsi un vacarme étourdissant. D'autres améliorations, très-importantes, succéderont à celles-là, au moyen du secours d'ouvriers capables, améliorations qui faciliteront considérablement le service, en allégeant beaucoup le travail des animaux. Mais, malheureusement, il arrive quelquefois aussi que ces hommes habiles sont des ouvriers si capricieux, qu'ils ne peuvent se fixer, ni à une occupation régulière, ni dans les lieux où ils sont les mieux placés.

Au nombre des colons d'Ybicaba, sont 37 familles

protestantes et 32 familles catholiques; chacune de
ces catégories exerce librement son culte, mais il
n'y a ni pasteur ni curé. Les catholiques se rendent
à la ville la plus voisine, et les protestants se réunissent dans une chambre. Quoique tous ces colons
vécussent dans une louable fraternité, fille d'une entière tolérance, que leurs enfants fussent instruits
dans la même école, un intrigant parvint à jeter de
la perturbation dans la colonie. M. Vergueiro, qui ne
favorise que la paix, la moralité et la bonne entente
chez lui, expulsa celui qui y introduisait le trouble,
en sorte qu'on peut croire à un retour durable vers
une douce harmonie.

Il est pénible de le dire; mais il est présumable
qu'une des plus grandes difficultés qu'il y aura à
vaincre, dans ces colonisations, naîtra du culte, à
moins qu'on ne parvienne à réunir un curé et un
ministre, qui soient aussi tolérants l'un que l'autre et
dont les soins et les efforts tendent à entretenir la plus
constante harmonie entre tous les membres chrétiens
de la colonie; ainsi que cela existe d'une manière si
admirable, dans certaines contrées mixtes de l'Allemagne, où de nombreuses populations viennent
alternativement célébrer leur culte, à la suite l'un de
l'autre dans la même église. Oui! la tolérance est la
première comme la plus indispensable vertu dans les
colonies; tout ecclésiastique, missionnaire ou non,
qui ne la possède pas, ne saurait y être toléré, pour
peu qu'on tienne à conserver la paix, surtout à ne
pas donner le triste spectacle de chrétiens faisant du
scandale, scandale qui devient le plus grand obstacle
à la conversion au christianisme.

Les mariages mixtes n'ont pas lieu à l'église, mais seulement devant le Juge de paix. En général, le clergé brésilien est moins tolérant que le peuple; quant au Gouvernement, il est encore sous l'influence assez vive du clergé, bien que ce ne soit pas au même degré dans tout l'Empire, puisqu'à la colonie de Pétropolis, par exemple, où il existe des colons des deux cultes, l'Administration provinciale contribue aux honoraires du pasteur comme du curé; et lorsque le dernier met quelque obstacle à la bénédiction des mariages mixtes, le pasteur passe outre.

A Ybicaba, il y a une école pour les garçons et une école pour les filles; elles ne sont fréquentées qu'après la récolte. On y enseigne la lecture, l'écriture, l'orthographe, l'arithmétique et la morale, le tout en langue allemande. La rétribution est d'un franc par mois. Comme au Brésil, le Gouvernement salarie les instituteurs, désormais les colons pourront être allégés de cette charge.

Le cimetière est commun pour tous; catholiques et protestants ont travaillé ensemble pour le close d'un mur.

Les enfants qui naissent au Brésil sont considérés Brésiliens.

Déjà, il existe dans la colonie Vergueiro une société philantropique dont tous les colons font partie. Sa destination est de venir au secours des nécessiteux, veuves, malades ou orphelins. Cette fondation a réuni jusqu'à ce moment un fond de 39,960 reis (environ 125 francs); mais ce qui prouve suffisamment les progrès de la colonie, depuis les trois années de son existence, c'est qu'il n'y a eu encore de secours à accorder qu'à trois veuves, qui entr'elles n'ont touché que 8,000 reis (environ 25 francs). Quelle comparaison ne peut-on pas établir entre la position de ces colons arrivés au Brésil dans le plus entier dénûment, et qui en si peu de temps ont par eux-mêmes créé une caisse de secours, et la colonie suisse, dite la Nouvelle Fribourg, fondée en 1819, à la vérité sur des bases toutes différentes, mais qui est demeurée dans un état si misérable, que non seulement elle n'a pu faire de fondation semblable à celle énoncée ci-dessus, mais que, pour exister en masse, elle a dû recourir à des collectes faites en Europe! Aussi la situation dans laquelle le Gouvernement a délaissé ces colons oblige-t-elle la société philanthropique suisse, fondée à Rio de Janeiro, à accorder à ces malheureux compatriotes une subvention annuelle de trois mille francs, pour les aider à subsister.

Lors d'un séjour à Ybicaba, par le Consul suisse, il fit quelques recherches pour découvrir la source des querrelles qui y avaient existé; il acquit alors la preuve consolante, que la religion avait eu bien moins de part aux troubles que certains principes, discutés entre le maître d'école, un employé et un socialiste. L'employé fut destitué, le maître d'école censuré et le socialiste expulsé, après quoi tout rentra dans l'ordre, qui n'a plus été troublé.

Monsieur Charles-Perret Gentil assista aussi aux mariages de trois colons et de seize noirs. Un vicaire d'une ville voisine vint les bénir. Ces cérémonies donnèrent lieu à une véritable fête générale.

Dans son zèle, ce vicaire loua beaucoup le catholicisme; même il sonda le terrain en vue de couver-

sions, et proposa d'établir un service régulier les
samedis, jour où il viendrait dire la messe et suivre
au prosélitisme. Il fut prudemment remercié pour ses
bonnes intentions; ce qui, sans aucun doute, prévint
des collisions, et peut-être un bouleversement complet. Cette remarque faite ici en passant n'y trouve de
place que dans le seul but d'être utile aux propriétaires de colonies, qui voudront prendre la peine de
la méditer, avec toute la sérieuse maturité qu'elle
mérite.

En été, le colon se rend le matin à ses occupations entre six et sept heures, mais seulement à sept
heures en hiver. Cette arrivée au travail nous semble
un peu tardive, parce qu'en l'avançant d'une heure,
précisément durant la fraîcheur de la matinée, cette
heure pourrait être plus tard passée à l'ombre de la
maison plutôt qu'à l'ardeur du soleil. Ceci indique
qu'au Brésil les jours ne sont ni aussi longs, ni aussi
courts qu'en Europe. Le jour paraît, en été, à quatre
heures et demie, et il finit le soir à sept heures et
demie. En hiver, le jour commence à six heures et
dure douze heures.

Avant de se rendre à son ouvrage, le colon déjeûne
avec du café; l'expérience a prouvé qu'avant le travail, il ne doit pas être surchargé de nourriture. A
onze heures, il rentre chez lui; c'est le moment où le
soleil commence à être trop chaud. Son dîné se compose de soupe, de viande, de légume et de café; puis
il fait sa sieste jusqu'à deux heures, où il retourne au
travail qu'il ne quitte qu'à la nuit. Il soupe alors,
même avec plus d'abondance qu'à dîné, après
quoi, entouré de sa famille, il prend le frais devant

son habitation, en s'occupant à préparer des feuilles de tabac. C'est ainsi qu'il supporte parfaitement le climat.

Les boissons sont : le lait, l'eau et l'eau-de-vie du pays; il n'y a ni vin ni bière. Dans le principe, des colons ressentirent la privation du vin et de la bière, et ils s'adonnèrent à un trop fréquent usage de la liqueur, mais bientôt ils durent y renoncer pour conserver leur santé.

Les ménagères soignent les animaux domestiques. C'est de mai à novembre que tout ce qui est en état de travailler s'occupe de la récolte du café; aussi chacun y apporte-t-il toute son énergie avec une extrême activité, parce que c'est cette récolte qui donne aux colons des profits réels. C'est bien aussi dans ces mois d'hiver que les colons peuvent forcer l'ouvrage avec de moindres inconvénients. Le fort de la récolte a lieu en juin, juillet et août. Après la cueillette du café, les colons ont a s'occuper de leurs propres plantations, et cela avant l'arrivée des pluies qui tombent assez régulièrement dans les mois de décembre, janvier et février. Dès que ces pluies ont cessé, les colons vont nettoyer le terrain des cafiers, ce qui a lieu vers la fin de février.

Au mois de mars, ils commencent à récolter leurs provisions; au mois de mai, il faut revenir au nettoyage des cafiers pour en faciliter la récolte. Au fait, les colons n'ont que peu de temps sans être occupés au sol, d'autant plus que l'abondance des produits, dépend essentiellement de la bonne culture des plantes. Il faut encore que les colons fassent du bois pour leur ménage, bois au reste qui ne leur coûte que la peine

de le prendre à la forêt; enfin s'ils veulent préparer
une provision de foin pour leur bétail, ils doivent
aller le recueillir.

Les légumes que cultivent les colons sont : le maïs,
le riz, l'ihname, les haricots, la mandioca, les pommes de terre douces du pays, le cara, l'arraront, les
concombres, les courges, les oignons, les choux et
les salades. Ce n'est pas sans quelque difficulté qu'on
amène à bien les pois, les carottes et les pommes de
terre d'Europe, parce que les fourmis causent de
grands dommages à ces plantes.

On obtient un très-bon pain blanc, au moyen du
mélange de la farine de maïs avec celle du blé. Il est
un peu compact, mais sain et substantiel.

On cultive également le tabac, le manonnier et les
arbres fruitiers. On tire du manonnier de l'huile pour
l'éclairage et pour la salade. Le jacura, fruit de la
forêt, sert à faire du vinaigre. Lorsque les oranges
seront en abondance suffisante, on pourra en obtenir
une boisson qui tiendra lieu de vin.

Le thé et la canne à sucre qui viennent très-bien
suffisent à la consommation; la vigne pourrait prospérer; à Ybicaba se trouve déjà dans le verger, une
treille qui donne de bon raisin.

Les colons qui élèvent des poules, des canards,
des pintades, ne manquent ni d'œufs, ni de viande,
surtout en y joignant celle de leurs porcs; aussi leurs
cuisines sont-elles enrichies de quartiers de lard, de
jambons, de saucisses. Enfin chaque samedi on abat
une vache dont la chair est vendue à raison de 60
reis (environ 18 cent.) la livre.

Il existe aussi un débit de liqueurs dans la colonie.

D'après tout ce qui précède, on peut se convaincre
que le colon n'a besoin de rien du dehors, en sorte
qu'à l'exception du sel, de quelques objets en fer et
d'étoffes, il peut se suffire à lui-même et borner
beaucoup sa dépense, puisque ses outils, qui sont la
pioche et la hache, non plus que ses vêtements de
coton, n'en exigent que très-peu. Lorsque des moments froids et humides surviennent, les vêtements
qu'il a apportés d'Europe sont suffisants pendant bien
des années pour l'en garantir.

Le dimanche étant consacré au repos, les colons
font des promenades à pied ou à cheval. Les jeunes
gens vont chercher du fruit à la Fazenda. Des réunions
se forment, des repas de famille s'organisent. Tous
sont proprement vêtus.

Une chose qui ne manque pas de surprendre chacun, est le calme et la tranquillité qui règnent dans
la colonie; sans aucun doute, ils naissent du petit
nombre d'hommes de 18 à 20 ans qui s'y trouvent.

L'Administrateur disait, au Consul suisse, qu'on
n'aperçoit jamais de batterie ni de délit. Un seul
suicide vint affliger les colons. Une accusation
injuste conduisit au désespoir celui qui s'en rendit
coupable; il ne put supporter le mépris et le délaissement... Après cette mort regrettable, l'innocence
du malheureux fut reconnue.

De nouveaux ménages se forment, et ils obtiennent une habitation, ainsi que tout ce qu'on accorde
habituellement aux colons. Assez ordinairement, l'é-
poux prend à sa charge le coût du passage qui est
payé pour sa femme, dont la dot est presque toujours
un cheval ou une vache.

Dans le principe, un pâturage avait été destiné aux bestiaux de la colonie; mais comme les colons préférèrent nourrir le bétail dans les étables, ils renoncèrent ainsi à sa jouissance et l'enfermèrent, où, en effet, il est mieux soigné et où les vaches donnent davantage de lait. Peut être que des agriculteurs mieux entendus eussent pensé qu'à de certaines époques le pâturage est indispensable au bétail.

Dans la province de Saint-Paul, les plantations sont généralement établies sur des terrains élevés, parce que les parties basses sont sujettes aux gelées. Outre cette observation générale, le colon qui achète des terres doit apporter une grande attention pour ne pas être trompé. Les espèces de bois qui croissent sur le sol sont les indices qui annoncent si le fonds qui le porte est propice à la culture du cafier. Il ne l'est pas, s'il ne renferme point de paod'alho, de peroba, de cedro, de jacarandatan, d'oleo vermelho, de guarabu, de guararema, de guarapoca, de catinga de porco, de vergentiba, de cannella de sassafras, d'ano de pipa, de sumpira, de tingnassiba, de pan parahyba, etc., etc.

Après avoir jeté un coup-d'œil attentif sur la position financière des colons de la colonie Vergueiro depuis leur entrée en 1847 jusques et y compris 1850, nous avons dû reconnaître que tous ont acquis un degré de bien-être tel, que l'homme qui le possède doit se trouver satisfait de sa position, puisque chacun d'eux était arrivé au Brésil chargé de la dette de sa traversée, et dans l'obligation d'en contracter immédiatement une seconde pour avances de vivres.

Si le propriétaire veut ne point échouer dans la

réussite de sa colonisation, il faut qu'il soit pourvu abondamment de tout ce qui sera de première nécessité, c'est-à-dire indispensable à la bonne alimentation, ainsi qu'au logement du colon dont les travauux exigent le remplacement des forces qu'il a employées à la culture. Sans doute que ces besoins doivent être remplis dans de justes limites, donc que les avances demeureront dans des bornes raisonnables ; mais encore est-il important que le colon ne soit jamais appelé à se procurer, hors de l'établissement, ces divers objets, d'abord parce que ce serait une perte de temps pour lui, mais aussi parce qu'il pourrait faire de mauvaises relations, ou contracter d'autres dettes ; tout autant de causes de ruine, plus ou moins rapprochée de toute colonie dépourvue de ce qui doit la faire prospérer.

C'est avec un tact parfait que M. Vergueiro a prévu tous ces inconvénients ; aussi ses prudentes et sagaces précautions ont-elles été l'une des causes essentielles de la stabilité de sa fondation. En contribuant au bien-être des colons, il les a fixés, attachés au sol, où ils ne souffrent d'aucune privation, et où le travail leur est facilité par tous les moyens possibles.

Sans doute que les événements qui secouent lés populations de la terre, et tout spécialement celles de l'Europe, peuvent aussi exercer une influence plus ou moins grande sur la position des colons, influence qui peut réagir en mal ou en bien, suivant la plus ou moins grande abondance des récoltes. Par exemple, en 1847, les cafés donnèrent aux colons un revenu de 720 reis (2 fr. 12 c. environ) par alquire ; tandis qu'après les évènements de 1848, la même mesure de café ne leur rendit que 280 reis (82 cent. environ), ce qui établit une énorme différence à leur préjudice. En 1849, la récolte fut singulièrement réduite par la faute d'un directeur, qui conduisit mal le travail et causa ainsi la perte d'un tiers de ce qu'elle aurait dû rendre. Une bonne direction est donc l'une des choses les plus essentielles pour tous, puisque les colons et les propriétaires y sont aussi intéressés les uns que les autres. La récolte de 1850, qui a été bien dirigée et se trouve forte, donnera de beaux résultats. Nous venons de l'énoncer, les récoltes varient au Brésil comme en Europe, sauf qu'au Brésil le cultivateur ne voit ses espérances entièrement anéanties, ni par la grèle, ni par la gelée. Trop de pluies ou de sécheresse peuvent porter atteinte à la récolte, en la réduisant ; mais elles ne la détruisent jamais complètement.

S'il existe des différences entre les parts à prendre par les colons, ces différences, qui sont quelquefois assez grandes, proviennent d'une inégale répartition de lots de cafiers nouvellement plantés, ou qui déjà sont en plein rapport. Tel colon, lorsqu'il veut cultiver davantage de vivres pour lui, choisit une plantation de jeunes cafiers, entre lesquels il trouve une place préparée plus vaste. D'autres, au contraire, ont demandé et pris possession de cafiers en plein rapport.

On ne saurait se former une idée juste de ce que peut prospérer une famille laborieuse et bien disposée. Notre opinion à l'égard de ce qui précède serait que toute répartition de cafiers devrait correspondre aux forces du colon, et qu'il faudrait combiner la plantation des lots, de telle manière, qu'ils offrissent un nombre égal de cafiers jeunes et d'autres en plein rapport.

Cette méthode aurait le grand avantage de déraciner quelques abus, qui sont aussi nuisibles aux cafiers qu'aux propriétaires. Les bons travailleurs pourraient toujours donner un exemple capable de satisfaire leur amour propre, tandis que l'indolent ne pourrait attribuer qu'à lui-même sa moins grande prospérité.

Quelques familles sont aussi arriérées par suite de maladies ou de décès. Il peut advenir que le propriétaire se trouve dans le cas de perdre une partie de ses avances, mais ce cas sera rare. Peut-être pourrait-il prévenir ce danger, en établissant des agglomérations de familles, astreintes à une garantie mutuelle et collective, pour le remboursement des avances qu'on est nécessairement appelé de leur faire, dès leur arrivée; entre autres avantages qui résulteraient de ce genre d'association, se trouverait au moins celui de donner naissance à une surveillance réciproque, qui en maintiendrait quelques-uns dans la bonne voie.

L'inspection du compte de chacun des colons fournit la preuve qu'en presque totalité les émigrants ont, après la quatrième récolte, remboursé au propriétaire les avances qu'il leur fit au moment et dans les premiers temps de leur arrivée; d'où il résulte qu'en vivant bien, qu'en se trouvant agréablement casés, qu'en s'étant acclimatés, ils sont désormais placés dans l'heureuse position de travailler à leur propre avenir. Si quelques-uns ont eu un peu moins de café, à cause de la jeunesse de leurs cafiers, maintenant en avançant, ils jouiront de toute la vigueur de ces arbres, dont ils retireront de satisfaisantes récoltes, puisque les caliers, âgés de 6 à 10 ans, sont arrivés à l'époque de toute la force de leur production, production qui baisse graduellement ensuite depuis 15 à 25 ans.

Tout ce que nous avons exposé jusqu'ici servira à indiquer clairement quelles avances sont indispensables pour faire arriver les colons, et comment ces avances, si les émigrants sont nombreux (et ils ne sauraient l'être trop), peuvent s'élever à de fortes sommes; donc, combien le concours du Gouvernement brésilien, et celui provenant d'efforts faits en Europe, sont indispensables pour préparer des dotations de fonds, des cessions de terrains, des traversées de colons; ensuite pour baser des rapports, créer des transactions, assurer certains droits stipulés entre la patrie que les émigrants quittent et celle nouvelle où ils vont se fixer; enfin pour que cette dernière accorde de justes facilités aux Fazendeiros, qui cherchent à faire fleurir l'Empire qu'ils dotent d'habitants.

Certes, ces facilités accordées par le Gouvernement brésilien ne sauraient, en aucun cas, être considérées comme des sacrifices en pure perte, ainsi que le disent quelques-uns, mais comme de simples avances dont le pays retirera les plus grands fruits par la prospérité générale qui en découlera. Nous aimons à le répéter : ce ne sont que des avances qu'on réclame de lui, avances qui devront lui être remboursées à des termes échelonnés, même avec des intérêts, faibles à la vérité, et qui ne commenceraient à courir que depuis la cinquième année.

C'est ici qu'il serait d'une grande importance encore que les provinces alliassent leurs efforts à ceux du Gouvernement central, pour que la colonisation se trouvât facilitée dans leur intérieur. Nous croyons avoir démontré, jusqu'à la dernière évidence, que la création d'une Direction administrative est l'institution complémentaire du nouveau système, comme aussi ce n'est guère que par l'intermédiaire de Compagnies que toutes ces créations peuvent naître et conserver l'existence, parce que la coopération directe du Gouvernement, surtout dans les détails d'exécution, n'aboutiraient vraisemblablement, malgré ses excellentes intentions, qu'à entraver la marche ferme et rapide qu'exige la réussite des entreprises de ce genre, qui demandent à la fois des connaissances pratiques profondes et spéciales, un travail incessant et minutieux, autant de qualités qui, exceptionnellement, sont le lot de quelques capacités et que ne sauraient suppléer de simples employés, dont les notions élémentaires sont suffisantes pour ce qui concerne leur propre pays, mais auxquels manquent les études essentielles, indispensables pour entraîner, pour captiver la volonté et la confiance en Europe.

Et le Gouvernement lui-même, malgré les lumières qu'il possède, malgré ses sentiments patriotiques, ses intentions élevées pour la splendeur du Brésil, n'aura-t-il pas à lutter sans cesse contre cette foule de propriétaires qui provoquent des doutes et emploient leur influence à repousser ce qui serait si propre à faire le lustre de leur patrie? Il est cependant à prévoir que ces mêmes personnes, qui ne peuvent ou ne veulent rien admettre aujourd'hui de ce qu'on cherche à leur faire comprendre, cèderont un jour à l'évidence, qui leur prouvera que la vente de seulement cinq de leurs esclaves leur assurerait une facilité suffisante pour amener sur leurs propriétés dix familles blanches, dont le nombre réunirait 50 à 60 personnes, aptes au travail, ouvriers qui ne leur coûteraient le sacrifice d'aucun capital, puisqu'en suivant le système Vergueiro, l'avance qu'ils auraient faite pour amener ces colons rentrerait dans le cours de quatre années, outre l'obtention d'une amélioration immense pour leurs terres devenues bien autrement productives. Ne serait-il donc pas permis de gémir d'une incrédulité semblable, d'une inertie pareille !.... Mais c'est le partage des produits qui effraie ces propriétaires..... Qu'ils veuillent pour un moment prendre la peine de calculer la nourriture des noirs, l'intérêt du capital qu'ils leur ont coûté, la dépréciation de ce capital par l'âge du nègre, par ses maladies, par sa mort prématurée possible; alors ils apprécieront peut-être les avantages du travail libre.... ils verront où se trouve le meilleur revenu.... En d'autres termes, ils jugeront lequel des deux systèmes est le préférable.

Serait-il nécessaire encore, pour mieux convaincre ces propriétaires, de leur signaler la grande valeur qu'acquerra leur Fazenda lorsque 50 ou 100 familles, étant chez eux, seront parvenues au point de pouvoir acquérir des terres elles-mêmes. La division du sol, établissant mieux la richesse des productions dans un pays, et lui assurant une plus grande valeur, il en découle naturellement que le propriétaire actuel, en vendant la moitié de son domaine, qui aura triplé de prix et doublé de récolte, se trouvera bien autrement riche qu'il ne l'était, lorsqu'il le possédait tout entier et cultivé par des noirs. De nos jours, que rencontre-t-on encore au Brésil, sinon beaucoup de propriétaires, auxquels appartiennent des domaines d'une étendue de plusieurs lieues carrées, et qui nonobstant sont plus que dans une position gênée, parce qu'ils ne jouissent d'aucun crédit. Que l'on compare maintenant cette position avec celle des propriétaires d'Ybicaba, possédant un village de 76 maisons et la perspective de récolter, dans une couple d'années, 40 à 45,000 arobes de café. Mieux encore, qu'on compare l'Ybicaba de 1850 à lui-même en 1846, avant l'arrivée des émigrants d'Europe!... Ou enfin qu'on le mette en parallèle avec les Fazendas, où règne toujours l'ancien système..... Le simple bon sens se chargera de répondre où se rencontre la prospérité croissante.

Peut-être n'est-il point ici hors de place, ni sans importance, d'introduire une remarque, ne fut-elle que dans l'intérêt de l'avenir. Nous désirons attirer l'attention de ceux que cela peut intéresser sur l'exploitation des forêts que l'on abat sans précaution aucune, comme aussi sans prévision des temps prochains. Nous estimons de première comme de la plus haute urgence la création d'un règlement général pour l'Empire entier, qui statue sur la marche à tenir en tout ce qui concerne l'économie forestière, afin de conserver par ces lois importantes de suffisantes réserves de bois et de forêts dont l'existence est des plus précieuses pour les populations.

Personne n'ignore non plus que les forêts sont des

abris contre les vents et les ouragants, dont elles rompent le cours et la violence ; qu'elles garantissent de la trop grande influence du soleil ; qu'en attirant les nuages, elles donnent naissance aux pluies si nécessaires dans les climats chauds ; enfin que, dans les pays montagneux, elles arrêtent les avalanches. D'ailleurs, on ne peut se passer ni de bois de construction, ni de bois à brûler. Une sage prudence veut donc qu'on n'exploite les forêts qu'avec un discernement tout particulier, en sorte que, même au milieu de la plus grande abondance, il ne soit jamais prodigué. Cette denrée devient coûteuse, dès qu'on est obligé de la chercher au loin. On doit encore être convaincu que tout combustible prend une valeur ascendante avec l'accroissement de la population.

Quoique nous ayons parlé avec quelque étendue de la culture du cafier, ce n'est point dans l'intention de proscrire celle de la canne à sucre ; loin de là, nous la croyons profitable, quoi qu'en puissent dire ceux des habitants du pays dont l'esprit routinier et paresseux s'oppose à l'introduction de machines propres à en faciliter le travail et à en perfectionner le produit.

Il est probable que, si l'on cultivait moins de cafiers, on s'occuperait davantage de la canne à sucre. Nous dirons aussi qu'on pourrait donner de plus grands soins à la culture comme à la préparation du thé. L'abaissement de prix de cette feuille vient de ce qu'on a voulu introduire, sur le marché, du thé qui n'était pas encore présentable, loin de chercher à faire mieux, pour relever la valeur de cette marchandise ; il a paru plus facile de ne plus s'occuper de sa manutention. Lors d'une situation pareille, l'Européen possède bien plus de persévérance ; aussi le meilleur succès lui est-il réservé, toutes les fois qu'il a la ferme volonté d'atteindre un but.

Un Sénateur, qui possède une plantation de thé, nous disait avoir vendu ses produits à 1,600 reis (5 fr. environ) la livre.

Nous devons ajouter que son thé est parfaitement soigné ; nous lui demandâmes s'il avait eu des Chinois pour en enseigner à ses gens la véritable préparation ? S. E. nous répondit : « Non, Monsieur, mais j'ai été le Chinois moi-même ! » Si les Saint-Paulistes veulent songer à imiter ce bon exemple, s'ils veulent se faire Chinois en vue de leur propre profit, certainement ils ne s'en trouveront que mieux, et désormais ils ne laisseront plus reposer une si importante culture. Celle du lin pourrait également devenir une branche de produit très-avantageuse pour les colons. Cette plante, placée entre les jeunes caliers, donnerait des résultats bien différents de ceux des haricots et du maïs.

Nous nous sommes quelque peu étendu sur le tableau que présente à l'observateur la colonie de M. le sénateur Vergueiro, parce que nous avons trouvé dans sa Fazenda le type de ce que le Brésil présente de plus parfait en colonisation ; son système répond à toutes les attentes, soit du pays, soit des propriétaires, et soit tout spécialement des émigrants auxquels on présente la facilité d'arrivée, logement agréable, vivres pour exister, travail immédiat, gain honnête, résultat du travail libre, conditions larges pour le remboursement des avances, espoir certain d'un heureux avenir, soit que l'émigrant tienne à sa position acquise dans la colonie, soit qu'il songe à devenir propriétaire lui-même.

Comme la loyauté, la probité, la liberté, les sentiments d'humanité et de justice, sont les bases fondamentales du contrat qui lie les parties à Ybicaba, on ne saurait douter que généralement ce contrat ne devienne la législation de toutes les colonies qui adopteront les mêmes principes, en sorte que la généralité des émigrants saura apprécier les grands avantages que leur offrent le Brésil et le système qu'on y a mis en vigueur. Aussi, étant pleins de confiance, s'y rendront-ils avec empressement.

Et nous-même nous serons heureux si, par la publication de cette notice, nous sommes parvenu à mettre en lumière, à faire connaître généralement à chacun ce qui peut intéresser les émigrants, et encore ceux qui prennent à eux un vif et sincère intérêt.

L'ensemble de ce que nous venons de consigner nous fortifie dans l'espoir que le Brésil réalisera utilement pour lui, comme pour beaucoup d'émigrants, la création d'une colonisation d'une vaste importance. Nous ne saurions toutefois nous dissimuler que cette œuvre n'en soit une très-délicate, dont l'accomplissement, pour être satisfaisant, exige d'éviter toute fausse route qui conduirait au résultat certain et immédiat d'éloigner les émigrants et de se renfoncer d'autant plus dans l'ancienne et déplorable ornière.

Toute colonisation, pour obtenir le succès qu'on en attend, devra être sagement étudiée par des personnes compétentes, pleines d'expérience.

Si un plan est adopté, il faut qu'il soit suivi avec de prudents efforts dans la voie des vrais principes,

de manière à ne point broncher dans son développement.

Le Brésil, heureusement pour lui, lors même qu'il
rencontre dans son sein des hommes aux antiques
préjugés, en possède aussi bon nombre d'autres,
d'une haute capacité, d'un ardent patriotisme, qui
sont dotés de toutes les lumières indispensables pour
assurer le bien de la patrie et même de ceux qui s'y
opposent avec une énergique résistance. Mais la raison aura le dessus; cependant, pour qu'elle triomphe,
il ne suffit pas que les bien-pensants se bornent à s'é-
crier avec une entière stérilité : La colonisation est
chose bonne, utile, indispensable, qu'on l'aide en
appelant des émigrants !

Il faut davantage! il faut beaucoup plus; car cela
seul ne suffirait point pour remédier au mal. Pour
réussir, il est indispensable d'étudier la nature et les
habitudes des hommes que l'on cherche à attirer au
Brésil. Il est nécessaire de leur préparer des voies
faciles; il est important qu'ils ne soient point effrayés
par le contraste de ce qui existe dans leur propre
pays; il faut savoir mettre beaucoup de tact dans la
marche générale et dans l'application du système
adopté, de manière à ce qu'il ait de l'attrait, qu'il
soit encourageant pour l'émigrant. Ces principes, qui
sont les véritables, se trouvent aussi très-bien assis
dans la colonie Vergueiro, et ce sont eux qui la font
prospérer. Certes, nous ne saurions refuser d'accorder les meilleures intentions aux fondateurs d'autres
colonies; cependant, on les a vu échouer, parce qu'ils
ne possédaient point la véritable connaissance ni l'expérience des choses et des hommes.

À la lecture de contrats présentés aux émigrants, bien des personnes se persuadent que la colonisation, qui repose sur ces bases-là, doit prospérer ; mais il n'en est pas de même dans l'esprit de gens experts sur le sujet ; ceux-ci, en décomposant l'acte et en en pesant les diverses stipulations aux balances du possible, ne tardent point à sentir naître en eux un doute positif, lorsqu'ils rencontrent de graves chances de non réussite et de non prospérité, chances qui ressortent des réserves placées dans ces contrats, réserves qui ne frappent pas toujours, cependant qui devraient décourager tout colon attentif qui apercevrait les cas de perturbation, dont son existence peut être menacée, nonobstant toutes les faveurs et toutes les facilités dont on semble l'entourer. En effet, dans les contrats, auxquels nous faisons allusion, les stipulations qui concernent les avances du passage, des vivres, des vêtements, des outils, des animaux domestiques, sont bien. De plus, les colons y reçoivent du terrain et une habitation. Ces deux dernières concessions, bien entendu, sous juste redevance d'un reis par brasse carrée (c'est-à-dire de un tiers de centime pour chaque 6 pieds 8 pouces de terrain). En outre, le propriétaire se charge d'abattre à ses frais les bois qui existent sur la moitié du terrain concédé ; ceci dans le cours de la première et de la seconde année.

De son côté, le colon s'oblige à rembourser, dans le courant des trois premières années, les avances qui lui ont été faites, lesquelles demeurent hypothéquées non seulement sur les terres, la maison, les plantations, mais encore sont assurées par le futur travail obligatoire du colon, dans le cas où la rétrocession de la propriété qui lui avait été concédée demeurerait insuffisante, pour couvrir les avances à lui faites.

Cette dernière hypothèse ne saurait paraître probable au colon, lui qui ordinairement ne s'attache qu'au côté séduisant de toute affaire qui l'enchante. Cependant, comme point d'étude, non comme chose probable, mais comme éventualité possible, suivons l'émigrant dans la position où il va se trouver. Il arrive d'Europe avec sa famille; il vient accomplir le contrat dont nous avons donné l'analyse. Sa première dette, celle pour son passage, etc., s'élève à environ 300,000 reis (environ 938 fr.). La seconde année elle s'élèvera, à cause des avances de vivres, etc., à 500,000 reis (environ 1,562 fr.), et la troisième année à au moins 6 ou 800,000 reis (environ 2,500 fr.).

Comme pendant la première année le colon devra racheter le climat, son travail ne sera que peu de chose; c'est tout au plus s'il aura pu achever sa maison, préparer son jardin, faire quelques aménagements, et un abri pour ses animaux domestiques. Il aura eu bien du temps à perdre en tâtonnements et en courses. On lui aura livré du terrain ou la *derrubada* aura été faite, c'est-à-dire où l'on aura abattu les bois qui y croissaient; maintenant il faudra que, pendant quelques mois, il laisse sécher ce bois avant qu'on puisse l'incendier; donc aussi, avant qu'on puisse cultiver des provisions sur cette même place, soit pour la famille, soit pour les bestiaux.

Cette première année s'écoule donc presque sans

produits. Mais la seconde année le colon devra pouvoir récolter ce qui lui est indispensable ; c'est pendant la durée de cette seconde année qu'il travaillera à préparer le terrain propre à être planté de cannes à sucre ou de cafiers, lors de la saison favorable.

A la rigueur le colon pourra, à la fin de la seconde année, faire une récolte de cannes à sucre ; mais si ce sont des cafiers qu'il ait plantés, alors il sera appelé d'en attendre les produits encore trois années. Il résulte de ce qui précède que, durant le premier triennat, le colon n'aura retiré de son terrain que des provisions de ménage, tandis que, pour d'autres choses qui étaient indispensables, il aura dû supporter une dépense régulière. Position difficile, puisqu'au bout de ce terme de rigueur, le colon peut se trouver à la merci du vendeur, à qui, selon sa convenance, demeure incontestablement le droit, pour recouvrer sa créance hypothécaire, de reprendre maison et terrain, et, dans le cas où les deux seraient insuffisants de contraindre le débiteur insolvable à venir travailler en qualité de domestique chez son créancier.

Avec un système semblable, formant la base du contrat, tout créancier peu délicat, ainsi qu'on pourrait en rencontrer, ne saisirait-il point l'occasion de rentrer en possession de terrains prêts à donner des produits ? Mais nous admettons, au contraire, que le créancier, étant un homme loyal et délicat, il laissera le colon en possession de tout ce qui lui fut concédé, se bornant en toute justice à charger le compte de son débiteur des intérêts qui lui sont légitimement dûs. Dans ce dernier cas, le colon, quoique traité avec douceur, loin de s'acquitter, voit accroître

sa dette, sans pour cela discontinuer de demeurer
soumis à la discrétion de l'ancien propriétaire, et
peut-être encore à celle de quelque Fazenda voisine
pour des transports ou la préparation de ses produits,
circonstances impératives qui le conduiront à n'obtenir qu'un bien maigre résultat de ses travaux. C'est
ainsi que le colon végétera au moins cinq ans encore.
Ce ne sera donc que la sixième année qu'il commen-
cera de faire quelques économies, s'il n'est malheureusement pas démoralisé avant cette époque-là.

Empressons-nous donc à reconnaître l'excellence
du système qui donne au colon la facilité de gagner
son existence dès le lendemain de son arrivée à la
Fazenda, et lui fournit les moyens sûrs de s'acquitter
dans le cours des trois années suivantes, sans redouter de poursuites, ni d'expropriation.

Ce système n'est-il pas bien préférable à tout autre
en apparence infiniment plus séduisant; eh bien! ce
meilleur contrat, ce contrat absent de craintes toujours menaçantes, c'est celui Vergueiro, qui laisse
au colon toute tranquillité d'esprit, tout repos dans
le travail qu'il est appelé de consacrer au sol qu'il
cultive.

Cette question étudiée ainsi, simplement et sans
prévention, conduit à la solution sans réplique que
tout colon, privé de ressources actuelles, ne doit
souscrire de contrat, quelque séduisant qu'il paraisse,
dès qu'il lui ferait courir une chance, lors même que
celle-ci ne serait qu'un doute, qu'une crainte de se
placer dans une position pire que celle dont il veut
sortir, parce qu'avec une chance peu favorable, il
pourrait voir une gêne plus grande, être la seule

récompense de nobles efforts, de pénibles travaux et
du sacrifice de plusieurs années précieuses.

Un système de cession de terrains, pourrait offrir
des avantages aux propriétaires de vastes domaines,
lorsque ceux-ci consentiraient à y admettre des colonies composées d'émigrants associés, qui acquére-
raient le sol à demi défriché ou déjà en plein rapport,
ayant des habitations suffisantes, propriétés que les
nouveaux acquéreurs payeraient avant d'en prendre
possession. Dans ce cas il serait en outre indispensable que les propriétaires anciens créassent tous les
établissements nécessaires aux diverses exploitations,
établissements dans lesquels chaque colon put, contre
une redevance modérée, opérer la préparation nécessaire à ses récoltes avant d'être conduites au marché,
où elles devraient être vendues. Certes, le propriétaire d'une pareille Fazenda soignerait très-bien ses
propres intérêts, s'il établissait de bons moyens de
transports pour faciliter l'écoulement de ces produits,
dut-il créer des magasins et tenir des agents, pour
éviter aux colons le temps perdu, qui pour l'agriculture est un dommage irréparable.

Ceux qui accordent la préférence à ce qui flatte,
fixeront leur choix sur le système qui leur confère le
titre de propriétaires, n'importe à quelle condition,
et ils excluront le système Vergueiro avec lequel cependant il leur eût été facile de franchir l'épreuve
d'un travail libérateur de dettes, avant d'acquérir ce
qu'ils n'ont pu payer. Ce délai est cependant déjà
lui-même un bienfait pour les colons Vergueiro,
parce que pendant sa durée les habitants d'Ybicaba
s'acclimatent, se forment aux usages du Brésil, peu-

vent en apprendre la langue ; mais surtout ils s'ini-
tient à la bonne culture. Même plus encore, ce délai
permet aux colons d'acquérir d'utiles renseignements
sur les localités, sur le sol, sur la manière la plus
avantageuse de s'y établir, et tous ces avantages existent, sans que ceux qui en jouissent soient assiégés
par l'arrière-pensée de se trouver dans un très-pro-
chain avenir hors de possibilité de faire honneur à
des engagements à terme fixe, qui, n'étant point
remplis, les mettraient dans le cas de se voir dé-
pouillés en une seule fois du passé et de leurs espérances futures.

En ce qui concerne le propriétaire d'une Fazenda
dans laquelle on partage à mi-fruit, on ne saurait
douter qu'il s'adonne à la manière la plus avantageuse, comme aussi la plus régulière, surtout la
moins surchargée de désagréments, tels que la per-
ception de redevances, quelque faibles qu'elles
puissent être.

Une des grandes causes de la défaveur qui régna
sur la colonisation au Brésil, jusqu'à l'apparition du
système Vergueiro, fut que tous les profits étaient
acquis aux propriétaires, tandis que les mauvaises
chances étaient la part des colons. Alors un homme
juste et humain comprit qu'aucune colonisation ne
pouvait devenir ce qu'elle doit être qu'avec la condition que le colon y fût heureux.

Ce système équitable a prévalu. Certainement que
quand les émigrants en seront informés, ils viendront
jouir au Brésil du bien-être qu'ils seront certains d'y
trouver.

S'il est urgent pour le Brésil que la colonisation y

prenne un vaste développement, de grandes proportions, il est indispensable aussi que ceux qui doivent
baser cette colonisation rencontrent toutes facilités
pour parvenir dans cet Empire; qu'ils y trouvent
sécurité entière et garanties complètes d'y exister
convenablement. Ces bases ne sauraient être assises
d'une manière inébranlable que sur une organisation
fondée sur la justice, qui les fassent respecter par les
propriétaires individuels, comme par les plus puissantes compagnies, en faveur du faible émigrant. Il
faut que la Direction administrative, dont nous avons
fréquemment parlé, soit non seulement un foyer de
lumières, une arche sainte, mais encore que, forte
de ses attributions, elle puisse renverser les obstacles, faciliter partout sa marche, en suivant le flambeau de la prospérité et du bonheur de tous, des
colonisations et des colons.

S'il existait des personnes qui pussent imaginer que
l'Empire du Brésil, dans sa vaste étendue, avec ses
climats variés, avec un sol de natures très-diverses,
avec une population des moins homogènes, dût offrir
aux colons, généralement sur toute sa surface, des
avantages semblables, des ressources et des facilités
égales, notre devoir est de nous empresser de les
désabuser, parce que les pays les meilleurs du globe,
ceux qui même sont les plus favorisés, renferment
aussi des parties moins bien dotées au point de vue
agricole, et pour lesquelles, en conséquence, le
commerce ou l'industrie se chargent de suppléer à ce
qui ne se trouve point en fertilité.

Les grandes populations ont des besoins qui
surexcitent les efforts des individus, c'est ainsi que

l'homme parvient à donner du prix à ce qui semblait n'en point avoir. Si donc le Brésil, lui aussi, offre des plages plus avantageuses à la colonisation que d'autres, il est de notre devoir, puisque nous écrivons pour le plus grand bien des émigrants et dans le but d'encourager les colons de choisir le Brésil pour s'y fixer, non seulement de leur signaler les contrées qui leur conviennent le mieux, mais encore de leur indiquer le mode préférable de s'y fixer. Nous compléterons, en conséquence, la tâche que nous nous sommes imposée, en ajoutant des renseignements succincts sur quelques-unes des provinces où les émigrants devraient songer à s'établir.

Nous citerons celles de Rio Grande do Sul et de Sainte-Catherine, dans lesquelles toutefois le système de colonisation Vergueiro aurait à subir des modifications.

Ces deux provinces possèdent un climat propice à toutes les cultures européennes et des Etats-Unis. On y trouve de bonnes terres, de vastes pâturages, particulièrement des voies de communication par eau qui sont des plus précieuses pour la facilité de toutes le entreprises, spécialement pour le développement des fabrications, qui, dans ces contrées, pourraient avantageusement rivaliser avec celles de l'étranger. Mais empressons-nous de dire aussi que : la consommation locale, telle qu'elle y existe aujourd'hui, serait tout à fait insuffisante pour la prospérité d'une colonie. Mais si, à cause d'une trop faible population, les besoins quotidiens ne pouvaient absorber l'ensemble des produits destinés à la nourriture, il serait facile de substituer avec succès, à la culture de ceux-ci, celle du chanvre, du lin, du coton, de la garance, du mûrier, du pavot, du colza et d'autres plantes oléagineuses, de l'orge, du gingembre, qui créent l'industrie, et celle-ci arrive à tout le reste.

C'est particulièrement en vue des établissements industriels, susceptibles de grands développements, que l'association est un levier que l'on ne saurait jamais négliger; c'est encore en morcellant toute œuvre propre à être divisée, qu'on parvient à la faire mieux, plus promptement et à meilleur marché, outre que chacune des parties, ainsi traitée spécialement, n'en est que plus parfaite. Partant de ce principe de fabrication, on est fondé à affirmer que l'écoulement de tout produit est assuré, que ses chances de succès sont plus favorables, si à l'utilité il joint la qualité et des prix réduits.

Ces provinces possédant la matière première, pourquoi ne s'occuperait-elles pas aussi avec ardeur à tisser de la toile et de la soie; à fabriquer des cordages, des huiles, des peaux tannées et corroyées, des étoffes en laine, des essences, des meubles, etc.

L'élan industriel fait naître le besoin des capitaux; celui de capacités, pour toute espèce de direction. Cet élan produit le commerce, qui établit la circulation; il appelle les ouvriers en tous genres, sans oublier les agriculteurs. Tout cet ensemble imprime au pays un grand mouvement.

Ce besoin, si nécessaire à satisfaire, nous conduit naturellement à la pensée, combien il serait précieux pour le Brésil, que ses anciens habitants renonçassent à l'étude exclusive du droit qu'ils poursuivent dans le but unique d'obtenir le titre de docteur, et en vue d'entretenir, de perpétuer de ruineux procès pour les autres, ou pour briguer des charges publiques pour eux-mêmes. O combien ils feraient mieux, pour la prospérité de l'Etat et des particuliers; mieux pour leur fortune personnelle, de vouer leur grande intelligence à l'avancement d'établissements, dont leur patrie manque, et qui en feraient le lustre et la splendeur. Les jeunes Brésiliens ont une grande tâche à remplir; ils l'accompliront noblement sans doute, lorsque, s'en pénétrant, ils en auront bien compris toute la haute importance. Avant peu leurs concours ne faillira point aux associations de colonisation, de commerce, d'industrie en tout genre; d'entreprises de navigation, qui toutes convergent pour la renommée du pays. Qu'ils soient profondément convaincus que tout ce qui tend à aggrandir les arts, les sciences, l'industrie, le commerce et spécialement l'agriculture, ennoblit celui qui y voue ses talents et ses forces, et qu'en particulier, le Brésil a le plus pressant besoin de voir chacune de ces branches porter des fruits abondants, pour que ce bel Empire atteigne la place que lui a assignée la nature. Une louable émulation semble surgir depuis quelques années; que cet élan de bonne volonté dans la jeunesse, puisse être appuyé par d'excellentes institutions pratiques; surtout qu'il ne soit point paralysé par l'influence délétère d'un ancien ordre d'idées qui, de tout temps, furent subversives, mais qui de nos jours seraient le mortel poison du progrès civilisateur.

La province de Rio-Grande do Sul, réclame d'autant plus vivement l'établissement de colonies indispensables pour elles, qu'elle annexe à des contrées qui encore sont qualifiées de sauvages. Il faut donc qu'elle puisse leur opposer avantageusement une population nombreuse et civilisée.

La colonie de Saint-Léopold est déjà moins considérée comme établissement agricole, que comme une colonisation industrielle et commerçante, à cause de sa proximité de Portalègre et de Rio-Grande.

Les provinces qui ne présentent pas de produits identiques à ceux des contrées situées sous les tropiques, ne sauraient appliquer aussi utilement que ces dernières, le système Vergueiro, qui, dans son emploi, réclame moins que les provinces à cultures européennes, le concours d'hommes intelligents et possédant quelques moyens financiers. Donc, pour l'exploitation des provinces situées plus au sud, il est indispensable que les colons soient de bons agriculteurs, et qu'ils disposent de quelques avances qu'ils emploieront utilement à se placer dans les localités où il existe déjà du commerce, de l'industrie, enfin des communications par terre et par eau.

La province de Sainte-Catherine, si propre pour la colonisation n'en a en quelque sorte, pas encore vu réussir; cette position pourra se prolonger aussi longtemps que les colonies qu'on voudra y asseoir, ne seront point basées sur un système qui soit en harmonie avec la localité. Les contrats à long terme, dont les conditions surabondent, et qui toutes convergent vers le seul intérêt des entrepreneurs, demeurent autant de motifs propres à annuler les conventions, qui deviennent ainsi inexécutables. Tout vice radical conduit au néant, avant même d'avoir donné une vie réelle. Or, le principe vital réside dans des conventions loyales et de facile exécution.

Tous les propriétaires qui peuvent imaginer que la prospérité individuelle du colon, ne soit pas la base la plus solide d'une colonie, n'entendent rien à leurs propres et véritables intérêts, et se trompent grandement ; aussi peut-on leur prédire qu'ils n'obtiendront jamais de résultats satisfaisants.

Demandez aussi aux personnes expérimentées dans ces matières, si des Chambres législatives, même les mieux composées, se trouvent placées de manière à pouvoir discuter les détails d'une colonisation située dans des contrées dont elles ne connaissent à fond, ni les produits, ni les ressources, ni le climat, ni les besoins, et qui, sur des données peut-être les plus incertaines, sur des prévisions peut-être les moins bien assises, s'occupent de voter des villes, des forts, des douanes, avant même que les arbres et les forêts de ces contrées éloignées, aient été remplacés par une population humaine.

Les essais tentés à Sainte-Catherine prouvent toujours davantage qu'on ne saurait attendre de résultats fructueux de colons isolés, placés dans des forêts vierges, et qui se trouvent éloignés de toute communication. Donc c'est au Gouvernement du Brésil seul, et par délégation, à sa Direction administrative, qu'il appartient, lorsque des concessions de terre doivent avoir lieu, d'apprécier le mérite du système de colonisation que l'on se propose d'y introduire ; de juger sainement le traitement que l'on prépare aux colons, les conditions réciproques que propriétaire et émigrants auront à remplir, enfin, de prendre une connaissance exacte de la marche tracée pour le futur établissement. Avec de semblables précautions, le

Gouvernement Impérial pourra connaître , à la suite des expériences faites , quels sont les systèmes qui donnent les résultats les plus favorables , quelles sont les colonies en bonne voie, celles qui méritent de nouvelles concessions de terrain , si elles viennent à en formuler la demande.

La province de Rio-de-Janeiro , puis une portion de celles de Minas et de Saint-Paul , où se cultivent le sucre et le café , sont véritablement dans les meilleures conditions pour admettre en grand, le système Vergueiro, comme principe et base de colonisation. En émettant une opinion semblable , nous n'avons point la prétention de soutenir que cet excellent système n'ait pas quelque partie faible. Il pourra, peut-être, selon les localités , les populations, les temps , selon des variations dans l'industrie, dans la marche du commerce ou des événements, subir des modifications tendant à le rendre toujours meilleur, toujours plus propre à l'intérêt du Brésil et à celui des colons.

On peut également prévoir aussi que tous les colons ne s'adonneront pas exclusivement à la culture du café et du sucre. Quand, acclimatés au pays, ils en auront étudié les productions, et s'ils possèdent des valeurs suffisantes, il est probable qu'en acquérant des propriétés ils les exploiteront eux-mêmes en s'adonnant aux cultures qui répondront le mieux à leurs convenances, c'est-à-dire , dont ils espéreront de meilleurs résultats. A côté de cette agriculture, peut-être encore exerceront-ils une industrie plus ou moins développée.

Une grande route à voitures est créée dans la

province de Saint-Paul, et, comme elle devra parcourir une étendue de cent lieues, il est à présumer que cette route fera surgir de notables changements, en attirant une nombreuse population, particulièrement composée de personnes pour lesquelles une communication très-fréquentée est un besoin impératif, et surtout dans cette province où la partie véritablement agricole se trouve éloignée de 20, 30 et 40 lieues de la côte. Toutes les contrées privées de communications par eau, réclament comme chose de première nécessité, qu'on établisse des routes pour tous leurs transports, lors même que ce ne serait que pour celui seul de divers bois précieux que, faute de pouvoir changer de place, on réduit en cendres, lorsqu'on travaille à des défrichements, ce qui est infiniment regrettable.

Nous redirons encore ici combien une bonne culture du thé, accompagnée d'une préparation supérieure de ses feuilles, serait chose désirable et lucrative. Des prairies, faciles à établir, nourriraient des troupeaux dont le lait et le beurre frais trouveraient un si bon écoulement à Rio-de-Janeiro, où l'on est friand de ces produits-là. Ces provinces possèdent, en outre, de nombreux cours d'eau, très-précieux comme moteurs dans l'industrie ; puis des mines de fer abondantes, tellement indispensables pour les rails, un sol propre à la fabrication de la fayence et du verre ; enfin à toutes les productions de la culture européenne.

Les colonies, dans les provinces du nord du Brésil, n'auront de chances de succès, qu'autant, qu'à leur début, elles seront assises près des côtes de la mer, dans le voisinage des principales villes des provinces, et même qu'elles seront composées d'autant de colons que possible. A cette partie de l'Empire, les habitants sont plutôt hostiles aux étrangers, outre qu'il y règne une regrettable démoralisation. En pénétrant dans l'intérieur, on ne tarde pas à se convaincre que la protection de la loi y est à peu près nulle; en sorte que les colons, qui veulent y être en sécurité, doivent se grouper en nombre suffisant pour atteindre ce but, il est indispensable que les colons lorsqu'ils s'éloignent des côtes, n'avancent que pas à pas, habituant ainsi les indigènes à l'aspect de travaux réguliers, il faut surtout que la douceur et la fermeté des colons captive un bienveillant respect en leur faveur. Ce que nous venons de dire est si fondé, que déjà l'expérience a prouvé que les Indiens, si enclins à de cruelles représailles, lorsqu'on les provoque, sont susceptibles d'un retour de bonne volonté, de secours et même de travail, si on use de justice et de bons procédés envers eux. Aussi (en excluant toutes mauvaises chances) rencontre-t-on des européens qui accepteraient bien plus volontiers un semblable voisinage d'Indiens, que celui des gens ne possédant que les vices de la civilisation.

Donc, encore ici, comme toujours et partout, est-il de la plus haute importance, que ces colonies soient dirigées par des hommes prudents et consciencieux, connaissant à fond les circonstances, les habitudes et les usages de la province où se trouve l'établissement; qui prévoient ce qui pourrait l'entraver ou y jeter de la perturbation; qui sachent le garantir de toute atteinte hostile et, loin de là, lui assurer le concours des bonnes dispositions de chacun.

Nous nous sommes imposé le devoir sévère d'exposer, comme nous venons de le faire, la véritable position des choses, de manière à ce que nul n'ait à se plaindre de n'avoir pas été exactement éclairé sur les résolutions qu'il serait appelé à prendre. Si, au Brésil, dans les provinces du nord, les colons ont quelque chose à redouter de la jalousie ou de la rancune des indigènes, ceux qui habitent près des frontières du sud ne sont point non plus à l'abri des inconvénients nés du voisinage des républiques orientale et argentine.

Au nord, la colonie de Caravellas, dans la province de Bahia, pourrait déjà servir d'appui à de nouveaux établissements. Cette colonie de Caravellas, malgré de difficiles épreuves, s'est très-bien soutenue, grâce à l'énergie de ses colons, Suisses pour le plus grand nombre. Si une population d'émigrants, un peu nombreuse, venait s'établir sur les bords du Mucury, on pourrait espérer que l'entreprise de MM. Ottoni, tendant à établir par eau une communication depuis le province de Minas, jusqu'à la mer, se réaliserait au grand avantage de tous. Nul doute, ensuite, que si les planteurs de Caravellas adoptaient le système Vergueiro, ils n'en obtinssent les plus heureux résultats, surtout s'ils employaient, au défrichement des terres incultes, les nègres qu'ils possèdent encore, de manière à préparer ainsi les voies aux nouveaux colons qu'on y appellerait.

Il est à présumer que la province du Para possèdera plus promptement des colonies que celles du centre, non-seulement à cause de ses produits, mais plus particulièrement en raison des nombreux cours d'eau qui l'arrosent. Le fleuve des Amazones lui assurera toujours un rôle supérieur à jouer, ajoutons que le caractère des habitants de cette province, sympathise mieux aussi avec celui des européens.

Avant de nous occuper de ce que le colon cultivera au Brésil, avant même de prononcer dans quelle province il pourra y fixer un jour son domicile, la question qui domine les autres est d'y arriver. Or, cette question, si naturelle et si simple en apparence, a déjà été abordée par d'habiles gens, et controversée par des personnes expertes. En sorte que n'étant pas encore tranchée sans appel, elle continue à demeurer dans son entier.

L'opinion qui soutient que la colonisation ne saurait avoir de développement satisfaisant, tant que le passage gratis ne sera pas assuré aux émigrants, semble celle partagée du plus grand nombre.

Ici, toutefois, s'élève une question préjudicielle, qu'il importe de vider avant d'aborder la principale. Il est utile, disons-nous, de savoir : si l'émigration au Brésil a été délaissée par les Européens, parce qu'on ne leur donnait pas le passage gratis?

Nous ne saurions, en ce qui nous concerne, admettre que l'absence du passage gratis ait été un motif déterminant pour empêcher les émigrants de se rendre au Brésil ; en sorte que nous nous croyons fondé de penser, avec beaucoup de gens, que les frais du passage, qui sont sans doute un grand obstacle pour tous ceux qui ne possèdent qu'une grosse famille, ne les auraient cependant pas retenus, s'ils eussent trouvé la facilité qu'on leur en fit l'avance, de telle manière que la dette qui en résulterait pour eux ne devint pas trop lourde, ce qui aurait pu avoir lieu si on l'eût exemptée d'intérêts pendant un temps suffisant, mais fixé, pour le remboursement de cette avance.

On peut donc présumer que tous ceux qui seraient en position de supporter les frais de passage, lorsqu'ils émigrent, s'ils s'abstiennent de venir au Brésil, c'est que leurs motifs d'abstention sont autres que la dépense de la traversée, mais qu'ils reposent sur les préventions qu'ils nourrissent, ou sur l'ignorance où ils sont des précieux avantages qu'ils pourraient rencontrer au Brésil, avantages que cette notice est particulièrement destinée à porter à leur connaissance. Ceci dit, et convaincu comme nous le sommes, que, dans le plus grand nombre des cas, le *passage gratis* conduirait à des frais qui demeureraient une perte sans compensation, nous pensons que l'Etat, ou les Compagnies, feraient un emploi plus judicieux et surtout beaucoup plus profitable de leur argent, lorsqu'ils l'emploieraient au frêt de bons navires, destinés à un service régulier, bien ordonné, à bord desquels les émigrants trouveraient, au prix le plus réduit, une nourriture simple, bonne, abondante; du lait pour les petits enfants et des médicaments pour le besoin.

Ce prix suffisant, quoique très-modéré, des aliments consommés par l'émigrant et les siens, serait la seule dépense qu'aurait à payer le passager, parce qu'on n'exigerait rien autre pour sa traversée ni pour celle de sa famille et de ses effets. Cette faveur serait suffisante pour fixer son attention, pour décider le choix qu'il accorderait au Brésil.

Tout sacrifice poussé au-delà, en vue d'attirer les émigrants, pourrait marcher en sens contraire et jeter dans leur esprit des doutes défavorables sur ce qui les attendrait dans un pays, faisant tant de dépenses pour les attirer, sacrifices qu'il se réserverait peut-être de leur faire payer bien chèrement plus tard. Une fois dans cette pensée, qui sait si, avec d'absurdes craintes, les émigrants n'iraient pas jusqu'à imaginer qu'on exigerait d'eux un travail extra forcé, celui d'esclaves.

Rien que ce doute fera toujours que l'européen donnera la préférence à une dette d'argent, à l'exclusion d'une dette morale qui compromettrait sa liberté, et justifierait l'accusation, fondée ou non, que le propriétaire abuse de sa position vis-à-vis du colon, son débiteur de reconnaissance. Toute colonie en proie à de semblables accusations, ou à des soupçons pareils, verrait son avenir perdu sans ressource.

Que le Brésilien d'aujourd'hui veuille, avec bonne foi, jeter un regard rétrospectif sur le passé, et il conviendra de tout ce que le présent doit faire oublier, doit racheter auprès du colon actuel, qui regarde bien moins aux frais de traversée qu'à l'existence qui l'attend au Brésil. L'émigrant européen doit donc fuir soigneusement l'attache de toute obligation contractée vis-à-vis de propriétaires, trop habitués à la marche qu'ils tinrent et qu'ils tiennent encore avec une autre race d'hommes.

C'est donc dans l'intérêt des Européens et tout à

fait en leur faveur que, pour notre part, nous repoussons fermement le passage entièrement gratis qu'on pourrait vouloir accorder aux émigrants. Notre franchise en cet endroit prouve encore ici comme ailleurs, dans cette publication, combien nous cherchons à faire profiter ceux qui quittent l'Europe de toutes les lumières que nous possédons sur le Brésil.

Si, ainsi que cela demeure clairement démontré, le Brésil ne peut faire de grands pas vers sa prospérité, qu'en donnant un large développement à la culture de son sol, et que pour atteindre ce but une vaste colonisation soit le moyen le plus propice et le plus efficace, il est alors indispensable que le Gouvernement brésilien, en étudiant la situation, mette en jeu tous les secours en son pouvoir, pour faciliter, pour consolider la colonisation. Les sacrifices qu'elle pourrait s'imposer dans ce but seraient parfaitement justifiés; mais, loin de là, ce ne seront point des sacrifices réels, mais de simples efforts, bien faibles, si on les compare aux résultats à obtenir. Qu'est-ce que peut être le frèt de quelques navires? L'Etat aura fait l'office d'armateur; quant aux émigrants, ils payeront leurs aliments; ce sera la Compagnie avec laquelle ils auront contracté qui en fera les avances. Cet arrangement satisferait équitablement tous les intérêts et ne froisserait personne. La participation du Gouvernement brésilien serait bien légère, tout en lui demeurant des plus profitables. L'émigrant, parti sans engagement, pourrait choisir une occupation à son entière convenance, ou bien il accomplirait le contrat qu'il aurait signé avec une Compagnie avant son départ; elle, à son arrivée, pourvoirait

rait au nécessaire, de telle manière qu'au débarquement de l'émigrant il fût délivré de toute hésitation,
de toute inquiétude, mesures essentielles pour le
soustraire par là à ce qui, de près ou de loin, pourrait avoir pour lui la plus légère apparence que l'on
trafique de sa personne.

Un second point, non moins essentiel pour le
succès de la colonisation, comme pour la satisfaction
des émigrants, est qu'au débarquement de ces derniers ils soient aussi peu disséminés que possible;
qu'au contraire, on cherche à maintenir, à fortifier
les liaisons qui peuvent avoir été ébauchées pendant
la traversée; ces relations deviendront le nœud de
bons noyaux de cultivateurs, noyaux qui, en se multi-
pliant, créent peu à peu un centre ou pôle attractif
où arrivent s'agglomérer d'autres émigrants plus
forts en moyens, peut-être même avec des capitaux
aidant la fructification, créant donc la prospérité du
pays.

Un autre moyen propre à encourager le colon à un
travail régulier et soutenu, serait la promesse qui lui
serait faite qu'au terme révolu d'un certain nombre
d'années, cinq ou huit par exemple, son zèle et ses
efforts seraient récompensés par le propriétaire, ou
par la colonie, où il aurait passé ce temps, par le don
d'un lot de bon terrain, d'une étendue connue, dès
l'arrivée de l'émigrant à la Fazenda.

Qu'à son débarquement au Brésil, un émigrant se
place dans une colonie, dans une Fazenda, ou
qu'immédiatement il devienne propriétaire d'un terrain qu'il aura acquis, il ne saurait être qu'avantageux
pour lui d'avoir une notion des diverses cultures en
usage au Brésil; nous allons les passer en revue :

LE CAFIER.

Cet arbrisseau est ordinairement planté dans les terrains rapprochés des montagnes ou des collines. La nature des arbres qui y croissent naturellement suffit pour faire connaître si le sol est favorable à la culture du cafier. Ce dernier ne prospère guère dans la plaine, où il pourrait souffrir de la gelée. Les versants du côté du sud ne lui conviennent non plus.

Le cafier se plante par bouture, il vient aussi de graine; cette dernière méthode recule d'une année le produit; elle est cependant préférable, parce que la plante en est plus vigoureuse. Chaque pied de cafier doit être éloigné d'une brasse de ses voisins; la plantation s'en fait en hiver. Ce n'est qu'à la troisième ou quatrième année qu'il commence à donner du fruit; parvenu à l'âge de six ans, il est alors dans toute sa force. La durée de son existence et particulièrement celle de sa production dépend d'abord du terrain où il se trouve, ensuite des soins qu'on lui donne. Dans un sol excellent, des cafiers de trente ans offrent encore des récoltes passables; tandis que dans les terrains médiocres, ils cessent de produire lorsqu'ils ont atteint l'âge de 15 à 20 ans; mais ils s'arrêtent à 10 ou 12 ans lorsque le sol est mauvais.

Il est nécessaire de délivrer cet arbre de ses branches sèches. On peut lui redonner de la vigueur en l'émondant à une certaine hauteur du sol; alors il repousse des branches nouvelles.

Il est facile de gagner du temps en créant une pépinière, dans laquelle les jeunes plantes poussent pendant qu'on défriche l'emplacement, où elles devront être transplantées. Il est urgent de nettoyer annuellement deux ou trois fois le terrain où croissent les cafiers ; d'abord avant la floraison, ensuite après les pluies, enfin avant la récolte. Ce qu'on a extirpé au pied du cafier devient pour lui un utile engrais.

Les cultures qu'on établit entre les jeunes cafiers et jusqu'à ce qu'ils aient atteint 4 ou 5 ans leur sont très-avantageuses. Lorsque le cafier a atteint sa cinquième année, il faut cesser ces cultures ; dès ce moment, le terrain doit être entretenu parfaitement net.

Les cafiers sont plantés en quinconce. On a soin de donner de l'élévation au sol opposé à la colline, ou à la montagne, afin que le terrain, entraîné par les pluies, rencontre un obstacle au pied de chaque cafier.

La récolte des cafiers a généralement lieu en juin ; elle dure jusqu'en septembre ; au reste, ceci dépend du climat et des moments où le fruit est rouge. Comme tous les grains ne sont pas mûrs au même instant, il est nécessaire de visiter plusieurs fois les cafiers. Cependant il est utile d'activer et de ne pas s'attacher trop à quelques grains arriérés, qui se rencontreront sur l'arbre ou même à terre. Il y a un véritable profit pour le colon à en accélérer la culture. Les branches du cafier, partant dès sa base, les femmes et les enfants peuvent les atteindre très-facilement.

Après la récolte, le café est séché, puis concassé de diverses manières, suivant les localités, et conformément aux moyens ou aux usages adoptés par les planteurs. L'essentiel est qu'il soit bien sec et que l'expédition n'en soit pas faite s'il est humide, parce qu'alors il devient blanc, prend un mauvais goût et perd au moins un tiers de sa valeur.

Lorsque le café est bien préparé, on le met dans des sacs qui contiennent quatre arobes, et sont transportés à dos de mulet au port d'embarquement, où la vente s'en opère ordinairement.

Jusqu'à ce jour, le terrain qui se trouve entre les cafiers n'est guère bien nettoyé, parce qu'il y existe encore beaucoup de racines, et même souvent des troncs qui ne pourrissent qu'à la longue. On peut prévoir que quelque colon intelligent, imaginera un instrument propre à débarrasser facilement le sol de ces divers obstacles.

Un extirpateur, d'un usage facile, et qui éviterait le long et pénible travail fait à la pioche, serait un outil précieux pour rendre net l'espace qui se trouve au milieu d'un très-grand nombre de cafiers.

Lorsque l'enveloppe du café a fermenté, elle peut être distillée et donner une espèce d'eau-de-vie. Ceux qui n'en tirent pas ce parti, s'en servent simplement pour engrais. La culture des cafiers ne s'étend pas au-delà du 26e degré sud.

LE THÉ.

La culture du thé avait fait des progrès au Brésil, où en effet elle offrait plus d'avantages que celle du cafier et de la canne à sucre, parce que tous les terrains lui sont propres ; cette plante prospère même dans des terres épuisées, sur les montagnes, même dans d'autres lieux, où rien d'autre ne végète facilement ; elle est en ceci très-différente du cafier, qui exige un sol neuf et dont l'exploitation ne laisse après elle qu'un terroir appauvri, auquel il faudra que tout le génie de l'homme vienne en aide, s'il veut lui rendre les sels nécessaires à d'autres cultures.

Une préparation parfaite du thé exigeant des soins particuliers, et les Brésiliens n'ayant que peu de dispositions à l'activité, cette branche d'industrie, loin de faire des progrès, s'est sensiblement altérée, au point que le thé qui se vendait de 12 à 1,500 reis (environ de 3 fr. 50 c. à 4 fr. 40 c.) la livre, est tombé au-dessous de 500 reis (environ 1 fr. 46 c.).

Cependant en le plaçant encore à 400 reis (environ 1 fr. 20 c.), ce prix représente plus du double de ce qu'il a coûté à produire. Les plantations de thé s'opèrent avec de la semence, en creusant le terrain à deux palmes et demie de distance, après qu'il a été convenablement préparé. Agé de trois ans, l'arbuste est suffisamment grand et fort pour pouvoir cueillir celles de ses feuilles qui sont propres à la préparation du thé. Elle consiste à sécher ces feuilles, à les rouler, à les torréfier, puis on les dépose dans des boîtes de fer blanc. On ne doit livrer le thé à la consommation, que deux ans après qu'il a été recueilli. Non-seulement le thé finit de sécher complètement pendant cet espace de temps, mais il perd aussi l'acreté et le goût très-amer qu'il a lorsqu'il est frais. On en diminue beaucoup le prix en le vendant trop promptement. Les thés bien préparés, et suffisamment âgés, n'ont point cessé d'obtenir et de la demande et de bons prix.

La culture, la récolte et la préparation du thé ne présentent rien de fatigant, en sorte que femmes et enfants peuvent y être employés. La possession d'un vaste terrain n'est non plus nécessaire pour cette culture.

L'arbre à thé végète plusieurs années, et plusieurs récoltes de feuilles se font dans le cours de chacune d'elles. Le thé du Brésil, bien préparé, peut facilement rivaliser avec celui de la Chine. Nul doute que le colon qui introduirait cette culture à côté de celles auxquelles il consacre ses soins, n'eût à la fois et une plantation précieuse et d'importants revenus.

Si les produits du Brésil n'ont pas obtenu, en Europe, toute la faveur qu'ils méritent; si les colons ont mis peu d'empressement à venir s'établir sur ce sol béni, c'est au Portugal, c'est à sa position embarrassée, qu'en gît la principale cause; aussi le Brésil sera-t-il appelé à des efforts et à des sacrifices pour rentrer dans une position normale.

LES HARICOTS.

Les haricots, soit *feijaos*, sont, au Brésil, un aliment quotidien pour tous, et d'une indispensable nécessité pour le cultivateur qui les sème deux fois par année; la première, en janvier et février; la seconde, en septembre et en octobre. On laisse une distance de deux ou trois palmes entre les creux dans lesquels on dépose quatre ou cinq grains. Cette semaille s'opère

ordinairement entre les jeunes cafiers, les cannes à
sucre ou le maïs; il est important d'extraire du sol
les plantes parasites.

Comme les insectes attaquent toujours les haricots,
il est indispensable de les exposer au soleil au moins
tous les deux mois. L'atmosphère étant humide au
Brésil, la prudence exige en ce qui concerne les
provisions, de les placer plutôt du côté du soleil et
aussi de les renfermer la nuit. Ces précautions sont
également salutaires pour les personnes. La cendre
des tiges de haricots, sert aussi à faire dissoudre le
savon à l'usage de la maison.

LE MANDIOCA.

Le mandioca, ou manioc, est, pour le Brésil, ce
que le pain est pour l'Europe. Cette racine donne une
farine, soit pain nommé Cassave, qui devient la
nourriture générale. C'est presque une naturalisation
de manger et d'aimer cette production, puisque, sans
exagération, on peut dire que la farine du mandioca
est servie à la table de l'Empereur comme au modeste
repas du plus chétif des esclaves, soit qu'elle se con-
somme sèche, cuite, ou qu'elle soit mélangée au
bouillon, aux sauces, aux légumes ou aux viandes.

C'est du mandioca qu'on extrait le tapioca, exporté
en grande quantité et dont on fait d'excellents pota-
ges, des biscuits et d'autres friandises chez les pâtis-
siers. La gomme de tapioca remplace aussi l'amidon.

Il y a plusieurs qualités de mandioca, la plus connue est celle nommée *aipim*, que l'on cuit avec la

viande, avec du sucre, et que l'on mange aussi avec du beurre. Elle se réduit également en pâte. Cette racine remplace avantageusement la pomme de terre.

Le mandioca peut être planté dans tous les temps, cependant le moment le plus favorable est de Juin à Septembre. On fait des creux à trois palmes de distance l'un de l'autre, dans chacun desquels on place trois au quatre boutures, ayant au moins trois nœuds. Ces boutures doivent être enterrées aux deux tiers de leur longueur. Dans les terrains fatigués, il est indispensable de buter ces boutures, afin de donner toute la nourriture et toute la vigueur possible aux plantes.

Le mandioca est une tige à nœuds qui s'élève à la hauteur de six pieds et plus, mais qui n'a aucune branche. Nous venons de voir comment on propage cet arbrisseau par la section de sa tige, ces boutures repoussent immédiatement et la nouvelle racine se forme plus ou moins grosse, selon la fertilité du sol, en sorte qu'elle peut prendre un développement de un à vingt pouces de diamètre, sur une longueur de six pouces à deux pieds. Lorsque l'on a arraché et lavé ces racines, et qu'on en a enlevé l'écorce, il reste une substance farineuse, laiteuse, glutineuse. On réduit cette substance en petites parties, au moyen d'une roue à rapper, faite d'un cuivre perforé, d'où elles tombent dans un vaisseau.

Au moment de nettoyer le sol, on conserve une seule de ces boutures, on coupe les autres. Dix-huit mois plus tard, on arrache ces racines, qu'il faut réduire immédiatement en farine, parce que celle-ci perdrait beaucoup de sa qualité, si on différait, ne fut-ce que de quelques jours cette préparation, en laissant ces racines à l'air. Ensuite comme nous l'a-vons dit, l'extraction de la farine a lieu en nettoyant les racines, qu'on rape et presse, jusqu'à ce que tout le jus en soit exprimé. Ce jus dépose la gomme qu'il renferme. Cette gomme placée dans une feuille de cuivre munie d'un rebord et mise sur le feu, sèche pendant qu'on la remue continuellement. C'est là aussi qu'est la farine destinée à la consommation.

La gomme dont on laisse écouler l'eau est ensuite mise dans un autre vase propre, où on la laisse se reposer puis s'égoutter, en la plaçant sur un linge propre, que l'on recouvre de cendres.

En peu de temps, la masse est épurée ; on la pose sécher au soleil jusqu'à ce qu'elle le soit entièrement. C'est avec cette gomme qu'on produit le tapioca. Mais comme cette préparation exige une certaine pratique, ceux qui voudront s'y rendre habiles fe-ront sagement, en consacrant quelques jours à la voir exécuter par des experts, afin de s'éviter de fabri-quer de mauvaise marchandise.

Avant sa préparation, la racine de mandioca, ainsi que l'eau qui en sort par la pression, sont vénéneuses au point de causer la mort ; toutefois, à l'exception des qualités appelées branca, aipim et pao de chile. Il est important que les animaux n'en mangent ni n'en boivent.

LA CARA.

La cara est une espèce de pomme de terre propre à la nourriture ; cette racine s'apprête à volonté.

Deux parties de pâte de cara, jointes à trois de farine de froment, donnent de l'excellent pain.

On plante la cara dans des creux d'une palme, soit de huit pouces de largeur, où on en dépose trois morceaux, s'ils sont d'une grosseur suffisante ; on peut les laisser sortir de terre

L'INHAMA.

L'inhama est une des meilleures racines, elle est saine, substantielle et sert d'aliment en Afrique et aux Açores. Cuite avec un peu de sel, on en engraisse les porcs. Apprêtée avec de la viande, elle donne un bon légume. L'inhama se plante de juin à septembre et se récolte une année après.

LE GUANDO.

Le guando est la fève d'une plante traînante, qu'on peut semer au bord des chemins. On place deux ou trois de ces grains dans des creux distants de sept pieds. C'est une excellente nourriture.

LE MAMONA.

Le fruit du mamona sert à faire de l'huile. Deux fois par an on peut semer cette plante, d'abord de septembre à novembre, puis en février. Les creux en doivent être placés à neuf pieds de distance. Il faut en cueillir les fruits à mesure de maturité. On les fait sécher au soleil, en ayant soin qu'ils ne reçoivent pas la pluie. L'enveloppe s'ouvrant, on en retire les graines dont on extrait l'huile par les procédés européens Cette culture peut offrir de très-grands avantages.

L'AMENDOIM.

L'amendoim se sème en septembre ; on en place deux graines dans chaque creux, distants de deux palmes. La gousse se forme sous terre. On en tire de l'huile. Le grain se mange également grillé ou en compote.

LE TABAC.

Nous ne citons ici le tabac que comme mention d'un produit utile, si ce n'est comme objet de grand commerce d'exportation ; enfin tout au moins comme produit servant à la consommation du Brésil lui-même.

LA BATATA-DOCE.

La pomme de terre douce, soit *batata-doce*, se cultive en tout temps. Les colons européens en font un grand usage. Après l'avoir récoltée, on l'expose au soleil.

LE COTONNIER, LE MURIER.

Le cotonnier et le mûrier sont deux arbustes dont les colons feraient bien de planter leurs haies ou leurs allées.

Ces plantations pourront plus tard donner de bons résultats, particulièrement quand une population, arrivant d'Europe, introduira un grand développement d'industrie.

Au reste, le coton est d'une constante utilité, et les femmes peuvent le filer durant les jours de pluie et les soirées.

L'INDIGOTIER ET LE NOPAL.

Citons l'indigotier et le nopal sur lequel vit la cochenille. L'indolence naturelle des Brésiliens leur fait négliger la culture de la plante dont on tire l'indigo, et celle sur laquelle vivent les cochenilles. Il est tout à fait vraisemblable que ces cultures seront avantageusement reprises à une autre époque, ainsi que d'autres qui ont été importées des Indes, qu'on a délaissées et auxquelles les Européens redonneraient vie, surtout dans la province de Saint-Paul qui est si propre à la culture des arbres à fruit, des légumes et de toutes les plantes graminées.

LE CACAOTIER.

Le cacao, qui en Europe se convertit en chocolat, pourrait aussi, lorsqu'il serait introduit dans la province de Saint-Paul, devenir une production très-avantageuse pour les colons; elle y est cependant encore inconnue; on ne tire ce produit que de l'une des provinces du nord. Cette partie de l'Empire étant plus chaude, il est à présumer que les habitants, fatigués par le climat, ont choisi ce fruit qui est assez facile à obtenir, il donne de bons résultats. Mais pourquoi les habitants de provinces plus tempérées ne tenteraient-ils pas d'introduire chez eux aussi la culture du cacao, sans que pour cet essai ils abandonnassent en rien leurs travaux agricoles ordinaires? Il ne s'agirait que de créer une pépinière de cacaotiers, bien abritée de l'invasion des rats, qui sont très-friands des fèves de cacao. Dès que les plantes auraient atteint une hauteur de 8 à 10 pouces, on les transplanterait dans un terrain convenable. L'expérience apprendrait plus tard si les cacaotiers ne prospéreraient pas même dans les terrains qui demeurent abandonnés après avoir été occupés par les cafiers. Il faudrait que ces plantes fussent placées à dix pieds de distance et peu profondément en terre, parce qu'au Brésil, en général, la nature du terroir exige que les arbres, ainsi que toutes les autres plantes, soient presqu'à la surface du sol, lorsqu'on les y place. Si on formait cette pépinière, il serait important de se servir de graines fraîches, parce que le temps où elles possèdent la faculté de germer est de courte durée. Ces fèves doivent être semées à trois pouces de profondeur. Il ne faut pas que le terrain où l'on veut établir un cacaotier soit trop exposé au vent; il ne doit non plus être trop sec ni trop humide; c'est pour cela que la plaine ne lui convient guère.

Le cacaotier ne fleurit qu'à trois ans, et jusques-là il faut nettoyer souvent le terrain. C'est à cinq ans qu'il commence de produire. Depuis ce moment, il se couvre sans interruption de fleurs et de fruit. Ce dernier demeure quatre mois à mûrir; on en fait deux récoltes par année, l'une en décembre, l'autre en juin ; celle-ci est moins abondante.

Un arbre de huit ans peut donner de un à deux arobes de fèves ; cette récolte ne gêne en rien celle du café.

Il faut seulement faucher l'herbe avant la récolte. La préparation du cacao n'exige que peu de travail. On sort les graines des capsules, on les place dans des vases recouverts de feuilles, puis de planches ; ces dernières surchargées de pierres. On les laisse ainsi quatre ou cinq jours, en ayant soin de les remuer chaque matin ; enfin on les sèche au soleil.

LE RIZ.

Le temps le plus favorable aux semailles du riz *araoz* commence à la fin d'août et se prolonge jusqu'en novembre. Les terres basses et humides sont celles qui lui conviennent le mieux.

On en cultive aussi dans des terrains plus secs ; mais si les pluies ne viennent pas, on ne récolte alors que de la paille, à moins que le riz cultivé ne soit la qualité appelée *mindo* au Brésil.

Le grain que l'on sème dans les lieux marécageux doit déjà être germé, et, à cet effet, on place le riz de sement dans un sac, que l'on met dans l'eau pendant 15 à 16 heures ; on le vide ensuite dans un vase couvert. Les grains s'échauffent alors et germent. On jette cinq ou six grains dans le même creux à 2 ou 3 pouces de distance.

Il faut toujours nettoyer les rizières dès que cela devient nécessaire. On connaît que le moment de la

récolte est arrivé lorsque les épis sont jaunes or. Le
produit est ordinairement de cent pour un.

LA CANNE A SUCRE.

La canne à sucre se plante généralement depuis
janvier à mars, dans les plaines humides, quelquefois
aussi sur de petits monticules Dès que la végétation
commence, il faut opérer un premier nettoyage du
terrain. Un second nettoyage a lieu en septembre,
un troisième se fait en janvier; quand une seconde
floraison se montre, on délivre la canne de sa feuille
sèche et on enveloppe son pied d'un peu de terre.

Il y a deux espèces de canne à sucre. L'une est
appelée canne de Cayenne; elle doit être plantée de
3 à 4 palmes de distance; l'autre indigène, n'exi-
geant qu'un espace de 2 1|2 à 3 pouces. Le terrain
destiné à une plantation de cannes à sucre doit être
préparé avec de petites excavations dans lesquelles
on place, inclinés, les bouts de canne dont on laisse
sortir de terre deux ou trois nœuds.

La charue peut être employée à la culture de la
canne; des propriétaires en ont déjà fait un essai
avantageux, par l'économie des bras et l'accélération
du travail; car, au lieu d'avoir 25 ou 40 noirs occupés à creuser des sillons, on obtient d'une charue le
même résultat et en peu de temps. Quelques-uns emploient aussi un instrument pour les premiers nettoya
ges du terrain. L'usage de fumer le sol améliorerait
certainement le produit de la canne. C'est en mai ou
juin que l'on coupe les cannes, de manière à ce que

la récolte en soit terminée en septembre, avant qu'une nouvelle floraison ne recommence.

Si on ne remplaçait pas tous les deux ans les cannes, le produit en éprouverait une grande diminution. C'est en faisant passer la canne entre des cylindres qu'on en exprime le jus; celui-ci est conduit dans des chaudières, puis mis dans des formes pour son épuration et sa cristallisation.

Le jus de canne est une très-bonne boisson. En le faisant fermenter, puis en le soumettant à la distillation, on en obtient le rhum. Par la simple cuisson, on le réduit en miel, qui prend place sur les tables. La mélasse, ou résidu de l'épuration des formes, ayant fermenté, est employée à faire de l'eau-de-vie.

Un colon et sa famille sont à même de cultiver cinq mille brasses carrées de cannes, et d'obtenir ainsi au moins 400 arobes de sucre à 1,500 reis l'arobe (environ 1,850 fr. pour le tout).

LE MAÏS.

La culture du maïs *milho*, très-connue en Europe, a bien plus d'importance au Brésil, puisque le maïs est la principale nourriture, soit des gens, soit des animaux domestiques; tant en grain que réduit en farine. On donne le nom de *Faba* à la farine cuite, nourriture très-substantielle. On sert cette farine simplement sèche, puis on la mélange avec les sauces, les herbes et les haricots, et c'est ainsi qu'elle remplace le pain; on peut encore la joindre à de la farine de froment. Les colons en font de très-bon pain. On obtient également de ce grain, après sa décortication, et cuit dans du lait, un aliment excellent, appelé *Cangica*.

On engraisse les porcs, les moutons et la volaille avec le maïs ; il sert aussi de nourriture aux mulets et aux chevaux. Cette culture est donc indispensable ; elle exige un bon terrain. Celui entre les cafiers est favorable, sinon il faut en consacrer un tout exprès. On peut encore semer des haricots ou des fèves entre le maïs. Lorsqu'on sème du maïs dans des terres froides, il faut le faire en septembre ; on ne le sèmerait qu'en octobre, si c'est dans des terres chaudes. Il ne faut le recueillir qu'en temps très-sec, lors du déclin de la lune, surtout si on a l'intention de le mieux conserver. La feuille du maïs sert d'aliment aux bœufs et de garniture aux paillasses.

LES ARBRES.

Au Brésil, il existe une grande diversité d'arbres, et c'est d'après les espèces venues naturellement qu'on reconnaît et qu'on juge de la bonne qualité des terrains. Le nom des arbres varie selon les provinces. La qualité de ces bois rend le choix à en faire très-important, particulièrement suivant l'emploi auquel on le destine. Tel de ces bois, mal choisi pour la construction, pourrirait ou serait rongé des vers en très-peu de temps. Il est donc indispensable que, dès à présent, les colons soient mis au fait de toutes ces choses, de manière à n'utiliser que ce qui est préférable. Cette connaissance au surplus ne peut s'acquérir que sur place ; nous nous bornons donc ici à n'indiquer que des noms d'arbres, et l'usage auquel leur bois est employé.

La coupe des bois doit se faire au déclin de la lune
et la meilleure époque pour cet abatage est de juin
septembre. Généralement, les bois blancs sont
mauvaise qualité ; cependant, il arrive quelquefois qu
du très-bon bois de couleur foncée est recouvert d'un
enveloppe de bois blanc.

Il existe deux classes de bois de charpente ou d
construction. La première se compose du jacaranda
tan, du grauna-parda, de l'ipe-mercin, du maria
preta, du jao-ferro, du sobrazil, du sassafras, d
canella-preta et du jucupira. La seconde comprend
mararanduba-vermelho, le jacaranda-roxo, l'ario-de
pipa, le tapinhoa, le peroba, le oleo-vermelho
l'armurana, le negro-mina, l'ipé-am et le grauna
preta.

Quant aux bois pour constructions exposées à l'air
il faut choisir le guraçahi, le cataguia, le jundiahiba
l'angelini-amargoso, l'angelini-doce, le finta, l'olio
copahiba, l'olio-jutahi, le carne-de-vaca, le garabu
le guarapapunho, le sapucaia, le merindiba, le ca-
nella, etc. Les insectes, généralement appelés *d*
bichos, ne s'attachent point à ces bois.

Pour les planches destinées aux parquets, on emploie le vinhatico-caballeiro, le cedro, le louro, le
tapinhocan, le becuhyba, le canyerana, l'armurana,
le peroba, le pao-arovo, le jucupira, le canella-preta,
le tympoyla, l'angelini-amargoso.

Pour les plafonds : le jequetiba, le canella-de-
brezo, le caixella-hatalha, le bacubixa, le louro.

Pour portes et volets : le vinhatico, le cedro, le
louro, le cangerarna. Ce sont des bois légers et d'un
travail facile.

Pour des machines : l'oleo-vermelho, le jacaran-da-tan, le roxo, le sumpira, le grapi-apunha et l'olio-pamahiba.

Pour les roues à eau : le tapinhoa, le sumpira, le grauna, l'olio-vermelho, le paroha, le louro-preta, le merindiba, le pao-cravo, le catagua.

Lorsqu'on veut commencer des plantations au Brésil, il est d'habitude d'exploiter des portions de forêt, d'en laisser un peu sécher le bois, et ensuite d'y mettre le feu, détruisant ainsi à la fois ce qui est de petite et de grande valeur. En poursuivant ce système et lorsque la population aura augmenté en nombre, il surviendra infailliblement une grande rareté de bois de construction, comme d'autres espèces précieuses ; en sorte, ainsi que nous l'avons exprimé, le Gouvernement ne saurait trop vite s'occuper de lois concernant l'exploitation des forêts, afin de couper court aux abus, par lesquels on a déjà détruit une notable partie des plus riches ressources du pays. Nous considérons ceci comme étant d'autant plus important, qu'en quelques heures on peut anéantir ce que la nature mit des siècles à produire. Quant à présent, les propriétaires et les colons ne sauraient rien faire de plus avantageux pour eux, sinon de s'occuper du choix soigneux de ces bois, de mettre les plus précieux en réserve en les garantissant du feu, du soleil et de l'humidité. Ce triage sera un capital qui un jour deviendra un trésor pour eux.

Parmi ces diverses espèces de bois, il en existe plusieurs qui donnent des gommes, des résines, enfin des teintures estimées. Le Gouvernement s'est réservé le monopole d'exportation de ces derniers. Le bois

14

de jacaranda est l'objet d'un grand commerce avec l'Europe et les Etats-Unis, où l'on en fabrique de beaux meubles.

LES ANIMAUX.

Dans un pays qui possède toute espèce de terrain, et une variété de températures appropriées aux cultures les plus diverses, comme à l'éducation des bestiaux, cette dernière branche devra tout particulièrement fixer l'attention de ceux qui déjà en Europe, en faisaient une spécialité de revenus, donc qui sont très-experts dans la manière la meilleure de soigner les différentes espèces d'animaux domestiques, et d'en perfectionner les races.

Les chevaux, la race bovine et toutes les autres à cornes, peuvent pâturer toute l'année au Brésil, ce qui est un avantage d'autant plus précieux qu'il affranchit de tout ce qu'il en coûte en Europe, pour préparer les provisions d'hiver, de plus en plus onéreuses, que la prévoyance en force presque toujours la quantité.

Au Brésil, un hangar et un pâturage d'étendue suffisante sont les seules précautions nécessaires. Dans cette branche d'économie, il demeure aussi de grandes améliorations à introduire, qui n'existent point encore et qui donneraient cependant de beaux résultats.

En Amérique, comme en Europe, le prix d'un cheval dépend de sa bonté et de son apparence. Ceux de luxe ont une grande valeur, aussi bien dans la province qu'à Rio de Janeiro. En croisant les races, les résultats n'en deviennent que meilleurs. Toutefois, dans plusieurs provinces, et notamment dans celle de Rio-Grande, ceux qui veulent élever et former des chevaux trouvent à acheter des poulains à très-bon marché.

Les vaches donnent peu de lait, lorsqu'elles demeurent constamment dans les pacages; aussi les habitants n'ont-ils jamais tiré un parti bien avantageux du beurre et du fromage. Leurs vues les portent bien davantage à faire multiplier les troupeaux. Ces deux choses pourraient cependant facilement s'allier. Il faudrait cultiver un peu plus de raves, de courges et de maïs, qui fourniraient une plus grande quantité de lait. C'est ainsi que bientôt on remplacerait le beurre salé et le fromage, qui se tirent d'Europe à grands frais.

Nous en dirons autant des moutons, qui devraient être l'objet d'une beaucoup plus grande attention, et dont on peut s'enrichir par la laine, la peau, la graisse et la chair. L'essentiel serait de prévenir le dépérissement de l'espèce en croisant mieux les races. Les personnes qui, au Brésil, s'occupent de moutons, prétendent qu'on doit renfermer ces animaux dès l'entrée de la nuit, jusqu'à huit heures du lendemain matin.

Les cochons sont en quelque sorte, des animaux indispensables pour les colons. Ils leur servent non seulement de nourriture, mais ils en font un commerce lucratif, soit en les vendant engraissés, soit en les expédiant dans les villes, sous forme de viande salée. Il en arrive de grandes provisions de l'intérieur. Des gens industrieux pourraient faire de vastes et excellentes affaires en chair de porc salée et fumée.

Il n'est point hors de place ici, de faire remarquer que le Brésil tire de l'extérieur des salaisons de bœuf et de porc, des graisses et des peaux tannées et maroquinées ; enfin bon nombre d'objets qui proviennent d'animaux existants en grand nombre au Brésil, en sorte qu'il est facile de concevoir quelles ressources immenses ce pays présente à l'agriculteur et à l'industriel, bien avant le moment où, se suffisant à lui-même, il se rendra indépendant de tout ce que l'Europe et le Nord de l'Amérique lui fournissent.

DES VALEURS EN CIRCULATION. — DES POIDS ET MESURES.

Comme nous cherchons par tous les moyens en notre pouvoir à éclairer les émigrants, disposés à se rendre au Brésil, nous estimons de notre devoir aussi de leur faire connaître ce qui concerne les monnaies, les poids et les mesures en usage dans l'Empire.

Les valeurs généralement en circulation sont représentées par de la monnaie de cuivre et par des billets de banque. Les pièces d'or et d'argent sont plus spécialement employées dans les transactions commerciales. On peut toutefois excepter, quant à ces usages généraux, la province de Rio Grande do Sul, où l'on rencontre dans la circulation une assez grande quantité d'espèces d'or et d'argent. Les comptes sont établis en monnaie dite reis, dont un million est un contos.

Il existe des pièces en cuivre de 10, 20 et 40 reis (soit environ 3, 6, 12 centimes.) On appelle vulgairement *darée* la première de ces pièces, soit celle de

10 reis. On se sert aussi de l'expression de *vintem*, de *teston* et de *cruzada*.

20 reis sont un vintem, 320 reis forment un *pataca* (environ 96 centimes), 100 reis un teston et 400 reis un cruzada.

Lorsqu'on achète ou lorsque l'on vend, l'habitude est, par exemple, de dire : 6 vintems, ou encore 1 pataca et 4 vintems, ou encore 7 testons, ou 1 cruzada et 12 vintems. Cette manière de s'exprimer contraint l'étranger à une réduction, pour se rendre raison du nombre total de reis demandé. En revanche, beaucoup de gens du pays ne se rendent point compte de ces reis, et si on leur demande par exemple 1,700 reis, ils réduisent cela en 5 patacas et 1 teston.

Le papier en circulation dans tout l'Empire consiste en billets de 1,000, 2,000, 5,000, 10,000, 20,000, 50,000, 100,000, 200,000 et 500,000 reis (soit environ de 2 fr. 94 c., 5 fr. 88 c., 14 fr. 70 c., 29 fr. 41 c., 58 fr. 82 c., 147 fr. 05 c., 294 fr. 11 c., 588 francs 22 c., 1,470 fr. 58 c. Toutes ces réductions faites au change de 340 reis pour 1 franc).

Les patacoes sont une monnaie d'argent dont l'empreinte indique une valeur de 960 reis et dont le Gouvernement a fixé le cours à 1,920 reis (soit environ 5 fr. 64 c.), différence basée sur la détérioration du papier monnaie, ainsi que sur le taux du change des valeurs européennes. Les piastres ont le même cours.

Toutes les monnaies d'or sont réalisables, mais dans une proportion qui varie selon le cours des lettres de change. Le Brésil fait frapper des pièces d'or de 10,000 et 20,000 reis à valeur fixe.

Le change établit chaque jour le rapport des reis avec les valeurs européennes ; en sorte qu'il est sujet à des variations assez sensibles, selon la position financière du Brésil, suivant le prix des denrées en Europe ; enfin conformément au plus ou moins d'importations ou d'exportations qui ont lieu ; d'où il découle qu'à cet égard ici comme partout, il n'y a aucune base positive.

Le Gouvernement a dû asseoir le taux de ses monnaies sur une base, et dans ce but il a choisi le cours de 27 deniers sterlings pour 1,000 reis ; ce mètre doit faire présumer qu'une moyenne de change s'établira entre 27 et 29 deniers, parce qu'au cas où elle s'élèverait davantage, on verrait affluer d'Europe au Brésil des envois d'espèces pour les convertir en retours sur Londres ou sur Paris, ou même pour en acheter des denrées, qui se vendent meilleur marché, lorsque le change est trop élevé. D'après ce qui précède, chacun sera fondé de croire que le change sur Londres demeurera entre 27 et 29 deniers pour 1,000 reis, que celui sur France restera entre 330 et 360 reis pour 1 franc, celui sur Hambourg entre 600 et 650 reis pour 1 marc-banco.

Quant aux émigrants qui auraient des valeurs à emporter au Brésil, il leur conviendra toujours mieux de se procurer des piastres ou des onces espagnoles, à défaut de lettres de crédit, pour recevoir au Brésil l'équivalent de ce qu'ils laissent en Europe.

Les mesures de longueur sont les suivantes : la *Brasse*, qui se divise en dix palmes, chacune de huit pouces, en sorte que la brasse est de six pieds et huit pouces, soit de deux mètres quinze centimètres.

3,000 brasses équivalent à une lieue, et un hectare est égal à 2,070 brasses.

Le *Covodo* est la mesure des étoffes, il est de trois palmes.

Le *Medida* est la mesure des liquides, il contient quatre bouteilles. 5 médidas sont égaux à 14 litres. 180 médidas équivalent à 126 gallons. 180 médidas sont également égaux à une pipe. La charge régulière d'un mulet est de 32 médidas.

L'*Alquire* est la mesure des produits secs.

Un alquire de farine mandioca pèse 48 livres. Un sac se compose de deux alquires.

Un alquire de café vert représente un poids de 12 à 15 livres, suivant la qualité du café. Parfois 2 $\frac{1}{4}$ à 2 $\frac{1}{2}$ alquires en rendent 32 livres.

Un alquire, pris comme mesure de terrain, présente une surface de mille brasses carrées, suffisantes pour mille pieds de cafiers, ou pour produire 35 alquires de maïs. Un sac de maïs est de deux alquires, un de haricots est aussi de deux alquires.

Le *Quarteis* est également une mesure de superficie. Cinq mille brasses carrées correspondent à quatre quarteis, dont chacun peut rendre cent arobes de sucre.

Le quintal renferme quatre *Arobes*; l'arobe est de 32 livres; la livre de 16 onces, dont chacune est de 8 octaves. Un arobe est égal à 14 $\frac{1}{2}$ kilos.

La charge d'un mulet, suivant sa force et les routes, est de 8 à 10 arobes.

La marche des troupes est de 4 à 5 lieues par jour.

Nous terminerons ce chapitre sur la colonisation

au Brésil, en soumettant, avec beaucoup de réserve, à la haute sagesse et au patriotisme éprouvé du Gouvernement de cet Empire, quelques observations dictées par un zèle véritable, en faveur de sa future prospérité.

Les Chambres brésiliennes ont, le 18 septembre 1850, rendu une loi, n° 601, sur les terres dévolues. Conformément à cette loi, qui doit provisoirement remplacer un cadastre régulier, le Gouvernement est autorisé à établir une répartition générale des terres publiques; à faire opérer une mensuration, une division, une description des terres dévolues, à les vendre par lots de 500 brasses, à raison de $\frac{1}{2}$, 1, 1 $\frac{1}{2}$ et 2 reis la brasse carrée, suivant la qualité et la position de ces terres.

Le Gouvernement est également autorisé à employer deux cents contos pour favoriser la colonisation. Cette loi, excellente en elle-même, réclame son exécution. Nous dirons que les terres dévolues sont loin d'être toutes de bonne qualité; donc, que le colon, ami de ses intérêts, fera provisoirement mieux d'acquérir du terrain des particuliers et, ajoutons de ceux-là seuls, nantis d'actes de propriété réguliers, et ceci jusqu'à l'époque où des mensurations officielles, auront définitivement assuré ce qui appartient à chacun.

L'Etat a parfois été indignement spolié de ce qu'il possédait de mieux, de telle sorte, que fondés en droit ou non, il existe des propriétaires, qui se sont adjugés ce qu'ils possèdent, en se basant sur cette déclaration, qui leur tient lieu de titre sérieux : *c'est à moi!* de manière que ces soidisant propriétaires

n'abandonnent à l'Etat que ce qui n'est pas suffisamment bon pour eux. Mais l'avenir fera droit de ces
prétentions-là, en assignant à chacun ce qui est réellement à lui, c'est donc jusqu'alors que les émigrants
ne doivent acquérir que ce qu'ils sont assurés de
pouvoir conserver.

La nouvelle voie dans laquelle est entré le Brésil
depuis son indépendance, demeure provisoirement
hérissée d'abondantes et graves difficultés (et ce que
nous venons de citer plus haut en est déjà une grande);
elles causeront à la législature de laborieux et consciencieux travaux, qui ne sauraient manquer d'être,
de temps à autre, hasardés, soit par absence d'expérience ou par manque de documents suffisants. Cependant, une pratique attentive et studieuse purifiera,
petit à petit, ces matières contentieuses de tout l'al-
liage qu'elles pourront contenir; mais ces améliorations, ces perfectionnements ne seront l'œuvre que
du temps qui mûrit lentement, lors même qu'un pur
patriotisme y prête toute sa force.

L'essentiel, pour le moment, serait de poser immédiatement des limites certaines partout où on le
peut, et seulement provisoires aux autres propriétés,
sans pour cela renoncer à revenir plus tard à l'examen sérieux des droits douteux que s'adjugent ceux
qui se les donnent.

C'est sans doute à la position d'une législation qui
ne fait que naître, qu'on voit au Brésil promulguer
des lois, comme si elles eussent été sanctionnées
pour régulariser les mouvements d'un peuple depuis
longtemps développé, civilisé, organisé, tandis que
par ce seul point déjà, elles demeurent inexécutables,

leur application ne pouvant avoir lieu partout. Il est
même telle loi rendue générale qui, de sa nature,
n'est applicable qu'à de certaines provinces, où elle
sera aussi excellente, qu'elle demeurera nuisible
pour d'autres. Ajoutons encore que quelque soit le
bienfait d'une loi, il peut être entièrement paralysé
par l'interprétation que peuvent donner à la loi des
hommes influents, et plus encore le caprice d'auto-
rités éloignées, pour peu que l'intérêt personnel soit
un des éléments qui entre dans les décisions à
prendre.

Il est facile de concevoir, par ce qui précède, de
quel haut intérêt il est pour les provinces, d'envoyer
à la législature des députés de grande capacité, pénétrés à fond des besoins réels de leurs commettants,
en sorte que de si précieux intérêts ne soient point
uniquement confiés à des hommes purement de loi,
habiles sans doute et non moins bons patriotes, mais,
cependant, qui ne possèdent pas de notions suffisantes,
pour prononcer sur les éléments qui fondent la vraie
prospérité de l'agriculture, de l'industrie, du commerce, de la navigation, du militaire, des arts et
des sciences. Quand toutes ces branches seraient représentées par des spécialités, des capacités dans
l'espèce, il est certain qu'il y aurait moins de discours oiseux et un bien plus grand mouvement vital.

La loi sur les terres dévolues ne sera praticable et
véritablement utile que, quand elle sera appuyée d'un
cadastre authentique, allouant à chacun ce qui lui
appartient en réalité, et qui rendra au domaine public tout ce dont il a droit de disposer, après en avoir
fait la juste appréciation.

Chacun comprendra combien, sans pousser aux dernières limites la sévérité, il importe de rendre à César ce qui appartient à César. Dès qu'on suivra au Brésil, comme partout, cette marche juste et logique, on arrivera à utiliser de vastes étendues de terrain; on ne rencontrera plus des espaces de dix à douze lieues d'un sol excellent, demeurant la propriété contestable, mais exclusive, de maîtres qui ne possèdent ni les bras nécessaires, ni les ressources suffisantes pour les mettre en rapport.

Ce ne sont pas seulement les propriétaires de vastes terrains, qui ont supporté un dommage réel, de la longue culture du Brésil par les noirs; l'Etat lui-même a tout autant souffert qu'eux, nous pouvons l'affirmer, tout en laissant dans l'ombre la large et profonde blessure que l'humanité y a reçue, par le cruel trafic des nègres.

M. Perret-Gentil, à Rio de-Janeiro, possède de précieux tableaux comparatifs, travaillés avec les plus grands soins et assis sur la plus extrême exactitude, qui ne seront pas joints à cette Notice, mais qu'il est prêt de soumettre aux Chambres brésiliennes, tableaux dont les chiffres prouveront, jusqu'à la dernière évidence, évidence qui serait insaisissable autrement, quels sont les résultats obtenus par le travail forcé des noirs, et ceux qu'aurait pu donner le travail libre des blancs, l'ensemble de ces travaux faits dans un même espace de temps. Les propriétaires et le Gouvernement y ont perdu des milliards. Heureusement que ce mal peut avoir un terme, et que cette incalculable prospérité ne sera différée que jusqu'au moment où l'Administration du nouvel Empire entrera avec empressement, ainsi que les propriétaires, dans un système de véritable colonisation. Plus de vieux préjugés, plus de récompenses décernées à ceux qui, en les préconisant, sont les plus grands obstacles à la prospérité comme à la splendeur de leur pays. Les destinées du Brésil sont autrement nobles, autrement glorieuses que cela. La jeunesse qu'elle élève nourrit de trop louables sentiments, un trop vif besoin de sortir d'une vague inertie, pour ne pas travailler à l'illustration de la riche patrie que le ciel lui donna.

De notre côté, nous ne saurions offrir au Brésil un hommage plus sincère de notre entraînement pour lui, qu'en signalant à son Administration tout ce qui peut lui être nuisible, qu'en lui montrant ce qui peut le faire prospérer. Nous y sommes d'autant plus encouragé, que nous n'ignorons pas que les Chambres partagent les opinions énoncées dans cette Notice, et ce qui le prouve suffisamment, c'est que déjà elles ont aboli le trafic des noirs, qu'elles s'occupent des moyens les plus propices de procurer à l'agriculture brésilienne le plus grand nombre possible de bras libres, nécessité d'autant plus urgente, qu'une inquiétude vague, qui surgirait de la force des habitudes que l'on cherche à déraciner, pourrait, si elle n'avait de contre poids, retomber dans les anciens errements, malheur redoutable, puisque ce serait reculer l'époque de l'émancipation et du règne de l'humanité. Une Direction administrative est à nos yeux la seule force efficace pour obtenir et assurer, d'une manière stable, les heureux changements que nous souhaitons au Brésil.

Une banque spéciale, destinée au déploiement de la colonisation, pourrait être très-utilement fondée au Brésil, de manière à subvenir aussi à tous les autres besoins agricoles. Cette banque garantie par les terrains dévolus, aurait des succursales dans celles des provinces, où leur création serait nécessaire pour venir au secours de ceux des propriétaires qui, ayant besoin d'avances, viendraient y hypothéquer leurs domaines. Une banque pareille ne serait pas moins utile aux capitalistes auxquels, par l'émission de ses actions, elle offrirait un placement sûr, en même temps que l'occasion lucrative de venir en aide à l'agriculture, à l'industrie et au commerce.

CHAPITRE IV.

LA PRESQU'ILE DE SUPERAGUHY, COLONIE DIRIGÉE PAR M. CHARLES
PERRET-GENTIL.

—

Nous [ne saurions finir mieux cette Notice, qu'en faisant connaître aux personnes qui l'auront lue, la presqu'île de Superaguhy, où se fonde une colonie particulièrement dirigée sur les principes de la colonisation Vergueiro, par M. Charles Perret-Gentil, ami du noble Sénateur brésilien, propriétaire d'Ybicaba, dont nous avons parlé avec un juste éloge dans les chapitres précédents. Disons aussi, que c'est de M. Perret-Gentil que nous avons obtenu la plupart des précieux renseignements qui peuvent se rencontrer dans cet ouvrage.

Cet estimable ami nous mandait :

« Dès mon arrivée au Brésil, et il y a bien des » années de cela, ma ferme résolution fut de choisir » cet Empire pour nouvelle patrie. En conséquence,

» et conformément à mes habitudes, je dirigeai
» toutes mes facultés à l'étude sérieuse de ce qui
» constituait le pays en lui-même; sa conformation,
» ses lois, enfin les mœurs, les usages de ses ha-
» bitants, et j'ai attendu que l'expérience vînt appo-
» ser son sceau à mes investigations pour leur don-
» ner de la consistance, de la réalité, enfin pour
» réunir et coordonner les notes que vous m'avez
» demandées et que je vous envoie aujourd'hui. »

Ces notes, ainsi que nous l'avons énoncé en tête
de ce chapitre, sont celles qui ont servi de base à
cet ouvrage, destiné, selon les vœux de M. Perret-
Gentil, à éclairer nos compatriotes suisses, et aussi
tous les émigrants d'autres pays, qui songeraient à
se rendre au Brésil pour y fixer leur domicile. Nous
tenons, en conséquence, avant et par-dessus tout,
qu'une vive lumière répande un jour certain sur leur
délibération, qu'elle l'éclaire, et, qu'ainsi renseignés
sur chacune des choses qui pourraient les intéresser,
ce soit avec une certitude réelle qu'ils viendraient
asseoir leur opinion, et fixer leur choix en complète
connaissance de cause. Nous voulons qu'ils puissent
s'appuyer sur des faits positifs, et non sur des notions ou sur des inductions trompeuses, qui, lors-
quelles sont hasardées, assument une coupable responsabilité sur ceux qui les donnent et préparent
d'amers regrets pour ceux qui, en les acceptant de
bonne foi, en deviennent les tristes victimes. Tels sont
les sentiments qui ont conduit notre plume, donné
essor à nos avis et quelquefois soulevé une critique
incidente, sur ce que nous supposions pouvoir être
mieux, critique, du reste, qui ne prit naissance que
du vif intérêt que nous avons voué au Brésil.

Nous ne saurions nous faire l'illusion de croire que nous ayons épuisé ce sujet important; nous n'avons non plus la prétention d'avoir exprimé ce que nous avons écrit aussi bien que le sujet l'aurait mérité; mais, si à ces divers égards, nous conservons un juste et modeste doute, au moins pouvons nous rendre l'entière justice à nos intentions, qu'elles ont été pures, que tout ce que nous avons rapporté l'a été avec conscience et dans la seule vue d'atteindre un but unique, celui d'être utile, vrai, positif, comme aussi nous avons toujours nourri le désir de rendre un véritable service, en présentant les choses comme elles existent, et de mériter au moins par là la confiance des émigrants, tout en éveillant l'attention des Gouvernements et des philanthropes européens, sur l'appui salutaire qu'ils pourraient, disons *qu'ils devraient*, donner aux familles gênées, voulant aller chercher un sort meilleur au-delà de l'Atlantique, et en démontrant au Gouvernement Brésilien tout le bien qu'il peut faire à son pays, en usant d'une cordiale sympathie en faveur des émigrants qui viendront se fixer au Brésil.

Après avoir exposé ainsi la tâche dont nous nous sommes chargé et les sentiments qui en ont accompagné l'exécution, nous solliciterons, des lecteurs, la faveur d'accueillir cette Notice avec bienveillance, et de la communiquer aux personnes auxquelles elle pourrait être utile.

Une pensée surgira peut-être chez quelques personnes; celle que tout ce qui a été dit dans cette Notice, et qui repose sur les observations de M. Perret-Gentil, ne représente que les raisonnements

d'une pure théorie, jetés sur le papier, en sorte que
l'édifice et sa faible base ne pourraient supporter le
choc du premier souffle de la pratique !... Mais non,
cette supposition qu'il est permis de faire, attendu
qu'en tant d'occasions, elle ne fut que trop justifiée
par une malheureuse expérience, ne serait pas fondée ici, parce que tout ce que nous avons rapporté
avec la plus exacte fidélité de la colonie Vergueiro,
ainsi que d'autres Fazenda, existe réellement dans
la colonisation de Superaguhy, dirigée par M. Charles Perret-Gentil, qui lui-même est propriétaire de
cette presqu'île, dotée de la plus favorable comme
de la plus avantageuse position. Qu'il nous soit permis d'entrer ici dans quelques détails sur cette propriété, ils intéresseront, nous le supposons, la plupart de ceux qui les liront. Superaguhy est situé au
51° de longitude ouest de Paris, et au 25° $\frac{1}{2}$ de
latitude sud, dans la province de Saint-Paul; ce domaine se compose de toute la partie est, de l'île das
Peças, située dans le canal de Superaguhy à l'entrée
du golfe de Paranagua jusqu'au Rio (fleuve) das
Peças, et au Rio Baguassa, et de la belle presqu'île,
enfin de quelques îles, parmi lesquelles celles de
Pinhero et de Comprida sont les plus considérables.

La ville de Paranagua n'est éloignée, par mer,
que de huit lieues au plus de la Fazenda de Superaguhy et spécialement de l'île das Peças, aux abords
de laquelle la mer a une profondeur de douze pieds;
les navires viennent débarquer à l'ouest de l'île, à l'embouchure du Rio das Peças. Cet endroit, se trouvant
placé sur la route que tiennent les vaisseaux, est des
plus favorables à l'établissement d'une population,

puisque l'entrée du port et la forteresse n'en sont
éloignées que d'une lieue. Lorsqu'on remonte le Rio
das Peças, et qu'à pied on franchisse un espace de
demi-lieue, pour rejoindre le Rio-Baguassu qui a son
embouchure dans le canal de Superaguhy, on abrège
de cette manière beaucoup la distance qui sépare
Paranagua de la presqu'île.

La partie ouest de l'île das Peças, qui s'étend
jusqu'au fleuve du même nom, est une chaîne de
morros (d'humus), soit d'un terrain excellent, recouvert de forêts d'une nature de bois qui indique
suffisamment combien le sol est propre à la culture
du cafier, aussi y en existe-t-il déjà de vastes plantations, on peut y cultiver également le mandioca qui
donne la cassave. On y trouve aussi des bananiers,
des orangers et des ananas.

L'eau est profonde le long des côtes, tandis que
les rivières et les ruisseaux présentent les plus
grandes facilités pour imprimer le mouvement à
toutes les machines que l'on voudra construire sur
leurs cours.

La culture de tous les légumes en donne en abondance, ils parviennent à leur maturité dans un délai
rarement plus prolongé de trois mois.

Au point de vue des cultures les plus variées,
Superaguhy est une terre promise, dans laquelle de
nombreux troupeaux peuvent trouver une abondante
nourriture et spécialement sur l'île Camprida, dont
les morros sont couverts de bois et où se trouve
d'excellente eau douce.

La partie nord de la presqu'île de Superaguhy,
entre le Rio-Réal et le Rio-Seyrodo, est occupée par

de riches montagnes, couvertes de forêts d'une facile exploitation, après laquelle le terrain sera excellent pour les cultures les plus diverses. Dans cette localité se trouve une superbe vallée renfermant des chutes d'eau dont on pourrait tirer un précieux parti. Il existe aussi un lac sur le sommet de l'une de ces montagnes. Une seconde belle vallée se rencontre dans le voisinage du Rio-Seyrodo; ces localités présentent des sites les plus agréables.

L'île Pinhero offre de beaux massifs d'arbres et d'épaisses forêts; les cafiers peuvent y être cultivés dans un grand déploiement. Les bananiers, les orangers y croissent en masse et bordent les chemins; elle est également bien pourvue d'eau douce.

Pour completter l'esquisse du Superaguhy, ajoutons que la partie sud de la presqu'île possède d'excellentes terres où peuvent se cultiver et où se cultivent aussi le cafier, le *pasta*, le *goyavas*, le *limas*, l'*aracaos*, etc., etc. On y trouve également le bananier, l'oranger, le mûrier.

Dans cette partie sont encore de nombreux cours d'eau. Le Rio Varador-Velho se divise en trois branches qui arrosent et fertilisent ce bel endroit, situé derrière des montagnes, dont il est une riante vallée composée du morros, si propice à la culture. A quelque distance du Rio Varador-Velho, coule le Rio Jcunha, qui vient se jeter dans le canal d'Ararapira.

Généralement partout, sont de riches forêts, des monts fertiles, beaucoup de facilité pour l'exploitation et un sol propre à toutes les cultures. La presqu'île est en outre arrosée par le Fundo, le Pedra Branca, le Caxocira, le Kozur, le Durholz, le Bada, qui lui donnent une grande fertilité.

Ce que nous venons de dire de Superaguhy suffit pour convaincre que cette propriété, d'une surface d'environ seize lieues carrées, offre une des positions les plus avantageuses pour la colonisation; ce serait déjà une situation de choix, celle propice à la fondation d'une ville, qui pourrait devenir le siége important de manufactures et le centre d'une vaste exploitation d'agriculture et de commerce, puisque cette cité possèderait un port de mer excellent.

C'est à la prospérité de Superaguhy que M. Perret-Gentil consacre l'énergie de ses efforts, le développement de son expérience. C'est là qu'il tend à mettre en pratique ses principes de colonisation. Il veut doter cette Fazenda des facilités, l'enrichir des avantages dont nous avons rendu compte dans cette notice.

Tout ce qu'une attentive étude du sujet peut fournir de directions et de bien-être sera adopté, exécuté avec empressement, sans négliger aucune amélioration de détail, dès que l'importance en aura été reconnue.

Le zèle si positif de M. Perret-Gentil est une garantie suffisante, qu'il appliquera l'ensemble des ressources de son intelligence pour faire converger au plus grand avantage des colons et de la colonie qu'il fonde, la réunion des éléments de réussite de son entreprise; telles sont les bases de ses travaux persévérants.

Superaguhy est peu éloigné des villes de Paranagua, d'Antonina, de Cananea et de Santos. Sa surface arable est au moins de quarante-cinq mille hectares, soit de cent soixante-six mille six cent et cinquante poses. Ce domaine est également dans le voisinage de l'île de Mel, à 3° de latitude sud de Rio de Janeiro ; parmi ses grands avantages, se rencontre celui de posséder un port d'une notable capacité, des rivières navigables bien au-delà de ses limites, qui le mettent en communication immédiate avec l'intérieur de la province, et offrent aux futurs habitants une pêche abondante et d'utiles virements à l'industrie. La position générale du Superaguhy est des plus agréables ; ses terres promettent d'abondantes récoltes de riz, de sucre, de café, de mandioca, de maïs, etc. Le climat y est sain et constamment de trois degrés plus tempéré qu'à Rio de Janeiro, ainsi que l'on peut s'en convaincre par la note comparative suivante :

Température à l'ombre en novembre et décembre 1851. Selon Réaumur.

	A Superaguhy.	A Rio de Janeiro.
19 nov. à midi	15°	19°
20 » le matin	12° 1/2	18°
21 » à midi	16°	19°
22 » d°	15°	19°
23 » d°	16°	20°
24 » d°	16°	19°
25 » d°	16° 1/2	21° 22° le matin.
26 » d° .	16°	20°
27 » d°	17°	20°
28 » d°	18°	20°
29 » 6 h. 14° à m.	20°	23° 20° le matin.
30 » 6 h. 13° »	15° 1/2	19°
1 déc. le matin	13° 1/2 le matin	18° 1/2

La température en mai est de 15 à 18°.

Le soleil se lève dès le mois d'avril jusqu'à la fin
de septembre à 6 heures 30 à 40 minutes, et d'octobre à avril, à 5 heures 10 à 30 minutes. Le soleil se
couche de septembre à fin mars, à 6 heures 10 à 30
minutes, et d'avril à fin d'août, à 5 heures 20 à 35
minutes.

Comme au Brésil, il ne s'agit guère que de gratter
la terre, attendu que tout croit à la superficie du sol.
Le travail dans ces contrées, n'est ni trop fort, ni
trop difficile.

Dans les parages de Paranagua, la saison des
pluies règne d'octobre à décembre. Sous de semblables auspices, Superaguhy peut, avec confiance,
espérer l'arrivée d'émigrants nombreux, bien prédis-
posés au travail, jouissant d'une santé convenable,
possédant des mœurs régulières et qui, dès leur
arrivée, pourront se promettre un actuel agréable,
qui en peu d'années sera suivi d'un bien-être, qu'en-
vieraient sans doute ceux qui seront demeurés à végéter en Europe.

Superaguhy, comme l'ensemble du Brésil, n'attend que des bras nombreux, pour entrer dans une
voie de grande prospérité, prospérité qui ne saurait
faire défaut, si l'économie, la bonne conduite, s'allient à l'énergie du travail européen.

L'appel de M. Perret-Gentil que nous nous empressons de reproduire ici sera sans doute entendu.
Après avoir étudié avec soin et à fond les divers
systèmes de colonisation en usage au Brésil, après
avoir accordé une large préférence à celui Vergueiro,
c'est en pleine connaissance de cause que le propriétaire de Superaguhy agira, outre qu'il introduira,

ainsi que nous l'avons dit ailleurs, toutes les modifications et les améliorations dont ce système peut être susceptible.

Nous allons sommairement indiquer quelques-unes des dispositions provisoirement adoptées par M. Perret-Gentil :

1° Ayant arrêté le plan de la ville qui pourrait être construite, il cèdera à prix de faveur les cent premières places, qui lui seront demandées pour y élever des maisons, en se conformant à ce plan. Si ces maisons sont bâties par des industriels, dans la volonté de les habiter immédiatement avec leur famille, le prix du sol sera encore de beaucoup réduit. Les maisons telles qu'elles sont généralement en usage dans le pays, ont ordinairement 4 brasses, soit de 26 à 27 pieds; et reviennent de 3 à 400 francs de construction.

2° Des localités spéciales de terrains seront réservées aux acquéreurs :

A, qui veulent faire l'acquisition de terres en friche.

B, qui veulent que déjà elles soient plus ou moins défrichées.

Les ventes de ces deux catégories de terrain ne pourront avoir lieu que contre paiement immédiat des terres cédées à l'émigrant ou au colon.

3° M. Perret-Gentil mettra encore des terres en réserve, qui seront divisées en lots et destinées à servir de paiement pour des travaux d'une durée fixée à l'avance, et dont l'exécution aura eu lieu au profit de la Fazenda.

4° Si des émigrants, après avoir acquitté tous les frais de leur passage et de celui des leurs, jusqu'au Brésil, se trouvent posséder en outre une valeur suffisante, pour y vivre pendant une année, dépense qui pour quatre personnes, ne peut s'élever à quatre cents francs de plus, en se pourvoyant des outils et du bétail nécessaire; M. Charles Perret-Gentil sera disposé à affermer à ces arrivants là et pour un terme convenu, des terrains contre redevance annuelle et à des conditions justes et équitables, telles que les suivantes : 17 poses de montagnes fertiles pour 40 francs; 33 poses de terrains en plaine pour 60 francs. Enfin 7 poses aux artisans près des villages ou de la ville, pour 30 francs.

5° Les intentions du propriétaire de Superaguhy sont si favorables à l'arrivée des émigrants, dont la volonté serait de devenir immédiatement propriétaires dans la colonie, qu'il a décidé de céder à chacune des cent cinquante premières familles qui pourront la payer, en en prenant possession, une étendue de quinze hectares, soit cinquante six poses de terres plus ou moins défrichées pour la modique somme de mille francs. Mais pour ces acquisitions, la famille est de rigueur.

6° Des terrains seront gratuitement concédés au pasteur, au curé, au médecin-pharmacien, au maître d'école, qui viendront consacrer leurs soins à l'instruction, comme à la santé des habitants de la colonie.

7° Le Propriétaire de Superaguhy concédera également gratis le sol nécessaire pour l'érection d'établissements publics, dont l'entretien comme aussi les frais de culte et d'écolage (si l'Administration de la province ne les paye pas) demeureront à la charge des habitants de Superaguhy, conformément à ce qui sera statué à cet égard par le Propriétaire de la Fazenda, dans le réglement qui sera communiqué indistinctement à tous ceux qui viendront habiter la colonie, qu'ils soient ou non acquéreurs de terrains.

8° Chaque village environnera un pacage public de 6 à 800 pas de largeur, sur une longueur de 1,000 à 1,500 pas, cet emplacement sera bordé d'arbres. Ces habitations seront régulièrement espacées, et le sol qui se trouvera entr'elles, deviendra le jardin des familles qu'elles renfermeront.

Ensuite de ce qui précède, les émigrants agriculteurs, charpentiers, maçons, maréchaux, bûcherons sont certains de trouver à Superaguhy de l'emploi et même une occupation immédiate. Le propriétaire est entièrement disposé à se prêter favorablement aux diverses combinaisons, comme à la convenance des émigrants, dès qu'elles ne franchiront point les limites du plan général, arrêté pour la colonie, et que M. Charles Perret-Gentil, en sa qualité de Propriétaire et d'Administrateur né de tout ce qui peut se présenter ou se passer dans sa propriété, se réserve de faire observer strictement, en respectant sévèrement lui-même l'ensemble des concessions qui auront été accordées en vertu de conventions passées entre les parties contractantes, la Suzeraineté de l'Empire demeurant réservée intacte, ainsi que de droit.

Les émigrants qui partiront pour le Brésil pourront être certains, soit qu'ils y arrivent en ayant pris ou non des engagements définitifs, avant de quitter l'Europe, qu'ils trouveront dans cet Empire un placement immédiat, puisque les propriétaires, quant à présent, n'attendent que leur arrivée. A ce point de vue, M. Perret-Gentil, qui toujours fut empressé de coopérer à ce qui peut concourir au meilleur succès de l'émigrant possédant un métier, et qui aborde au Brésil *sous ses auspices*, en nourrissant le désir d'exercer son industrie de préférence à l'agriculture ; M. Perret-Gentil, disons-nous, ne négligera rien de ce qui pourra protéger les intérêts de l'artisan arrivant. Il se propose donc de faire préparer pour ses recommandés de cette catégorie un asile dans la baie de Rio de Janeiro, où chacun d'eux pourra, pendant un séjour court, mais suffisant, chercher à se placer convenablement, et, dans le cas où il n'y réussirait pas, le propriétaire de Superaguhy demeurera toujours disposé à le recevoir dans sa Fazenda, aux conditions stipulées pour l'admission dans cette colonie, au nombre desquelles se trouve celle-ci : à convenance réciproque de partager le gain de l'arrivant, en compensation duquel le propriétaire de Superaguhy lui accordera gratis, mais après un nombre convenu d'années de travail consécutif à sa satisfaction, une étendue de dix hectares de terrain. Dans le cas, au contraire, où l'émigrant qui est artisan préfèrerait acheter de suite du terrain en le payant comptant, il rentrerait alors dans la position ordinaire et demeurerait seul possesseur de son industrie et du lucre qu'elle peut lui assurer. A ces fins le colon demeurera le maître de vendre lui-même ses produits, excepté toutefois les denrées coloniales qu'en tout temps il sera tenu de livrer brutes aux magasins de

la Fazenda de Superaguhy, attendu que dans la
colonie, il ne pourra exister d'autres établissements
de préparation pour le café, etc.

Quant aux usines et moulins nécessaires à toute
autre préparation qu'à celle des denrées coloniales,
il en sera établi destinés à l'usage des colons, contre
une rétribution réduite. Le colon est aussi autorisé à
s'occuper du cabotage, à la condition de se natura-
liser Brésilien, ainsi que nous l'avons dit ailleurs.

Telles sont les intentions de M. Charles Perret-
Gentil en faveur des émigrants qui se rendront à
Superaguhy, qu'arrivés dans cette colonie, il offrira
à leur choix, soit à leurs combinaisons, les divers
moyens à sa disposition de les satisfaire, de les rendre heureux, à la condition impérative qu'ils sous-
criront d'être moraux, surtout parfaitement décidés de
coopérer de toute leur volonté, de tous leurs moyens
et de toutes leurs forces à la prospérité de la colonisation de Superaguhy. A cet effet, un exemplaire du
réglement général de la Fazenda sera remis en ori-
ginal à chaque chef de famille, comme à tout céliba-
taire, pour qu'il l'observe et le fasse observer par
ceux qui dépendent de lui. Ce réglement ne pourra
jamais être enfreint ni entravé par des arrangements
particuliers, ou exceptionnels. Donc, le Propriétaire
de Superaguhy arrêtera les bases fixes sur lesquelles
reposeront les cessions de terrain concédé aux colons, que ce soit comme propriété définitive, ou
pour être cultivés à moitié fruit conformément au
système Vergueiro, ou enfin pour être exploités sous
bail locatif et avec redevance. Nécessairement ces
règles statueront, sur les cas de reventes, de reprises,

de mutations, enfin sur toutes les réserves posées
pour établir les droits du Propriétaire de Superaguhy,
sur la manière de résoudre les contestations qui pourraient surgir entre lui et les habitants de sa colonie.

Tout engagement contracté entre un émigrant et le
Propriétaire de Supéraguhy, que ce soit déjà en
Europe ou plus tard au Brésil, devra être signé en
quatre expéditions originales. Ce même contrat devra,
en outre, attester péremptoirement que les réglements de la colonie de Superaguhy ont été remis au
contractant, et que celui-ci, en reconnaissant les
avoir reçus, s'engage formellement à les observer
lui-même et, de plus, à les faire fidèlement observer
par les siens, c'est-à-dire par ceux qu'il aura amenés
avec lui, sans quoi, cet émigrant ne saurait être admis ni toléré dans la colonie. Cet empire de la règle
est d'urgente nécessité, comme son introduction est
d'indispensable précaution. Cette sage mesure préalable sera approuvée par chacun, puisque c'est dans
l'intérêt et pour la sécurité de l'ensemble qu'elle sera
prise. Une précaution semblable vient au devant de
toute surprise, personne n'ignorant que des clauses
claires, précises, positives, posées et connues à l'a-
vance, et qui sont librement consenties, exercent une
influence heureuse sur l'esprit comme sur la conduite
des parties contractantes, chez qui elles ne laissent
aucun doute, elles ont encore l'immense avantage de
placer l'émigrant dans la position de partir ou non.
Dans le cas où les réglements dont nous venons de
parler, ne seraient pas encore entièrement élaborés
à l'arrivée de l'émigrant à Superaguhy, ou bien, s'ils
le sont et qu'ils ne lui convinssent pas, il lui serait
facile de trouver place dans une autre Fazenda.

Reconnaissons d'ailleurs que comme que soient mûris et ténorisés des contrats, et lors même qu'ils ont été formulés avec tous les soins, avec tout l'esprit de justice possible, avec une parfaite loyauté, une absence complète de finesse, d'arrière pensée, mais au contraire sous la bannière de la plus scrupuleuse bonne foi et des intentions les plus louables; reconnaissons-le, ils ne peuvent jamais être à l'abri de fausses interprétations, ni exempts d'inconvénients inaperçus; mais la prévision de quelques fâcheuses exceptions, ne saurait être un motif suffisant pour priver la masse d'un bienfait général. Aussi, sans jamais porter d'atteinte aux règles fondamentales, qui seront posées pour Superaguhy, le Propriétaire de cette colonie réunira-t-il ses efforts pour prévenir, pour adoucir les cas de froissement exceptionnels.

Déjà nous avons fait connaître l'intention de M. Charles Perret-Gentil, de faire dresser un plan général de son domaine de Superaguhy, afin de vaquer à la distribution la plus propice des eaux, des bois, des pâturages, des terres arables de cette propriété, de manière à assurer le plus grand avantage de tous, et pour que le travail de l'ensemble se fasse avec précision et au profit général. Nous ne saurions trop répéter ici de quel intérêt et de quelle nécessité il est, pour l'heureux avenir de chaque émigrant, non-seulement de se former au climat, mais surtout de faire un noviciat de quelques années à mi-fruit, avant de devenir propriétaire lui-même.

Bien à regret, cependant, nous ne saurions passer outre, sans prémunir aussi les émigrants contre les propos malveillants des jaloux, qui se rencontrent au Brésil comme partout. A ces jaloux, se joignent les gens à courte vue et les enthousiastes de l'ancien ordre de choses, qui en voient avec douleur arriver la fin prochaine. Ces gens dont les efforts ne tendent à rien moins qu'à retenir le Brésil dans des préjugés et dans une parfaite nullité, se coalisent contre ceux qui cherchent à assurer la prospérité de leur précieuse patrie, en fondant le futur bien-être de nombreux émigrants. Mais ces déplorables menées demeureront sans succès, parce qu'il existe au Brésil des esprits supérieurs qui partagent des vues plus élevées, et se joignent à des opinions plus saines. Ces Brésiliens patriotes appuyeront de toute leur influence l'adoption de plans particulièrement favorables à la gloire comme à la splendeur de l'Empire.

Nous en appelons au temps et à l'expérience pour prononcer, en dernier ressort, sur les résultats heureux d'une question qui n'en est plus une, que pour des opposants systématiques ou pour ceux qui n'ont point acquis, comme nous-même, la conviction intime des bienfaits de la colonisation, assise plus ou moins sur le système Vergueiro, dont le succès dépasse toutes les espérances qu'on pouvait en avoir conçu, et dont nous nous sommes rendu un compte aussi approfondi que minutieux, en sorte que nous n'avons rien avancé ici qu'a la lumière de l'évidence.

Mais on ne saurait être supris de la vive résistance que rencontre ce système chez certains propriétaires, entichés des anciennes pratiques, parce que la colonisation Vergueiro repose sur des idées nobles et philanthropiques, sur une administration délicate, sur un travail et une conception hors de la portée de ceux qui naquirent et vécurent au milieu de leurs esclaves, ne connurent qu'eux; de ceux qui redoutent et repoussent avec effroi toute innovation, lorsqu'elle heurte leurs préjugés ou qu'elle froisse leurs habitudes. Ceci pourra se modifier, quand le sol sera cultivé par des colons blancs, nés libres, qui, à la longue, deviendront aussi propriétaires des terrains qu'ils auront arrosés de leurs sueurs dans quelque colonie hospitalière.

Au milieu de tant d'efforts en sens divers et par là même insuffisants pour obtenir de précieux résultats, le Gouvernement brésilien, nonobstant son patriotisme, est en proie à l'hésitation qui accompagne toute œuvre de haute importance, lorsqu'on n'en saisit pas parfaitement le mécanisme. Certes le Ministère voudrait faire, il voudrait surtout très-bien faire; mais sa position est d'autant plus délicate, d'autant plus difficile, qu'accablé de demandes les plus divergentes, les plus contradictoires, il ne possède pas, au milieu de ce conflit de vues opposées, de boussole sûre, qui le conduise au port; et ne pouvant contenter chacun, il s'abstient provisoirement, ce qui ne saurait satisfaire personne.

Au point de vue de l'intérêt général, l'action du Gouvernement doit reposer sur une base large et solide, pour que son exécution commande la confiance et en assure les moyens. Jusqu'à ce donc que des mesures décisives viennent calmer les incertitudes des uns et pourvoir aux besoins des autres, ce sont les efforts malheureusement trop limités des particuliers, qui devront temporairement suppléer, aider au mouvement de l'époque, qui prend un si grand déveloprement et réclame le puissant patronage de l'Administration de l'Empire.

Lorsque ces deux actions agiront dans une même direction, qu'elles cèderont à une même impulsion, qu'elles avanceront tendant vers le même but, nul doute qu'elles en recueilleront d'immenses avantages, qu'elles en obtiendront les plus vastes succès.

En ce qui concerne spécialement le Propriétaire de Superaguhy, il est convenablement placé, pour offrir dans son domaine, aux émigrants qui s'y rendront, ce que des colons peuvent désirer de trouver au Brésil. Mais personne ne saurait être surpris, lorsque nous ajouterons que de forts capitaux seront indispensables pour donner le complet développement à une colonie, dont le sol acquis par M. Charles Perret-Gentil est d'environ seize lieues carrées, terrain cultivé en partie, mais qu'il faudra continuer de défricher, et où il y aura de nombreuses constructions à faire pour préparer le logement des émigrants qui viendront s'y fixer, et à bon nombre desquels on aura dû faire l'avance de leur traversée, comme aussi celle des vivres nécessaires pendant les premiers mois de leur séjour à la Fazenda; enfin d'outils pour l'exploitation du sol.

Ces avances deviennent la base de succès importants pour un avenir rapproché, avenir qui présentera une riche perspective, mais exigera peut-être des appels de fonds, appels qui, pour le moment, ne sont arrêtés ni pour la quotité, ni pour le mode; mais qui, dans tous les cas, auront le mérite de présenter aux prêteurs toute garantie désirable.

Superaguhy, avec ses forêts, les bâtiments qui existent déjà, l'étendue de son sol, ses terrains défrichés, qui donnent des produits, présente dans son état actuel une grande sécurité. Mais avec tous ses éléments de richesse foncière agricole, avec sa position commerciale, avec le cours de ses rivières et ses côtes maritimes, Superaguhy possède un avenir superbe, dès que sa surface sera couverte des colons qui y manquent, puisqu'aujourd'hui cette propriété ne compte encore que cinquante familles. Mais tous les avantages que nous venons de signaler, disons-le franchement, seront notablement augmentés par les connaissances, par l'expérience, enfin par le caractère moral de M. Charles Perret-Gentil.

On nous assure qu'un projet dont l'exécution embrasserait toutes les colonisations de l'Empire a été, ou doit être soumis au Gouvernement brésilien, projet d'une nature à être rendu plus national et plus central ; mais nous ignorons s'il sera pris en considération, et si les difficultés qu'il aura à surmonter seront plus fictives que fondées.

M. Perret-Gentil consacrera lui tous ses soins, toute sa sollicitude à l'administration de sa magnifique propriété de Superaguhy. En Europe, on continuera sans doute les petites publications qui déjà ont précédé cette Notice, destinée comme elles à renouveler l'appel sérieux et philanthropique qui a été adressé aux émigrants européens, ou d'autres régions, qui rencontreront à Ybicaba et à Superaguhy, comme aussi dans d'autres colonies, sympathie, sentiments de bienveillance, d'appui, d'affection, de manière à fonder leur bien-être actuel et une grande prospérité dans l'avenir, pour eux et pour les leurs, sous le beau ciel du Brésil, sur cette terre bénie et de paix.

Nous aimons à conserver l'espérance que nos efforts ne demeureront pas privés de tout fruit; que nous serons compris du plus grand nombre des émigrants, ou de ceux qui, s'intéressant à leur sort, liront cet ouvrage pour en retirer des directions qui leur soient utiles. Nous leur avons fait part des lumières de notre expérience afin de les guider; puis nous inclinant respectueusement devant l'Administration brésilienne, nous lui avons exposé avec loyauté et franchise nos doutes sur la marche suivie autrefois, à l'endroit de la colonisation, et, de plus nous lui soumettons le tribut de nos vues sur la voie que nous estimons la plus directe et la plus propre à fonder l'intérêt de tous.

Après avoir esquissé ce que fut jadis la grande Colonie sous la domination portugaise, et montré le Brésil devenu de nos jours Etat indépendant, libre, florissant, prépondérant, nous avons dû signaler aussi son absence de population suffisante, et indiquer les colonies Vergueiro et de Superaguhy fondées sur les meilleurs systèmes comme offrant les conditions les plus loyales, les plus avantageuses aux émigrants, qui se proposent de passer en Amérique et spécialement au Brésil. Puisse le ciel récompenser nos intentions en accordant tout succès favorable à ceux pour lesquels cette Notice a été écrite.

APPENDICE ET NOTES

PROPRES

A ÉCLAIRER DANS LEURS DÉMARCHES LES ÉMIGRANTS

QUI PROJETTENT DE SE RENDRE AU BRÉSIL.

—

Des bureaux d'agence sont ouverts aux adresses suivantes :

A Rio-de-Janeiro : M. Charles PERRET-GENTIL, consul général suisse.

    Idem.   MM. GEX et DECOSTERD frères.

A Santos (province de Saint-Paul, Brésil) : MM. VERGUEIRO et Cⁱᵉ

A Paranagua (Brésil) : MM. LIMA et PINHERO.

A Paris, 2, rue Drouot : M. M. SAUTTER.

Au Hâvre : MM. SPRUNGLING et Cⁱᵉ

A Brême : MM. F. J. WICHELHAUSEN et Cⁱᵉ

A Hambourg : M. le docteur jur. F. SCHMIDT.

A Francfort-sur-Mein : La Société nationale pour l'émigration.

A Leipzig : M. J. Ern. WEIGEL, bureau central pour l'émigration.

A Stouttgard : La Société centrale pour la colonisation des pays d'Outre-Mer

C'est à ces diverses adresses que les chefs de famille ou les simples célibataires, qui veulent émigrer au Brésil, pourront obtenir les renseignements, les directions, les avis, enfin toutes les lumières qu'ils pourront désirer et qui leur seront aussi nécessaires qu'utiles pour les éclairer sur leur détermination, ainsi que pour l'accomplissement de leurs projets.

Dans aucun cas, il ne faut que l'arrivée au Brésil soit, pour l'émigrant, un motif de regret, un sujet de repentir. Pour éviter de semblables déceptions, de si tristes épreuves, il est indispensable de ne tolérer aucune négligence d'examen de la part de l'émigrant avant son embarquement, ni permettre qu'à son arrivée à la colonie, il ne trouve pas les choses nécessaires, celles qui dès son l'entrée le rendent content de son sort.

LIEUX DE DÉPARTS.

Tous les quinze jours il part du Hâvre un navire pour Rio-de-Janeiro, on peut y correspondre avec MM. SPRUNGLING et C.ie

Le 9 de chaque mois un vapeur, porteur de la malle, part de Southampton en Angleterre, pour Rio-de-Janeiro, où il arrive après un trajet de 28 à 30 jours. (Il en part aussi de Liverpool.)

Il part de Brême et de Hambourg des navires pour le Brésil ; nous transcrivons ci après, dans leur ensemble, les conditions auxquelles M. F. J. Wichelhausen et Cie à Brême, se chargent d'embarquer les émigrants, se sont les suivantes : (Ce sont les mêmes à Hambourg.)

Conditions auxquelles MM. F. J. Wichelhausen et Cie, *à Brême, 14, rue Ansgariithor, se chargent d'embarquer des émigrants, à destination du Brésil.*

1° Les navires, que nous frétons à cet effet, ne seront reconnus bons et capables qu'après que des experts et les magistrats préposés les auront examinés.

2° La nourriture des voyageurs, pendant la traversée, est distribuée gratuitement ; elle se compose de viande salée de bœuf ou de porc, de pois ou de haricots, de gruau, de riz, de pâtes, de choucroûte, de pommes de terre, de pruneaux, de beurre, etc. ; le tout bien apprêté et servi chaque fois à dîner, en suffisance. Les repas, le matin et le soir, se composent de café ou de thé, de biscuit, d'eau douce, etc. S'il y a des malades à bord, on les soigne pendant la traversée, et on leur donne tout aliment et tout remède qui pourront accélérer leur guérison ; à cet effet, on se pourvoira de médecines et de médicaments, ainsi que de bois à brûler, et de toutes les provisions nécessaires, cela calculé pour une traversée de 120 jours, ce que les magistrats préposés certifieront avant le départ du navire. (La traversée est habituellement de 60 jours.) C'est pour cette raison et pour le maintien du bon ordre, que les voyageurs ne pourront pas eux-mêmes vaquer à leurs provisions et à leur nourriture ; cependant ils auront la faculté de s'approvisionner en particulier pour subvenir à quelques-uns de leurs besoins. Il est indispensable qu'il y en ait, parmi la société, qui se prêtent chaque fois à aider le cuisinier dans sa besogne.

3° Les effets des émigrants ne sauraient dépasser le volume de 20 pieds cubes par personne, pour pouvoir être admis à bord gratuitement ; ils pourront former des caisses

de trois pieds de haut sur trois pieds de long et deux pieds
de large ; le poids de chacune, ainsi que des malles, ne doit
pas dépasser 120 livres, pour qu'elles puissent être chargées, au besoin, à dos de mulet : sans cette précaution
elles seraient déballées si elles étaient trop lourdes. Tout
colis doit être muni d'une adresse et surveillé par le voyageur lui-même.

4° Chacun aura, dans l'entre-pont, une couchette bien
établie, mais c'est à lui de se pourvoir d'un coussin, d'un
matelas et d'une couverture, ainsi que de son service de
table, et de la vaisselle à son usage.

5° Le prix de la traversée et de l'enregistrement, depuis
le port, est d'environ 230 francs par personne de dix ans
et au-dessus ; les enfants au-dessous de dix ans paient 20
francs de moins ; les nourrissons au-dessous d'un an sont
admis gratuitement dès que l'extrait de naissance a été
exhibé. Habituellement le taux de la traversée se règle sur
le nombre des navires en charge ; mais nous tâcherons de
le calculer chaque fois au minimum.

6° Ce n'est qu'en acquittant tout le montant de la traversée, que le voyageur sera nourri gratuitement et rendu,
sans autres frais, sur les lieux, par les soins des arma-
teurs et des expéditeurs ; c'est de cette manière que, plus
tard, il sera entièrement libéré.

7° Il est urgent qu'on produise l'extrait de naissance
pour les enfants au-dessous de dix ans, afin qu'ils puissent
jouir du rabais indiqué sur le prix de la traversée ; c'est
d'autant plus nécessaire que, sans cela, le taux serait
pour tous le même, et qu'il est, du reste, d'ordonnance
que tout individu indistinctement, doit pouvoir disposer,
dans l'entre-pont du navire, d'une superficie de quatorze
pieds carrés, et que l'approvisionnement par personne
est le même sans considération d'âge.

8° Le prix de la traversée, pour les voyageurs qui choisissent la grande cabine, est, d'ordinaire, de 400 francs par personne de dix ans et au-dessus. Les enfants, au-dessous de dix ans, jouissent d'une faveur, et les nourrissons au-dessous d'un an sont admis gratuitement. Là, le voyageur est servi à la table du capitaine ; mais sont à sa charge le vin qu'il boit, ainsi que l'achat de son lit et du linge. — L'*attablement* et la nourriture ne deviennent gratuits que lorsque le navire sort du port.

9° Chaque voyageur doit être muni d'un passe-port en règle et visé pour l'étranger.

10° Les maladies sont un obstacle et une cause qui empêchent d'admettre de bon gré des personnes ; il en est de même de celles sur la moralité desquelles il y a des doutes.

11° Il est de notre devoir, en qualité de propriétaires et de fréteurs de navires, de faire assurer pour notre compte le montant reçu pour le passage des voyageurs, ainsi que la somme de 80 francs par tête, comme le veut, au reste, l'ordonnance, afin que, s'il arrive au bâtiment quelque malheur qui l'empêche de continuer sa route, il y ait les ressources nécessaires pour le sauvetage, l'entretien des voyageurs, leur transport ultérieur, et aussi pour le cas où le propriétaire du navire, le correspondant ou le fréteur préféreraient résilier le contrat et le voir solder.

12° Si des émigrants désirent s'assurer d'avance des places et des occasions pour effectuer leur traversée, ils déposeront, en nos mains ou en celles de nos agents, contre quittance, 22 francs d'arrhes par personne, et acquitteront le solde du prix de leur passage avant de monter sur le navire ; mais, dans tous les cas, ils ne paieront pas plus de 22 francs à nos agents. Les voyageurs, dans la grande cabine, auront 66 francs d'arrhes à déposer chez nous.

13° Lorsque des engagements réciproques auront été contractés, aux conditions énoncées, nous préparerons, sans autres stipulations, bon accueil aux arrivants, en les faisant conduire gratuitement, par eau, ainsi que leur bagage, à douze lieues de Brême, vers le port de mer et pour le temps fixé pour le départ ; arrivés sur les lieux, ils se rendront tout de suite à bord de leur bâtiment et y seront traités gratuitement. S'il y a quelque retard à cela, les voyageurs seront logés et nourris à nos frais dans des maisons du port, jusqu'à ce qu'ils puissent monter sur leur navire.

14° Par contre, il faut que les voyageurs s'engagent à se rendre, au terme fixé, à Brême, et qu'ils consentent à perdre leurs arrhes, s'ils manquent en cela. Dès que leur arrivée à Brême se sera effectuée suivant les conventions, ils seront tenus d'acquitter le solde du prix convenu de leur passage, et d'accomplir ainsi le contrat passé, que nous ne saurions rompre partiellement, ce que le voyageur ne pourrait non plus faire en abandonnant les arrhes qu'il aurait versés en nos mains.

15° Il est défendu dans l'entre-pont du bâtiment de faire du feu, ainsi que de se charger d'allumettes phosphoriques et de poudre à canon ; il est convenable que les voyageurs remettent au capitaine, pendant la traversée, les armes qu'ils portent avec eux.

16° Il est du devoir des émigrants de se conformer aux lois des pays qu'ils abordent et de satisfaire aux formalités qui ont rapport à l'émigration, ainsi que de ne pas épuiser leurs ressources toutes à la fois.

17° Avis :

a) Il est nécessaire que les émigrants s'informent des départs des navires, qu'ils indiquent le temps où ils pourront être sur les lieux, et qu'ils remettent les arrhes, aussitôt qu'ils seront fixés sur ces deux points. Ils auront à indiquer le nombre des personnes et les enfants au dessous de dix ans, dont se composent les familles ou toute une société. C'est sur ces renseignements que nous vaquerons au nécessaire et que nous donnerons des indications.

b) Il est urgent que les émigrants arrivent avec les moyens suffisants pour payer leur passage, parce que d'autres arrangements ne sauraient leur convenir aussi bien que celui-là.

c) On ne doit conseiller à aucune personne de se rendre sur les lieux de l'embarquement avant d'avoir pris toutes les informations nécessaires, afin de ne pas être obligée d'attendre inutilement et d'éviter des frais de séjour.

d) Le prix du passage pris à Brême est habituellement stipulé en louis d'or de cinq écus, ou en florins d'Allemagne. En ce cas, on compte 5 écus en or pour 5 écus 16 bons gros de Prusse ; dans l'autre cas, un écu de Prusse vaut 1 florin 45 kreutzers, et l'écu de 5 francs passe pour 2 florins 29 kreutzers.

e) Le lit que le voyageur est tenu de se procurer, se compose d'un matelas, d'un oreiller et d'une couverture en laine. Les deux premiers objets, faits en toile et rembourrés d'algues (de mer), coûtent à Brême deux écus (8 francs), rembourrés de paille, ils coûtent demi-écu (2 francs) ; une couverture en laine coûte un écu (4 francs) ; les ustensiles nécessaires, en fer-blanc, coûtent ensemble un écu (4 francs).

f) Il est convenable que les effets dont se servent, pendant le voyage, des familles, soient réunis dans une caisse moyenne, parce que celles qui ont une plus grande dimension, sont descendues à fond de cale.

Il est également convenable d'emballer les effets, non dans des barils, ce qui n'est pas autorisé, mais dans des caisses plutôt que dans des malles, et d'apposer une adresse sur chacune.

Nous nous chargeons de recevoir les colis d'avance, pour les emmagasiner jusqu'à l'arrivée du passager.

g) Il y a des navires qui, outre l'entre-pont, ont des compartiments à l'usage des voyageurs ; ceux-ci pourront les occuper à 20 francs en sus du prix du passage, par personne.

h) Nous nous chargeons de faire assurer, pour risque de mer, toutes marchandises, des effets et des sommes d'argent ; nous y apporterons la plus grande exactitude.

Enfin, nous nous prêterons à toutes les informations qui nous seront demandées par lettres affranchies.

Brême, 1851.

La maison de Hambourg qui soigne également des départs pour le Brésil, est M. le docteur jur. F. SCHMIDT.

On peut s'embarquer également à Marseille et à Gênes, mais jusqu'à présent, ce service n'est pas encore parfaitement régulier dans ces deux ports. (Les dernières nouvelles reçues de Gênes indiquent le taux du passage à 225 fr. jusqu'à 275 fr.

ENQUÊTES OFFICIELLES EN SUISSE.

Comme l'émigration prend en Suisse, chaque année, un plus grand développement, les Gouvernements des Cantons, pleins de sollicitude pour leurs administrés, qui songent à se rendre en Amérique, ont fait faire des enquêtes et provoqué des conférences en faveur des émigrants. Voici ce que nous trouvons à ce sujet dans le *Journal de Genève ;* comme nous le croyons aussi important qu'utile, nous pensons bien faire en insérant cet article parmi les notes de cette Publication, ce sera un trait de lumière ajouté à tous les autres.

« Nous avons dit qu'on s'occupe de nouveau de l'émigration en Amérique ; et que, sur l'invitation du Gouvernement d'Argovie, une conférence a eu lieu à Berne pendant la dernière session de l'Assemblée fédérale, pour traiter cette importante question. Le *Vaterland* donne quelques renseignements sur les travaux de la conférence.

» Après avoir exposé que le Gouvernement d'Argovie s'était adressé au Conseil fédéral pour qu'il prît l'affaire en mains et fît en sorte qu'on établît au Hâvre, New-York et à la Nouvelle-Orléans, des agents suisses d'émigration, sous la surveillance des consuls de ces résidences, le président de la conférence développa les motifs qui ont déterminé son Gouvernement à faire des démarches pour engager le plus grand nombre possible de Cantons à traiter l'affaire en commun. Le but qu'il s'est proposé est de donner plus de poids à la démarche qu'il a faite, et, dans le cas où le Conseil fédéral ne pourrait se résoudre à prendre les mesures qu'on lui propose, de régler la chose par voie de concordat entre les gouvernements cantonaux.

» Dans le cours de la discussion, on a fait ressortir que les émigrants avaient moins besoin d'un secours matériel que d'un appui efficace, qui doit également leur être donné à l'intérieur, pour les mettre à l'abri des intrigues de quelques agents, et dès lors, il est nécessaire d'inviter l'autorité fédérale à prendre des mesures qui s'étendent à toute la Suisse ; car l'appui dont les émigrants ont besoin ne peut émaner que de gens nommés par le pouvoir fédéral, et pouvant s'appuyer sur l'autorité de la Confédération.

» Le délégué d'Argovie, président de la conférence, a surtout fait remarquer que le travail, qui diminue chaque jour, combiné avec la maladie des pommes de terre, est une cause du paupérisme, et, par conséquent, du besoin de chercher ailleurs un sort plus heureux. Depuis que la maladie des pommes de terre s'est déclarée, le nombre des assistés a toujours été en augmentant, à tel point que l'Etat est obligé d'intervenir aujourd'hui dans cette grande calamité nationale. Le résultat de la conférence a été cette résolution, prise à l'unanimité, nous n'en doutons pas :

» Les délégués de la conférence donneront, aux gouvernements qu'ils représentent, connaissance du résultat de leurs délibérations, et les engageront à appuyer puissamment, par des demandes identiques, l'invitation que le Gouvernement d'Argovie a adressée au Conseil fédéral suisse, sous la date du premier juin dernier.

« Nous nourrissons avec plaisir l'espoir, dit le *Vaterland*,
» dont nous abrégeons le compte rendu de la conférence,
» nous nourrissons l'espoir que l'autorité fédérale ne re-
» poussera pas ces vues philanthropiques, mais que, en
» égard au nombre toujours croissant de nos compatriotes
» que la misère force de chercher un sort meilleur à
» l'étranger, elles les appuiera de toutes ses forces. »

» D'un autre côté, le Conseil fédéral, pour prémunir les émigrants suisses en Amérique contre les nombreuses duperies auxquelles ils sont exposés de la part des rusés *Yakees*, a adressé aux Gouvernements cantonaux un extrait du rapport du consul suisse à New-York, M. de Luze. Nous empruntons à ce rapport le passage suivant, qui peut donner aux personnes tentées d'aller outre-mer chercher la fortune, une idée des piéges contre lesquels elles doivent se mettre en garde.

« Les ressortissants suisses et autres, à leur arrivée à
» New-York, sont essentiellement exposés à la cupidité
» d'une classe de spéculateurs, qui, pour parvenir à
» leurs fins, entretiennent des relations étendues aux
» ramifications desquels les émigrants ne peuvent échap-
» per qu'en usant d'une grande circonspection.

» Ce sont en général les commissionnaires d'expédi-
» teurs d'émigrants, en anglais forwarders, qui passent
» avec les émigrants des accords pour leur transport dans
» l'intérieur, et leur vendent à cet effet des billets de
» chemins de fer et de bateaux à vapeur. Ces forwarders
» ont des contrats avec ces entreprises dont ils obtiennent
» une remise de prix. S'ils se contentaient d'un bénéfice
» raisonnable ; il n'y aurait rien à dire ; mais loin de là,
» profitant de l'inexpérience des émigrants qui ne con-
» naissent ni les tarifs ni la langue du pays, ils cherchent
» à placer les billets au plus haut prix possible, et les
» font payer de 2 3 dollars de trop par personne, ce qui,
» pour une nombreuse famille, fait une différence de prix
» assez notable. Il arrive fréquemment aussi que des
» forwarders reçoivent l'argent des émigrants dont les
» billets ne valent plus rien, après qu'ils ont fait la moitié
» du voyage à l'intérieur.

» Les forwarders ont à leur service des espèces de
» courtiers, dits runners, qui, pour un salaire mensuel,
» leur amènent des émigrants et reçoivent en outre une
» commission de tant par tête, appelée kopfgeld. Les
» runners pénètrent dans les navires, et cherchent à ob-
» tenir la confiance des émigrants,

» Les aubergistes qui amènent des émigrants dans les
» bureaux des forwarders, touchent aussi un kopfgeld.

» Ce n'est pas tout encore, il y a à New-York des for-
» warders qui, par l'intermédiaire d'agents subalternes,
» en Europe et même en Suisse, trouvent moyen de cir-
» convenir les émigrants en leur faisant signer des accords
» et payer des à-comptes pour leur voyage dans l'inté-
» rieur. »

» Dans le but de prévenir de pareils abus et actes de
fourberie, contre lesquelles les lois du pays n'assurent
aucune protection suffisante, le consul suisse, à New-York,
fait aux émigrants les recommandations suivantes.

« 1° De faire leurs accords pour le voyage dans l'inté-
» rieur du pays, depuis New-York, seulement après leur
» arrivée dans cette place, et jamais en Europe.

» 2° De ne jamais faire un accord à New-York pour leur
» route dans l'intérieur, sans être venus auparavant au
» bureau du consulat suisse à New-York, chez M. le
» consul L. P. de Luze, n° 43, New-Street, ou au bu-
» reau de M. Auguste Gerber, président de la société
» suisse de bienfaisance, n° 8, Cesar-Street, où ils trou-
» veront protection et conseils.

» 3° De bien faire attention à l'indication des noms sur
» la porte desdits bureaux, pour éviter d'être conduits
» dans de faux bureaux par les rusés runners. »

» A cette occasion, le consulat suisse recommande aux
émigrants de ne pas s'embarquer à Liverpool, tout comme
de prendre aussi rarement que possible la route de la
Nouvelle-Orléans, attendu que durant la traversée depuis
Liverpool, les Suisses sont exposés à de mauvais traitements, et que les fièvres règnent à la Nouvelle-Orléans.

» Amsterdam, Rotterdam, Anvers, Hambourg, Brême,
et en première ligne, le Hâvre, sont les places d'embarquement auxquelles on doit donner la préférence. »

PUBLICATIONS ALLEMANDES.

Parmi les nombreuses publications qui se font en Allemagne, sur l'émigration en Amérique, se distinguent
entr'autres, de la manière la plus avantageuse, des feuilles
écrites par M. le docteur F. Schmidt de Hambourg, portant
le titre : *L'Emigration régularisée au Brésil, ses premières
et brillantes suites.* Ces feuilles, à portée de chacun, renferment en effet d'importantes directions, des conseils

excellents, des renseignements indispensables et l'affirmation de faits constatés, bien propres à éclairer, à conduire ceux qui se rendent au Brésil. Nous nous faisons un devoir d'extraire de ces feuilles ce que leur auteur signale aux émigrants, comme pouvant leur être utile *avant le départ*, *pendant la traversée* et *après l'arrivée* au Brésil.

AVANT LE DÉPART.

Annonçons qu'il est utile de conserver, d'emporter tous les objets bons et pouvant encore servir, surtout s'ils réclament peu de place, spécialement les vêtements de toile, les ustensiles de cuisine, les couvertures de laine et de coton, les matelas, les outils aratoires. En fait de vêtement chaud, une veste de drap bleu suffit ; là bas cet habit est le costume du dimanche pour le cultivateur. Les habillements d'été servent pour les jours ouvriers ; cependant, il est bien que l'un d'eux soit doublé de futaine. Ordinairement la chemise et les pantalons suffisent pour le travail, ils devront être fixés au corps par une ceinture de cuir. Le chapeau sera de paille et à larges bords. Les chaussettes les plus convenables sont celles de fil, qui avec la chemise de coton conviennent le mieux pour le climat ; néanmoins, ceux qui possèdent une provision suffisante de chemises de lin, ne doivent pas les repousser, mais ils auront la précaution de se pourvoir de quelques camisoles de coton pour se garer des refroidissements.

Une petite provision de bons souliers est également désirable, parce qu'au Brésil ils ne sont guère bons, mais chers. Ils ne faut non plus manquer de chaussettes de laine et de coton, ni de mouchoirs de col et de poche. La ménagère fera très-bien aussi d'emporter avec elle le nécessaire pour ravauder et pour tricoter, ne fut-ce déjà que pour atténuer l'ennui du voyage. Que les ménagères emportent bien des effets d'été, dont le moindre est de bon service sur le vaisseau, où tout se détruit facilement. Quant aux objets de lit, tels que draps de fil, couvertes de coton, matelas de crin, ils sont utiles. Si les derniers sont de crin végétal usé, on peut le remplacer avec des feuilles de maïs. Les lits de plumes ou couettes ne valent rien. Des vases à cuire ou de table, s'ils sont en bon état, ne doivent pas être laissés en Europe. Des aiguilles, du fil, des ciseaux, des boutons, des crochets, des boucles, des vergettes, des peignes, des miroirs, ne sauraient être négligés; quelques poires à poudre et à grenaille seront emportées par les émigrants; toutefois, pour la sûreté du navire, on peut laisser la poudre, parce qu'on peut s'en procurer au Brésil venant d'Angleterre. Des outils usuels et pour l'agriculture sont d'une précieuse utilité, seulement il faut laisser en arrière les manches. Ceux qui pourront se procurer des graines de jardin, même de prairie, feront bien d'en emporter avec eux, ainsi que des livres pour l'éducation de leurs enfants, puis pour la dévotion et l'édification des personnes faites. Tous ces objets renfermés dans des caisses bien conditionnées, longues de deux pieds, profondes d'un pied et demi et d'une même largeur, forme propre à être chargée à dos de mulet.

PENDANT LA TRAVERSÉE.

Le devoir de chaque émigrant, s'il survient du désordre durant le trajet, est de se mettre à la disposition du capitaine du navire et de lui prêter main-forte. Dans le but de conserver avec le capitaine un convenable échange de procédés, il est nécessaire que la Société qui occupe le vaisseau soit représentée auprès du patron par les conducteurs qu'elle se sera choisis et qui demeureront ainsi des intermédiaires réguliers entre elle et lui. La paix et l'ordre, une conduite amicale et bienveillante des émigrants entr'eux sont indispensables dans les voyages de mer, durant lesquels l'espace restreint, l'absence d'occupation et l'ennui qui en résulte, offrent maintes occasions d'introduire du désaccord dans les esprits. C'est donc ici qu'une mutuelle indulgence doit pleinement régner et que le support chrétien se recommande dans une abondante mesure.

L'ordonnance, en ce qui concerne les repas, doit émaner du capitaine dont les prescriptions tendent toujours à la régularité.

Il est indispensable que, chaque matin, l'entrepont soit balayé et lavé, en sorte que les voyageurs, dans leur propre intérêt, ne sauraient apporter d'obstacle à ce travail, ni chercher eux-mêmes à se soustraire à cette œuvre. Ils doivent donc se lever à une heure convenable et faire leur lit, avant que commence le nettoiement général. Quant aux repas, on forme des réunions de seize à vingt personnes. Ces associations, en terme d'équipage, se nomment *back*. Chaque back reçoit un numéro d'ordre. Chacun des membres de ces réunions (les femmes exceptées) est nommé maître-back, à tour de rôle, pour faire le service. Donc chaque soir, le maître-back retire du pilote sa ration de bœuf ou de lard; il y attache le numéro de son back, puis il remet cette viande au cuisinier des passagers, qui l'apprête pendant la nuit. Le lendemain, à midi, le maître back retire sa viande numérotée et l'apporte à sa division à l'entrepont; il en est de même des légumes. Le repas étant achevé, le maître-back doit surveiller à ce que chacun de ses passagers approprie lui-même ses ustensiles et les réduise. Les farines, légumes et autres analogues sont ordinairement retirés par le cuisinier des passagers lui-même, qui, les ayant cuits, remet à chaque maître-back la portion qui lui en revient. Le maître-back reçoit aussi le pain et le beurre pour toute la semaine, et il les distribue à son tour aux membres de sa division; chaque passager en prend soin lui-même, s'il le désire. Chacune des divisions doit avoir une grande theyère d'étain, dans laquelle on va retirer chaque matin et chaque soir cette infusion ou du café, auprès du cuisinier, pour toute la compagnie, parce qu'il y aurait un trop grand détail, s'il fallait remettre séparément la portion de chacun, particulièrement par les mauvais temps.

Chaque division choisit ordinairement les plus âgés de ses membres pour découper et partager les mets ; ceux-ci président à l'ordre et aux bons procédés entre les membres de l'association. Ils reçoivent aussi les plaintes fondées, pour les transmettre au capitaine, qui les atténue autant que possible.

Aucun passager n'a le droit de s'introduire dans la cuisine pour y préparer quelque chose de spécial, sans quoi il serait impossible au cuisinier d'accomplir ses fonctions.

Chaque division, pour demeurer toujours réunie, doit faire en sorte que ses places à coucher soient rapprochées les unes des autres.

Il n'est permis à aucun passager d'entraver jamais le service du bâtiment, de quelle manière que ce soit ; pendant la manœuvre, aucune conversation ne doit avoir lieu avec l'équipage.

Il est interdit de fumer dans l'entrepont, pour éviter le danger du feu ; cette défense n'est pas aussi restreinte sur le pont, mais encore ici les précautions sont-elles fortement exigées et doivent-elles être sévèrement observées ; l'autorisation n'est accordée qu'avec des pipes recouvertes. Si les passagers emportent des armes, elles doivent être remises à la garde du capitaine durant toute la traversée.

Pendant les premiers jours de la navigation, les passagers ne sauraient s'attendre que toutes choses auront un cours bien régulier, d'autant plus que les maux de mer commencent de régner, maux qu'il faut surtout combattre par une grande sérénité d'esprit. Après quelques jours, ces maux prennent ordinairement fin ; lorsqu'ils ont cessé, l'appétit revient, et avec lui la gaieté. En vue de ces indispositions passagères, l'émigrant ne doit point laisser faiblir son courage, mais contribuer au contraire de tout son pouvoir à ce que la société conserve de la bonne humeur. C'est aussi dans cette intention que le soir, lorsque tout ce qu'exige la manœuvre est en ordre, surtout lorsque le vent et le temps le permettent, le capitaine autorise les chants jusqu'à une heure limitée.

Si au milieu des vivres abondants, qui sont distribués aux passagers de l'entrepont, il se trouve des personnes qui ne consomment pas en totalité leur portion, il leur est sévèrement interdit d'anéantir ce surplus d'aliments, non plus de le jeter à la mer ; mais il est du devoir des inspecteurs, comme du maître-back, de surveiller à ce que ces reliquats soient soigneusement redonnés au cuisinier des passagers. Si parmi les livraisons il est un article qui surabonde, on peut, suivant la circonstance et à la suite d'un convenu avec le représentant de la division, le réduire à une proportion convenable. Le pain se conserve bien, et s'il n'est pas volontairement émietté, il peut toujours être mis en réserve. Il est constamment de la plus haute importance de prévenir toute dissipation.

Ensuite de ce qui précède, il est indispensable que toute personne qui se propose de faire une longue traversée de mer possède du courage et de la santé, parce que le séjour d'un navire est généralement ennuyeux et qu'au début de l'embarquement on éprouve des incommodités, jusqu'à ce qu'on se soit fait à cette nouvelle manière de vivre.

Il est indispensable aussi de se pourvoir de linge et de vêtements chauds ; il faut en avoir suffisamment, afin de pouvoir en changer lorsqu'on a été mouillé par la pluie ou par l'eau de la mer, ce qui arrive quelquefois. Ceci a lieu particulièrement lors du départ pour le Brésil, et aussi longtemps que l'on demeure dans les parages de l'Europe, où l'on a à combattre avec une atmosphère froide et humide; plus tard, des vêtements légers deviennent nécessaires. Que l'on soit coiffé d'une casquette ou d'un chapeau de paille, il faut qu'ils puissent être assujettis, afin que le vent ne les enlève pas de la tête. Dans les latitudes sud, les souliers valent mieux que les bottes et les vestes que les manteaux.

Beaucoup de moyens sont indiqués pour atténuer le mal de mer, mais bien peu atteignent le but. Un bon estomac, une tête peu disposée aux vertiges, sont les meilleurs antidotes. Ceux qui sont le plus atteints de ce mal doivent, par préférence, se tenir sur le pont, plutôt que dans l'intérieur du navire; ceci dépend aussi de la position de l'atmosphère ou des prescriptions du capitaine; ensuite deux ou quatre gouttes de cocculus-tinctur aident souvent efficacement.

Avant de monter tel navire, il est utile de s'enquérir si tous les passagers sont bien portants, tout au moins qu'ils ne soient pas atteints de maux contagieux, et si plus tard un semblable mal vient à paraître, on doit en informer tout de suite le capitaine, afin qu'il sépare immédiatement le ou les malades des bien portants.

La propreté est encore plus nécessaire dans un navire que sur terre. Celle-ci s'entretient par le continuel mouvement sur le pont. Il est indispensable de changer de linge aussi souvent que cela est nécessaire, de se laver le visage et de se rincer régulièrement la bouche et les dents, de se tenir le ventre libre. Pour ceci, se servir de *pillulae aperientes*, ou d'huile de castor, *oleum ricini*, mais plus particulièrement de manger du fruit cuit et de boire de l'eau pure.

APRÈS LE DÉBARQUEMENT.

Ceux qui arriveront à destination apprendront ce qu'ils doivent observer avec soin, quels sont les aliments les plus sains et les plus appropriés au climat. Comme dans les pays chauds, on est plus ou moins altéré; l'attention la plus grande, doit surtout être dirigée, à ne boire que de l'eau bonne et pure, en sorte que, dans aucun cas, on ne doit s'épargner la peine d'aller la puiser, même à un certain éloignement, pour l'obtenir telle; elle ne doit avoir aucune couleur ni saveur étrangère; il faut la repousser, si elle a un goût de terre ou de plantes. Il faut également se tenir en garde contre une continuelle boisson d'eau pure, un léger mélange de liqueur la bonifie encore; mais on ne saurait assez sérieusement exhorter chacun à ne pas boire trop fréquemment, ainsi que cela a lieu au Brésil, surtout d'une certaine liqueur nommée *cachaça*.

On doit donner la préférence à la viande fraîche, sans pour cela interdire absolument la viande et le lard salés. Les bassecours fournissent un abondant nécessaire. Mais quoique l'on mange, une recommandation hautement importante est de ne se jamais surcharger l'estomac et particulièrement le soir. S'abstenir spécialement de tout fruit aqueux, comme par exemple de melon, qui donne facilement la dyssenterie. Il est important aussi de se précautionner contre les refroidissements, que procurent très-souvent les transitions de température, surtout au passage du jour à la nuit, et qui ne sont pas légères. Les personnes qui suivront ces règles et qui s'adonneront sérieusement à la tempérance, se placeront à l'abri de la plupart des maladies qui atteignent grand nombre d'imprévoyants. En toute chose, celui qui garde un juste milieu se prépare une heureuse existence.

Le Brésil, comme tous les pays chauds, a son fléau d'insectes et de vermine, qui surtout attaquent les étrangers ; disons toutefois que ce mal est loin d'être aussi mauvais que l'imagination se plaît de le représenter ; en effet, celui qui n'habite ni les parties basses des côtes, ni les rives des fleuves, doit peu s'en inquiéter. Dans les parties élevées, les insectes qui piquent sont en petit nombre ou n'existent pas du tout. On a en général à cet égard beaucoup moins à souffrir dans les provinces du sud du Brésil qu'aux Etats-Unis, où les insectes existent par légions et se montrent même au Canada. Partout où règne la malpropreté pullule la vermine, mais avec des soins et des précautions on parvient à s'en délivrer. Il est surtout un puceron, à peine visible, qui s'introduit vers la peau des pieds et dépose dans la blessure qu'il y fait un grand nombre d'œufs ; leur enveloppe finit par atteindre la grosseur d'un pois. Ce n'est guère que quand elle a acquis une certaine grosseur qu'on l'aperçoit ; on l'extirpe alors avec une aiguille sans en éprouver la plus légère douleur ; mais il faut avoir la précaution d'introduire dans la plaie un peu de tabac à priser, ou simplement de cendre de tabac. Les personnes qui vont à pieds déchaussés doivent invariablement se prescrire la précaution de se laver chaque soir avec de l'eau de savon tiède et aussi de visiter leurs enfants, afin de s'assurer qu'il n'existe rien à extirper, pour que des ulcères ne soient point le résultat d'une insouciante négligence. Le meilleur préservatif est une bonne chaussure. Disons enfin que ce mal ne doit pas être bien sérieux, puisque dans tout le pays les gens, pour la plupart, marchent à pieds nus.

Encore un ennemi des gens et des animaux au Brésil est la tique *carapatos*, qui, dans l'herbe et les feuilles sèches, vit en société et sont réunis par centaines. Ces insectes cherchent tout ce qui a du sang Lorsqu'ils s'attachent, il ne faut pas les arracher, parce qu'alors leur trompe demeure dans la chair et peut causer un ulcère. Mieux vaut laisser la tique sucer tranquillement, puis laver les corps auxquels ces animaux se sont attachés, avec une forte décoction de feuilles de tabac, ou bien frictionner avec de l'onguent mercuriel, ou enfin avec des substances grasses et huileuses. Là où il n'y en a eu que quelques-unes, la friction d'une prise de tabac suffit. Chez les animaux et particulièrement pour la race bovine et les chevaux, on emploie l'étrille et on lave avec de l'eau de goudron ou une décoction de tabac. Mais il est des années où les tiques apparaissent en si grand nombre, qu'avec de grands troupeaux on peut à peine s'en rendre maître.

La graine pulvérisée de quelques plantes, telles que des *nux vomica*, *del phinium*, *staphis*, etc , donnent la mort à ces insectes.

PUBLICATIONS.

Comme toute publication, lorsqu'elle tend à faire apprécier les bienfaits de l'émigration, mérite une sérieuse attention ; nous nous empressons de communiquer les deux pièces ci-après, qui traitent des positions sociales, des maux des populations, enfin des remèdes qu'on peut leur opposer, dont l'émigration n'est certainement pas le moins efficace.

PREMIÈRE.
—

Lettre sur une Question Sociale et Domestique, appuyée par un Essai sur le Paupérisme,

Par Jean-Louis Moré.

MONSIEUR,

Vous désirez sans doute apprendre, si la question du paupérisme, qui fut mise au concours dans notre ville, et dont un jury officiel devait connaître, a obtenu une solution. Nous vous dirons que tout cela n'a donné aucun résultat satisfaisant ;... que sur vingt-un mémoires présentés, aucun n'a obtenu le prix ; or, la question si ardue existe toujours ; ... on la maintiendra vraisemblablement pour laisser quelques os à ronger, ne fut-ce que pour prévenir des chocs et surtout pour éviter la mise en œuvre de certains projets.

Disons cependant, que ces précautions ne suffisent pas toujours à enrayer les esprits amis des incidents dans la la vie des peuples. Ce n'est pas non plus répondre à la question que de créer des occupations factices et temporaires..... Ceci s'éloigne des maximes de certaines classes de citoyens, qui se trouvent surchargés .... et cherchent à sortir de la vieille ornière ; qui désirent rompre les obstacles, plutôt que de changer....

Le but n'a donc pas été atteint, et la question de modifier, ou de demeurer..... reste momentanément abandonnée, faute d'avoir obtenu de marche plus facile pour la voie de la civilisation ; marche cependant, qu'il faut continuer de chercher, puisque la destinée de l'homme est l'avancement, à moins qu'on ne se déclare pour autre chose.....

Le sujet dans lequel nous entrons, a déjà maintes fois été le but de concours à primes, méthode que nous ne saurions trouver satisfaisante, parce qu'une question pareille est trop compléxe, pour être, pour pouvoir être traitée avec toute la maturité qu'elle exige, et tranchée d'un seul coup. On ne saurait donc offrir de récompense unique, pour toute les phases qu'elle doit parcourir, afin d'atteindre une solution convenable, qui surtout ne ressemble pas à un mensonge,.... qui ne repose ni sur des fictions, ni sur des utopies.

La rémunération devrait donc être suffisante, pour récompenser tous les coopérants, ce qui permettrait de s'occuper de parties détachées et spéciales, en tant que le besoin s'en ferait sentir ; récompenses applicables surtout, en faveur de ceux, qui saisissant les bons avis, chercheraient à les mettre en pratique par un travail qui leur donnerait de la consistance et de la durée.

Nous expliquons notre pensée entièrement en ajoutant que : celui qui aurait présenté le meilleur système pour alléger le fardeau du paupérisme, qui accable le grand nombre, devrait être lui-même, si cela lui convenait, l'exécuteur de son invention qui du reste, aurait été récompensée d'une manière convenable. Ce plan formerait ainsi un département à soi, offrant naturellement de bons intérêts, destinés à soulager la communauté d'une charge qui sans cela serait permanente, et même pourrait s'accroître dans certains cas prévus.

Plusieurs prétendants pourraient exister, parce qu'il se rencontre bien des voies propres à diminuer le paupérisme, d'autant plus que le sexe, comme les hommes, est souvent doué de facultés propres à atteindre le but proposé ; par des moyens différents, sans être moins efficaces.

Ces moyens ne sauraient présenter de danger, puisque la philanthropie destinée à être mise en pratique, se trouverait l'objet du mémoire couronné.

L'adoption d'une marche pareille présenterait tout de suite l'avantage d'offrir plusieurs voies ouvertes à l'étude des diverses capacités. Des hommes pratiques pourraient ainsi soumettre leurs vues, qui, estimées selon leur véritable valeur, auraient la chance d'obtenir un résultat conforme à ce qu'ils pouvaient en avoir espéré.

Il est toujours sous-entendu, que ces diverses institutions, basées pour l'extinction du paupérisme, demeureraient annexées à celles de l'Administration, de même que l'Eglise l'est à l'Etat, et qu'elles se soutiendraient par des donations, des actes de générosité, ou toutes autres allocations. La plus entière liberté serait acquise aux donateurs comme aux prêteurs d'assistances, de remettre leur offrande, comme leur coopération, en faveur de l'institution de leur choix ; adhésion, qui indiquerait d'autant plus clairement à chaque auteur, ce qui lui resterait à faire, pour conserver la coopération du public, qui lui allouerait d'efficaces secours ; secours dont au reste, il aurait à rendre un compte exact et sévère, parce qu'il ne saurait entrer dans les vues ni du Gouvernement, ni des donateurs de perpétuer la misère, mais bien de l'extirper par le travail, se souvenant, que la première demande d'aumône, ouvre une large porte à toutes les autres.

Ce qui précède indique déjà, que nous admettons que le Gouvernement ne peut tout faire, mais que son intervention est indispensable pour imprimer une marche fixe à l'emploi des sommes, emploi qui devra toujours avoir lieu par l'intermédiaire d'hommes honorables.

Jusqu'à ce moment, les budgets des divers États ont peu efficacement aidé à cicatriser la plaie dangereuse, toujours vive du paupérisme, et qui cependant est plus facile à soulager qu'on ne le pense généralement, parce que toute œuvre qui repose essentiellement sur la moralité, est déjà goûtée pour elle-même, en outre qu'elle présente une excellente étoffe pour une discussion efficace surtout, parce qu'elle toucherait au paupérisme ancien et moderne. Au moins aborderait-on à des remèdes réels, et non à des palliatifs plus ou moins durables, plus ou moins ruineux, tels que ceux dont usent les administrations qui décrètent des travaux momentanés et utiles, dans le simple but d'occuper les masses.

Les fonds que l'on serait appelé à réunir, pourraient s'obtenir plus facilement qu'on ne le pense généralement, même forts, lorsqu'on admettra que le Gouvernement appliquerait là, les capitaux égrenés, les recettes accidentelles, en dehors de ce qui serait voté au budget, puisque ces divers capitaux rapporteraient leur intérêt. Les par-

ticuliers, les entreprises, les sociétés privées augmente .
raient ces fonds, soit par des donations, soit par des prêts
à intérêts. Des marchandises, des matières premières, des
outils, ou d'autres effets offerts également, augmenteraient
la valeur acquise et trouveraient un bon emploi. Surtout
rappelons encore ici, que les intérêts payés, soit à l'Administration, soit aux particuliers, indiqueraient que les
fonds versés ne seraient point des valeurs à fonds perdus,
ainsi que cela arrive si souvent, lorsque ce ne sont que de
simples dons qui se prodiguent.

Certes, elle pourrait, elle devrait être signalée avec
reconnaissance la personne qui, chaque année, offrirait
une quote-part de ses profits ou de ses revenus, en accroissement de la fondation que nous nous efforçons de mettre
en lumière ; nul doute que les plus puissants en richesse
accourraient pour s'aider à fonder le sort de maintes familles, les sauver d'une fatale léthargie, dans laquelle
elles pourraient tomber et se perdre ainsi entièrement.

Si les bureaux dont il est question fussent convenablement installés ; s'ils fussent activement surveillés par le
Gouvernement, certainement ils satisferaient aux besoins,
ils assureraient l'avenir d'une catégorie de la société, dont
sans cela, la position peut à toujours demeurer douteuse.

Ce moyen serait utile encore, parce qu'il viendrait en
aide aux gouvernements impuissants à résoudre certaines
questions, qui dépassent leurs forces, bien que destinées
à régler les budgets soumis à leur administration, et que
la multitude contrôle d'autant plus sévèrement, qu'elle
n'entend point voir employer des valeurs à l'entretien de
pensionnaires, ou aux besoins de luxe ou de dépenses,
dans le seul but de soutenir une représentation reposant
sur des principes erronés, ou en vue d'une popularité mal
calculée, qui ne satisfait personne ; enfin, qui ne résolvent
point les questions concernant la véritable position que
doit occuper l'humanité dans l'état normal, dont chaque

gouvernement assume la responsabilité, tout en y joignant un vrai sentiment religieux et providentiel.

Ceci seul est capable de satisfaire les masses et les engager à se soumettre à un état de choses souvent difficile, à le supporter avec patience, quoiqu'il s'éloigne des habitudes parfois sauvages de ceux que le sentiment de la force matérielle guide, et qui n'attendent que le moment donné pour arriver plus vite à leur but, ne fût-ce que momentanément ; ce qui créerait le premier épisode du communisme.... qui anéantirait et les riches et les masses qui pourraient nourrir de semblables projets. Disons-le, la théorie de ce dogme renouvelé n'est que celle du mensonge aidé de la ruse....

Certes, il est bien plus facile de s'enrichir en s'emparant du bien d'autrui, qu'en s'adonnant à un travail de patience, même quelquefois pénible ; mais ce dernier est accompagné d'une paix précieuse, et s'il conduit plus lentement à l'aisance, il crée des générations modestes et morales qui remplissent les vues des gouvernements, comme celles des hommes, qui se sont donné la tâche de répandre l'instruction et les vraies lumières parmi le peuple.

Nous croyons nos observations palpitantes de vérité et de force ;.... aussi, telle a été notre intention, celle d'exprimer la vérité en traitant ces sujets, en sorte qu'on ne soit pas tenté de s'écrier : Ce n'est rien !

Partant, nous qualifierons de vice, le paupérisme qui règne chez les peuples qui jouissent des bienfaits d'une éducation populaire, qui possèdent de l'énergie dans le caractère et qui se trouvent placés de manière à participer de la civilisation qui se rencontre parmi d'autres nations, lorsqu'elles accordent l'hospitalité chez elles.

Dans une position semblable, il ne reste qu'à agir franchement, et ne pas chercher à pêcher en eau trouble. Si l'on aborde cette dernière voie, le défaut est patent, il naît d'insouciance, de négligence, et souvent de l'influence qu'exercent les femmes, cette moitié de la population, qui, en ne possédant pas toujours des forces suffisantes pour agir, cherche néanmoins à établir sa prépondérance. Mais si l'homme doit respecter la faiblesse du sexe, s'il lui doit protection, il doit aussi demeurer ferme contre tout ce qui peut le faire dévier de droite route.

Chez des peuples peu nombreux, qui seraient en outre privés d'un territoire suffisant, il est nécessaire que l'homme faible en ressources, rencontre une compensation quelconque à l'exiguité de ses moyens, qui de leur nature le retiennent en sous-ordre, par une agglomération dont on doit chercher à adoucir les conséquences. En revanche, il ne faut non plus que la faible position de l'individu devienne pour lui un prétexte permanent de repousser tout effort propice à le sortir d'une existence sans valeur ; et à laquelle on pourrait donner plus de prix.

Les grandes nations ont tellement senti ce qui précède, qu'elles ont adopté la maxime, de protéger sérieusement les intérêts de l'homme né sur le sol. Cette précaution, renfermée dans de justes limites, doit être d'autant mieux admise dans les localités exiguës, afin de diminuer par là les atteintes du paupérisme, surtout en n'accordant que bien rarement place à ceux qui viendraient rivaliser avec les natifs du pays ; manière d'agir, qui, en rendant le gouvernement toujours plus national, le rendrait aussi toujours plus cher aux regnicoles. Ceci énoncé, empressons-nous d'ajouter que nous n'avons point voulu insinuer que l'on dût éloigner du pays les étrangers qui y auraient été admis ; tout en reconnaissant pour hautement impolitique, lorsque des intrus, remplissent des places rétribuées par les deniers publics.

Un *quasi-cosmopolitisme* ne saurait pas plus être adopté que le principe du libre échange ; sans cela, que deviendrait l'individu pauvre, né sur le sol, surtout si l'on admet

que l'étranger possède plus de perspicacité , et qu'il tende
à altérer le caractère national ...

Si cette question a fixé toute l'attention des législateurs ,
de pays de premier ordre, comment ne ferait-elle pas naître
les plus scrupuleuses investigations , dans les contrées
extrêmement limitées qui rêveraient la même folie , de
certains utopistes modernes , consistant à ne faire qu'une
nation des divers peuples , sacrifiant tous leurs intérêts
pour obtenir des résultats plus étendus en faveur des populations.

Nous admettons encore , et cela dans le sens le plus ri-
goureux, que , dans les villes , le paupérisme est un acci-
dent remédiable, né du luxe et du lucre qu'il donne. Le
premier prend de nos jours un si grand accroissement,
que la fabrication des objets accessoires à l'entretien a
considérablement augmenté; que même elle dépasse de
beaucoup la consommation. Quant aux arts et métiers,
l'échelle sur laquelle ils sont exploités, s'allonge ou se
racourcit, suivant les accidents politiques , ou selon les
caprices de la mode, laissant sur le pavé de nombreux
membres de la population, qui jadis étaient dans la position de pourvoir à des besoins en rapport avec les habitudes des villes, et qui dès lors se trouvent d'autant plus
réduits, qu'ils n'ont pas le courage de faire un effort décisif, qui les sorte d'une situation, qui, en se prolongeant,
devient de plus en plus menaçante.

En revanche, le paupérisme revêt un caractère tout à
fait sérieux, s'il vient à s'établir dans les champs, où
réside la majorité des nationaux. Le paysan appelé à cultiver le sol est toujours péniblement affecté, lorsqu'il ne
possède pas suffisamment de terrain pour vivre de son
produit. En cas pareil, le paupérisme pourrait devenir
sans remède, si le globe ne présentait une étendue suffisante pour des millions d'agriculteurs, qui sont encore
loin d'exister. Mais de même que beaucoup de fruits ont

une maturité qui s'opère lentement, les nombreux produits de la terre pourront être centuplés, lorsque ceux qui la cultivent l'auront amenée à satisfaire à toutes nos exigences.

Toutes ces choses ne sont point impossibles ; aussi les générations suivantes retireront-elles de vastes avantages de ce genre de travail, si elles ne redoutent point de se mettre en opposition avec les habitudes de la civilisation moderne, qui de jour en jour deviennent plus difficiles à satisfaire ; attendu que la prospérité d'un peuple ne saurait se baser uniquement sur les ressources offertes par les besoins factices, qui nourrissent l'industrie. La prudence exige qu'on enraie toute fausse marche, qu'on oppose de fortes digues à l'irruption des habitudes ruineuses, toutes les fois qu'elles tendent à se manifester ; tout au moins faut-il retarder le développement des nouvelles écoles, jusqu'à ce que l'expérience ait démontré l'excellence et la réalité de leurs enseignements.

Nous sommes loin de jeter une réprobation sur le paupérisme, ou pour parler plus logiquement, sur la position de pauvreté qui est le partage des sept huitièmee des hommes, lorsque, placés comme ils le sont, ils ne gagnent que tout juste leur vie. Ce genre de paupérisme que leur départit le Créateur, se trouve par là naturel et légitime. Mais c'est celui qui résulte de l'entassement dans les villes, qui forme le fond de notre lettre ; il nous paraît d'autant plus condamnable, qu'il provient en majeure partie des entours du malheureux, auquel ils refusent des secours spirituels et matériels ; en sorte que leur malice, leur ostentation, leur dépravation, deviennent autant de séductions ou de piéges, par lesquels le faible se trouve saisi, et dont il subit toutes les conséquences. Cette position est un aussi grand malheur pour les femmes que pour les hommes.

La démocratie, avec ses prétentions, ses haines et sa

feinte modestie, n'existe réellement que dans les villes.
C'est dans les campagnes que se rencontre le véritable
élément de l'immobilité. L'habitant des champs est d'autant plus l'ennemi de tout ce qui trouble l'ordre, que c'est
sur sa propriété, ou sur le sol qu'il a cultivé, que l'ennemi fait ses incursions, ravage ou pille le fruit de ses
sueurs. Rien n'est donc plus naturel que l'entraînement
qui nous conduit vers l'habitant des campagnes, ne fût-ce
qu'en vue de purger les cités de leur superflu, en usant
de l'émigration pour ceux qui, n'y trouvant pas d'occupation, créeraient un encombrement à leur propre préjudice ;
et qui, par orgueil, croiraient toujours à une réussite,
et finiraient, si l'occasion survenait, par être un fléau
temporaire et plus tard une charge permanente. Certes,
en éloignant ce surcroît d'habitants, on donnerait une
direction meilleure aux tendances modernes ; on doterait
ces hommes de la véritable liberté, en leur assurant un
meilleur sort que celui qu'ils venaient marchander dans
les villes.

Quant à la catégorie qui est déshéritée d'intelligence
manuelle pour le travail, et qui néanmoins se presse dans
les villes, où souvent elle ne se soutient que d'expédients,
en devenant un genre de domestiques à petit salaire, cette
catégorie, disons-nous, ferait bien mieux de se fixer à la
campagne, où même en ne vivant que de pain, elle serait
à l'abri des railleries qui la poursuivent, railleries souvent, d'autant plus acérées, qu'elles naissent de la vérité ;
en sorte que pour s'y soustraire, il est des individus qui
s'adonnent à des occupations, que peut-être ils maudissent
dans leur for intérieur, tandis qu'ils pourraient se mettre
à l'abri de ces tristes tracasseries par des travaux honorables, qui commandent la considération, et que chacun se
plaît à adoucir et à protéger.

Nous venons de retracer le tableau caractéristique des
villes ; nous avons révélé le secret et les moyens par les-

quels le despotisme s'établit dans les cités, despotisme basé sur des besoins factices, et qui devient si écrasant pour le faible, que l'éloignement est le seul moyen de s'y soustraire ; et dans ce cas, nous ne saurions rien lui conseiller de plus salutaire, que l'émigration.

On peut ajouter avec pleine certitude que les personnes, guidées par de semblables considérations, et qui possèdent une véritable moralité, seront accueillies avec empressement dans d'autres régions, où même, en y abordant, elles trouveront de suffisantes ressources, pour en occuper le sol.

L'émigration ne jouit pas partout d'une égale faveur ; cependant, combien n'y a t-il pas de nations populeuses qui recourent à ce moyen pour se faire du jour. Reconnaissons que les Etats-Unis, sont jusqu'à présent ceux, qui le mieux ont compris le plus sûr moyen d'opposer une digue énergique au paupérisme, savoir, celle d'offrir des ressources à chacun, par le travail que chacun s'impose à lui-même ; occupation qui lui garantit sa liberté individuelle, et qu'il peut mieux fonder encore par l'acquisition de terrains aussi étendus qu'il les désire, à un prix extrêmement modique.

A la vérité, c'est aussi le seul moyen de procurer aux individus riches de volonté et de forces, des ressources réelles et permanentes, à la portée de chacun, qu'elles mettent en position de fonder l'avenir des générations qui suivront ces traces-là.

Ces facilités peuvent aussi avoir leurs bornes aux Etats-Unis, elles peuvent avoir un terme, au bout duquel elles seront épuisées, et alors qu'auront-ils à opposer au paupérisme, pour qu'il ne vienne pas s'appesantir sur leurs populations, en les réduisant dans la même situation que les nôtres ? Ceci est un problème renvoyé pour sa solution à une époque encore fort éloignée. En ce qui nous touche, nous devons profiter de la leçon que nous offre l'expérience actuelle, qui est de mettre en pratique le moyen le plus naturel et le plus facile de placer les populations dans un état d'aisance, en offrant de leur céder du terrain à un prix si fort restreint, qu'il ne peut y avoir que du gain pour celui qui le possèdera, le cultivera, puisqu'il s'assurera ainsi et son existence et l'avenir des siens.

A la suite de ces observations, nous saisirons de la question une catégorie d'hommes, d'autant plus déçus dans leurs espérances, que tout semble avoir trompé leur attente. La catégorie que nous avons en vue a généralement reçu de la Providence des capacités manuelles, capables de vaincre les difficultés et de triompher des obstacles ; ce qui fait naître leur confiance, et cause ainsi la douleur qu'ils ressentent, lorsque l'idéal dont ils avaient caressé leur existence se trouve entièrement anéanti.

Les projets de ces hommes ne reposent aussi que sur des bases idéales, parce qu'ils ne sont point assez forts par eux-mêmes, ou qu'ils sont trop peu nombreux pour les mettre à exécution ; souvent encore, ces projets s'appuient sur des travaux qui eux-mêmes ne sont basés que sur l'habitude du luxe, de la mode, du caprice, en sorte qu'ils ne sont assis que sur des pensées plus ou moins creuses, plus ou moins impraticables ; en sorte que leur réalisation irait à l'encontre de l'œuvre générale. Combien de ces hommes nés et élevés dans des réduits étroits, et ne connaissant pas d'espace plus étendu, ignorent le monde et ses réticences..... Le premier pas qu'aient donc à faire ces hommes pour entrer dans une voie plus prospère pour eux, est d'abandonner toute illusion, afin de pouvoir, au besoin et selon le moment, prendre un parti qui tende à les guérir d'espérances hors de portée, qui ne sauraient que leur être funestes ; ils reconnaîtraient d'eux-mêmes alors, que ne formant qu'une portion infime des populations, les perfectionnements qu'ils peuvent méditer pour l'amélioration matérielle du monde, ne sont que de vains fantômes, que l'on ne saurait atteindre que par de chimériques spéculations.....

De semblables principes étoufferaient les masses, auxquelles les décrets de la Providence ont assigné une autre existence ; aussi, un des génies les plus élevés s'est-il écrié dans l'une de ses œuvres : « Il n'y a qu'à vivre la » vie commune. » En effet, cela suffit.

Ce qui précède n'interdit pas de chercher un mieux, si on peut l'atteindre dans une véritable mesure ; au surplus, reconnaissons, que d'un physique bien constitué, de la santé, de la force, d'une éducation raisonnée, enfin des dispositions pures et élevées, dépend le sort plus ou moins heureux, de celui qui possède plus ou moins ces qualités précieuses.

Il ne faut donc jamais nourrir d'idées exagérées, ainsi que le pratiquent les utopistes ; mais en revanche, il est indispensable de s'éprouver soi-même, afin de ne pas échouer, car la prudence est ici de la plus extrême rigueur. Ici-bas, on envahit, comme l'on est envahi, par un fléau, qui se nomme le trop, fléau auquel on ne peut s'opposer, ni lui assigner de bornes, lors même qu'on tâcherait de le réduire, parce qu'alors on repousserait le progrès, on reculerait dans la science.

En Europe, la lutte est grande, parce qu'elle manque de beaucoup de matières premières ; et cependant l'Europe ne s'occupe presque qu'à fabriquer.... Notre travail ne repose donc que sur la façon ; c'est par elle que nous avons acquis la prépondérance.... Mais cette prépondérance n'aura-t-elle pas de terme, et quel sera-t-il ?

Cette question est d'autant moins hors de place, que chaque année, des centaines d'artisans transportent leur savoir-faire dans l'autre hémisphère, et y introduisent la terrible et rude concurrence qui nous menace, pour un temps peu éloigné. Ces craintes ne sont pas de simples suppositions, puisqu'en Europe même, on a pu voir des

fabriques, qui semblaient implantées au sol, être transplantées dans d'autres contrées par les artisans eux-mêmes; en sorte que le paupérisme a envahi des lieux, où
jadis régnait une véritable aisance.

Ce n'est non plus le libre échange, qui présente de la
sécurité à l'industrie de certaines localités.... Si le premier
devoir d'un gouvernement éclairé est de s'enquérir jusqu'à
quel point il doit protéger l'homme né sur le sol, en dehors
de cette obligation, reste à trancher la question de savoir
lequel convient le mieux à une population : de payer un
peu plus ses propres produits, pour faire vivre l'ouvrier
du pays, ou d'avoir du dehors certains articles un peu
meilleur marché, pour ensuite nourrir un plus grand
nombre de pauvres?.... Il est à supposer que si l'usage
du libre échange s'établit parmi les nations, chacune
d'elles n'y prendra part que selon ses convenances et pour
rester son propre arbitre....

Reportons nos regards sur l'autre hémisphère, puisque
ses diverses latitudes présentent des avantages variés,
plus ou moins propices à favoriser la supériorité, que
nous possédons dans les arts et métiers. Ces contrées deviendront par la suite des centres de relations, puisque
l'Amérique se trouve placée entre l'Europe, l'Asie et l'A-
frique. L'Amérique du Sud, qui est moins exploitée que
celle du Nord, possède d'aussi grands avantages, surtout
parce que son sol est plus précieux que celui des Etats-
Unis. Le Brésil et les autres Etats jouiront d'aussi grands
avantages commerciaux, dès qu'ils auront établi de grandes voies de communication par terre, comme ils en possèdent déjà par mer.

Nous n'entrerons pas dans de plus grands développements sur ce sujet, persuadés que nous sommes, qu'il
suffit d'avoir signalé les avantages, pour qu'ils trouvent
de l'écho, chez ceux disposés à les mettre en pratique,

de manière à en profiter aussitôt que le besoin s'en fera sentir.

Nous poserons cependant comme résultat d'expériences en fait d'émigration, que les colonisations ne donnent de grands fruits, n'obtiennent leur plein succès, qu'en faveur de la génération qui succède à celle qui fonda l'établissement. La seconde génération fortifie de plus en plus l'amour du domicile; cette félicité qui ne se rencontre qu'auprès du foyer domestique. C'est là que la culture, l'exercice d'un métier si on le possède, et l'économie, fondent un riant avenir.

Si nous appuyons sur cette manière de voir et d'agir, c'est que nous la croyons bonne, praticable, propre à conserver les derniers moyens disponibles, qui disparaîtraient infailliblement, en persistant à demeurer dans un état de décroissance certain, conduisant à la décadence morale et à celle de ressources, qui épuisées avant d'avoir saisi à temps le remède, ne permettraient plus de restaurer une situation désespérée.

Nous abordons maintenant une troisième et dernière catégorie possédant plus d'éléments propres à l'émigration, et qui néanmoins se presse dans les villes, où elle forme, en majeure partie, les individus d'une nature mixte que nous avons déjà désignée.

C'est au milieu de cette catégorie que le paupérisme, lorsqu'il se déclare, devient plus envahissant et plus dangereux, surtout lorsque le sol ne présente pas une étendue suffisante pour combler les besoins ou offrir au moins en avenir une meilleure position.

Ces hommes sont précisément des plus aptes aux occupations d'une colonisation et à rendre le sol productif. Les travaux de semblables colons amèneraient un grand développement et introduiraient une véritable civilisation, basée sur les arts et les métiers, en érigeant des villes, en créant des manufactures, des entreprises publiques et particulières, et les avantages d'une vie plus raffinée, ce qui les maintiendrait dans des habitudes d'ordre, plus douces, plus paisibles, qui aussi conduisent à l'harmonie et au désir d'être serviable envers tous. Ces bienfaits découlent de la facilité de vivre sur un sol productif et sous des lois libérales.

Par des mesures semblables, le paupérisme peut disparaître radicalement. Ce n'est pas dans les grands pays que ce fléau sévit dans les campagnes, à moins que là, l'individu n'y coopère activement par ses désordres, par la dissipation, la paresse, l'ivrognerie, ou un isolement complet.

Il est même plus facile de pourvoir au nécessaire, qui doit rendre cette classe heureuse, la faire prospérer, parce que déjà ses besoins sont plus simples et plus bornés; ensuite que la famille demeure compacte, ce qui est de toute urgence pour les établissements ruraux, qui peuvent aussi peu exister sans femmes et sans enfants, qu'une créature sans bras et sans jambes ne peut se mouvoir.

On peut être certain que l'agriculteur laborieux et qui vise au bien-être, sera heureux là où sa main lui aura créé une aisance, qu'il ne pouvait obtenir dans son pays natal, où toujours il pourra rentrer, si sa position de fortune le lui permet, en remettant la continuation de ses travaux à ses fils ou à ses neveux.

Les bienfaits de l'émigration peuvent se répandre également sur toutes les catégories, et pour atteindre ce but et obtenir ces résultats, il est important de cultiver le sol sur lequel on se dispose de bâtir après, y transporter les artisans qui devront vivifier la localité par leurs travaux et leur industrie, et se fonder ainsi une existence paisible. Ces opérations exigent du temps, des soins et de la persévérance, mais elles sont exemptes d'incertitude, parce qu'elles reposent sur des besoins réels, que l'activité satisfera chez tous, puisque l'élément principal, c'est-à-dire le sol, n'a pas de limites, ainsi que cela existe dans les villes.

Ici, pas de concentration, afin de ne pas renouveler l'ancien défaut des entassements. Les ressources acquises peuvent et doivent être mieux employées, et le développement sera graduel, de manière à éviter les mécomptes. De toutes parts, il y a de sages précautions à prendre, pour ne point échouer.

A l'appui de ce qui précède, qu'il nous soit permis de citer le fragment ci-après, emprunté à M. Guizot : « C'est » la gloire de l'homme d'être ambitieux. Seul ici-bas, en- » tre tous les êtres, il ne se résigne point au mal, il aspire » incessamment au bien. Pour ses semblables, comme » pour lui-même, il respecte, il aime l'humanité. Il veut » guérir les misères dont elle souffre ; il veut redresser les » injustices qu'elle subit.

» Mais l'homme est imparfait autant qu'ambitieux. Dans » sa lutte ardente et constante pour abolir le mal et pour » atteindre au bien, à côté de tout bon penchant marche » un mauvais penchant qui le serre de près et lui dispute » le pas : le besoin de justice et le besoin de vengeance ; » l'esprit de liberté, l'esprit de tyrannie ; le désir de s'é- » lever et l'envie d'abaisser ce qui est élevé ; l'amour ar- » dent de la vérité et la témérité présomptueuse de l'in- » telligence. On peut sonder toute la nature humaine, on » trouvera partout le même mélange, le même péril. »

Nous avons cherché de poser la question telle qu'elle se présente à nous, nous mentionnerons encore quelques faits qui se lient à la matière et complètent l'ensemble.

Un signe de notre époque est de tout rapetisser dans l'opinion, et s'il existe de l'opposition, ses dispositions sont tellement forcées, qu'elles étonnent au point de manquer le but et de faire dévier de la bonne voie.

Il est également incontestable que la manie de *renover* chaque chose provient bien plus d'une inquiétude de l'esprit que d'un véritable besoin à satisfaire, besoin qui, pour la plupart du temps, ne pourrait soutenir un examen sérieux, parce que la ressemblance du moderne avec l'ancien prouve l'inutilité du changement, si celui-ci ne montre pas que l'on a fait plus mal.

Les symptômes de la même maladie se présentent dans les tendances des administrations qui élaborent force projets, privés de toute idée neuve, n'offrant aucun intérêt public, et qui sous ce double rapport ne méritent aucune considération.

Comment faire marcher les choses en suivant une voie semblable, et ne court-on pas le risque, en allant d'une nouveauté à l'autre, d'arriver finalement à la décadence matérielle et spirituelle? Qui pourrait ignorer que la bonne société, qui est une partout, ne soit celle dans laquelle réside la force et l'immobilité, qu'on ne saurait l'ébranler sans risquer de tout faire crouler.

Si malheureusement on parvenait à cela, que resterait-il autre, sinon des regrets profonds d'avoir substitué à la voûte de la civilisation un écrasant matérialisme, dont toute l'intelligence ne vise qu'à l'égoïsme, à la passion des jouissances. Ce qui se passe journellement ne prouve-t-il pas déjà trop ce que nous avançons?

Une plaie qui fait de grands progrès, et qui certainement ne viendra pas en aide au paupérisme, est la tendance de plus en plus prononcée, de ne plus respecter la propriété, mais de faire la guerre à la richesse.... De là l'égoïsme croissant qui découle de ces principes outrés et subversifs.

L'absence d'emploi des bras conduit à la création de travaux publics superflus, pour redonner une activité qui n'est que temporaire et factice, en remplacement d'une plus régulière et plus naturelle, provenant d'une autre source qu'on s'efforce de tarir. Et comme une erreur conduit à une autre, la misère exige des magnificences, et ne fait plus de cas des choses qui ne sont qu'utiles ; partant, on néglige, on méprise les métiers qui rentrent davantage dans les besoins quotidiens de la vie privée, à l'exploitation desquels toutes les catégories pourraient trouver aisance et satisfaction.

Les bénéfices qui sont subdivisés par le travail deviennent des bienfaits pour tous ceux qui, par aptitude, acquièrent une position libre, riante, indépendante tout particulièrement pour leur vieillesse.... et en cela bien préférable aux richesses acquises, par toute voie illicite.

L'époque que nous traversons a quelque chose de menaçant encore, par le surcroît d'ouvriers dans tous les métiers et dans tous les arts ; position compliquée aussi par de constantes découvertes qui modifient continuellement le développement de la civilisation. S'il existe là un germe de grandeur, d'éclat, ce n'en est guère souvent un de prospérité, puisque la plupart du temps ces occasions de fortune locale deviennent la source d'une misère très-étendue. Telle industrie est anéantie par une invention réputée admirable, qui enlève l'existence quotidienne à une masse d'individus.

Ces inconvénients ne se répètent que trop fréquemment ; ils sont de leur nature irréprochables, inhérents au siècle ; c'est du progrès, mais un progrès dont quelle que soit l'utilité constatée, n'en demeure pas moins une calamité temporaire. Ces inventions une fois réalisées sont encore bien moins à regretter que l'introduction de théories qui bouleversent complètement les usages et les mœurs d'un pays.

Telle ville aspire à un agrandissement, à une extension de sa population, qui, parvenue à ce but, se trouverait grandement trompée dans son attente et dans ses espérances, parce qu'alors elle pourrait voir anéantir : son existence passée, ses habitudes, ses mœurs et ses lois par l'introduction de choses et d'usages absolument opposés à ses opinions, à sa foi et à ses principes. Cette ville ne gagnerait rien en lumières, rien dans ses rapports intimes, au contraire, elle perdrait son caractère primitif et national, en le mélangeant avec celui de l'étranger, ce qui ne s'opèrerait en tout cas qu'à la répulsion générale.

Aux considérations qui précèdent et que nous ne faisons que signaler, ajoutons que la plupart des peuples semblent ne pas comprendre que la main-d'œuvre, le capital et le sol doivent constamment demeurer dans de justes proportions les uns vis-à-vis des autres, pour obtenir de bons résultats, c'est ainsi que les pays intelligents, en profitant des ressources qu'ils possèdent, fondent leur prospérité, mais surtout alimentent la grande artère de l'activité par la culture du sol, qui fonde le bien être général.

Lorsqu'il y a peu de bras dans une contrée, le salaire s'élève hors de proportion ; c'est le contraire qui se fait sentir aussitôt qu'il y a trop de bras. Dans le premier cas, c'est le capital qui se trouve absorbé sans porter d'intérêts ; dans le second, c'est alors le capital qui fixe sévèrement le taux du travail, et la valeur du sol augmente au détriment du prolétaire. Mais aussi là, où manque les bras, le sol perd de son prix, ce qui le place à la portée de ceux qui le cultivent.

Ceci demeure loi dans les grands pays ; aussi faut-il la subir, puisqu'on ne saurait la changer, et tout ce que les utopistes modernes rêvent, lorsque cela aborde la pratique, se montre violence et accaparement du bien d'autrui ; en sorte que vouloir renverser les principes que nous avons exposés, c'est marcher au-devant des révolutions, telles que nous en avons vu éclater, qui conduisaient directement au communisme, la plus indigne théorie, le plus réprouvé des systèmes. C'est pour combattre de semblables tendances que toutes les nations, qui renferment d'énergiques éléments vitaux, se sont décidées à répandre au loin leur excédant de population et de forces, afin d'éviter toute perturbation dans les relations du pays lui-même.

Personne n'est plus apte à juger ces questions que ceux qu'elles concernent et qui y ont un intérêt direct. En sorte que pour ne point surexciter de rivalités intempestives, il est nécessaire de laisser à chacun l'entière liberté du choix ; contraste assez bizarre que présentent les États-Unis dans la question des esclaves fugitifs, à l'occasion de laquelle la propriété particulière ne désire point donner suite aux réclamations, tandis que l'Administration entend les approuver.

Arrivons à une autre question qui préoccupe plus généralement encore, à savoir celle concernant les capitaux trop accumulés en peu de mains.... Nous croyons que l'on pourrait donner à ces capitaux un emploi sûr qui, en satisfaisant l'opinion, résoudrait le problème.

Nous proposerions à cet effet un emploi, qui permettrait le remboursement de tout capital, au terme rapproché de quatre ans. L'emploi de ces capitaux ne consisterait point en opérations abstraites, mais en exploitations de terrains destinés à recueillir et à fonder l'existence de familles honorables et laborieuses qui viendraient les cultiver.

Ces capitaux qui ne s'éloigneraient que pour quatre ans reviendraient après ce temps dans les caisses, dont ils étaient sortis, après avoir aidé à accomplir une œuvre de philanthropie. Nous appuyons particulièrement sur cette dernière considération, parce que d'une part, nous sommes convaincus qu'il y a beaucoup de savoir-faire dans les catégories favorisées de la fortune, et que nous savons aussi d'autre part que les classes véritablement laborieuses nourrissent des sentiments désintéressés, lors même qu'elles sont stimulées par le besoin, ... et ces classes ne sont-elles pas plus recommandables que les chercheurs d'or, qui ne sauraient dîner avec des mets de ce métal, si on ne leur présentait que de ceux là ?

Aussi sommes-nous plus assurés d'obtenir un résultat certain et satisfaisant pour tous, en offrant à des adultes *bien disposés* un gain modeste, d'être bien logés, bien nourris, de vivre dans leurs vêtements de toile, sous un beau ciel et sur un sol admirablement productif, que de les envoyer aux mines de l'Australie, réputées d'une richesse inépuisable, qui ne leur appartiendront pas.

Nous ne saurions aller plus loin sans dire quelques mots de la Suisse, où la question du paupérisme semble reposer sur d'autres conditions que dans les pays limitrophes, parce qu'ici on se trouve dans une position exceptionnelle, à cause du système établi, qui diffère de celui qui régit l'Europe.

Mais cependant puisque les traités ont admis la Suisse sous cette forme, et lui ont assigné sa place dans le système européen, il est de son droit, tout autant que de son devoir et de son intérêt, de conserver sa liberté d'action dans les limites internationales et son indépendance intacte.

La Suisse, quant à son intérieur, doit se mouvoir dans les limites de la souveraineté cantonale, base de son droit public. Cette souveraineté entière indique suffisamment qu'il serait imprudent d'importer d'un canton à l'autre tous les éléments qui pourraient altérer l'indépendance de chacun d'eux, pas plus que l'on ne saurait contraindre tel canton à sacrifier son propre bien être, pour bonifier la position de son confédéré.

Ceci dit, non pour refroidir en rien tous les secours réciproques et mutuels que se doivent des cœurs véritablement suisses, mais simplement pour prouver l'urgence qui existe, de saisir tous les moyens auxiliaires qui peuvent se présenter hors de l'Helvétie, pour aider les nationaux qui ont besoin de se créer une existence et de conserver ainsi la paix et la tranquillité dans nos vallées et sur nos montagnes, où déjà se rencontrent des différences et de langage et de confession.

Pénétrés de véritables sentiments philanthropiques, il est à espérer que les Suisses de tous les cantons, de toutes les langues, de toutes les confessions, s'uniront pour anéantir le pauperisme ; ils réuniront leurs moyens pour faciliter l'émigration ; des bureaux seront créés à cet effet, qui fourniront et des renseignements et des avances, si cela est nécessaire,

Au moyen du patriotique bon sens, qui distingue si éminemment les cantons, de semblables institutions pourront s'organiser d'autant mieux, qu'elles exerceront une grande et puissante influence sur le bien-être du pays, en fondant les éléments d'une mutuelle satisfaction.

Tandis que les émigrants qui abordent aux Etats-Unis, demeurent dès leur débarquement, isolés et réduits à leurs propres ressources, tout au contraire, en arrivant au Brésil, ils s'installeront dans des propriétés en *plein rapport*, ils auront la faculté de rembourser le montant de leur passage dans le délai de quatre années, à la charge d'un intérêt de quatre pour cent par an ; engagement qu'ils prennent de leur plein gré, et auquel acquiesce le propriétaire avec lequel ils contractent, en sorte que cette solidarité présentera sécurité complète au prêteur.

Au mois de mars dernier, cinq navires ont mis à la voile depuis Hambourg, par les soins de M. le docteur F. Schmidt. D'autres encore partiront dans le courant de l'été.

Les émigrants devront se rappeler qu'avant leur départ ils auront la précaution obligatoire de se présenter aux bureaux des consuls brésiliens, dans les ports de départ.

Ensuite de nos informations prises à Gênes, deux navires pourraient y être mis en partance, si un nombre suffisant de passagers se réunit pour les monter.

Nous recommandons aussi, comme informations, celles publiées sous forme de cahiers par M. le docteur F. Schmidt, dont chacun se vend six creutzers, ou vingt centimes. Nous indiquons aussi le *Journal de l'Emigration*, qui présente l'avantage d'offrir un service de dépêches particulières, facilitant à donner des nouvelles aux colons. Ce journal, qui part trois fois par semaine, est répandu partout et porte les nouvelles à peu de frais ; son texte est en allemand, et l'abonnement semestriel est de cinq francs. Ces deux publications se font chez G. Froebel, à Rudolstadt (Saxe).

L'opinion générale des masses, que nous partageons également, est qu'il est nécessaire d'user de moyens actifs pour combattre la pénurie actuelle ; ces moyens doivent être d'autant plus efficaces, que la concurrence augmente, et devient par là difficile à vaincre, ce qui réduit bon nombre de personnes à la position la plus pénible.

Une marche nouvelle devient donc indispensable aux yeux de l'observateur judicieux, qui suit le développement du mouvement général. Selon nous, aucune ne nous paraît préférable à celle qu'offre l'émigration, soit que le déplacement ait lieu en Europe même, où il existe encore beaucoup de place, soit qu'il conduise dans les pays transatlantiques, où toute facilité se rencontre pour y fonder une nouvelle existence, puisque ces contrées renferment de vastes ressources à développer, mais non sans peine ni sans un travail soutenu.

On ne saurait non plus prétendre d'extirper le paupérisme sans sacrifices pécuniaires, sans être escorté de toute l'influence qu'il sera possible d'exercer sur le moral et sur le physique ; sous ce double point de vue, il est indispensable de recevoir des secours soutenus dans les deux espèces. Nous insistons donc de plus en plus pour la création de bureaux, ainsi que pour celle de caisses, tels que nous les avons indiqués. L'œuvre rencontrera des obstacles et des difficultés à vaincre ; il faut du courage dans l'entreprise et de la persévérance dans sa conduite, mais l'émigration a fait un grand pas dans sa réalisation, depuis qu'elle n'est plus menacée d'isolement, et qu'elle est maintenant escortée de garanties assurées, nées de la franchise et de la bonne foi qui apposent leur cachet aux transactions et aux engagements entre les intéressés.

Nous terminons cette lettre en y joignant une circulaire, dont des agents pourraient faire usage, lorsqu'à cet effet, ils en auraient obtenu notre autorisation préalable.

Agréez, Monsieur, nos civilités empressées.

Genève, 10 juillet 1852.

ROBERT MELLY et C.ⁱᵉ

CIRCULAIRE.

Monsieur,

J'ai l'honneur de vous communiquer que, sous les auspices de :

MM. Charles Perret-Gentil, consul suisse à Rio-Janeiro,
Gex et Decosterd frères, négociants à Rio-Janeiro,
José Vergueiro et Cᵉ . . . . à Santos,
Lima et Pinhero . . . . à Paranagua,
Robert Melly et Cᵉ . . . . à Genève,

je suis autorisé de noliser dans le port de Gênes, deux navires qui conduiront des colons au Brésil, sur ce sol si riche en produits précieux; je vous invite donc de contribuer à leur équipement.

Vos avances vous seront remboursées dans le cours de quatre années. Au terme échu de chacune d'elles, vous recevrez un quart de la somme avancée, avec l'intérêt à raison de quatre pour cent l'an, ce qui résultera de la position acquise au colon, qui, à son arrivée au Brésil, aura été placé dans des propriétés *en plein rapport*, dont les tenanciers le recevront à travailler à mi-fruit, en le logeant *gratis*, et auquel ils fourniront *gratis* aussi une étendue de terrain suffisante pour cultiver les aliments nécessaires à son existence et à celle de sa famille.

Les conditions énumérées ci-dessus seront stipulées dans un acte authentique, passé au Brésil, et dont une expédition vous sera transmise en temps et lieu, affirmée par l'honorable maison suisse : MM. Gex et Decosterd frères, ou par MM. José Vergueiro et Cᵉ, et, en outre, attestée par M. Charles Perret-Gentil et MM. Robert Melly et Cᵉ.

Je vous invite donc à coopérer au double but : d'avancer une valeur, qui ne s'expatriera pas, et de faciliter ainsi l'établissement d'un colon, sous des auspices que ne présente point l'émigration aux États-Unis.

Sept des grands tenanciers au Brésil ont signé un engagement, qui est déposé chez M. le docteur F. Schmidt, à Hambourg, agent du consulat brésilien. Les signataires sont :

MM. Queiroz, de la province de Saint-Paul, sénateur, et parent de M. Vergueiro.
Le marquis de Valença,
Nogueira Valle da Gama.
Visconde de Baependy.
Braz Carneiro Bellens.
Da Silva Carvalho.
Dona Francisca Valle da Gama.

Hambourg, jusqu'à ce moment, a été exclusivement le port d'où sont parties les expéditions, à raison de quarante piastres le passage, non compris les frais d'inscription, de lit et des autres ustensiles nécessaires à bord.

L'expédition projetée pourra s'effectuer dès que le capital indispensable pour le transport des émigrants depuis
Gênes, aura été réuni. Les versements seront déposés à la
Banque du Commerce à Genève, et des quittances en
seront provisoirement délivrées aux prêteurs.

Au plus tard, dans l'espace de six mois, depuis le ver-
sement, j'aurai à vous annoncer le départ des navires,
constaté officiellement, et ce sera de cette époque là que
courront les intérêts, qui seront payés à Paris; c'est aussi
là qu'auront lieu les remboursements annuels.

Les fonds déposés à la Banque du Commerce et destinés
au nolissement des navires, dont toute la valeur sera
assurée au départ, étant retirés par MM. Robert Melly
et Cᵉ, demeureront, depuis ce moment, sous leur garantie.

L'émigrant sera tenu de signer un document en plusieurs
originaux, pour qu'il en soit délivré à la municipalité ou
commune, à la société, au propriétaire, enfin à la personne qui aura avancé les fonds. Cette pièce retournera au
débiteur quand il se sera acquitté.

L'émigrant est également tenu de se présenter en personne, avec son passeport, au bureau du consul brésilien,
au port où il s'embarquera.

Agréez, Monsieur, etc.

AVIS.

1º Tout émigrant se rend à ses frais au port d'embarquement et pour le jour fixé; s'il y manque, il ne sera admis à
réclamer ni dommages ni intérêts;

2° La solidarité existe entre tous les passagers jusqu'à leur arrivée au Brésil, de telle sorte que s'il survient, pendant la traversée, un ou plusieurs décès, les survivants paieront entre eux le passage du ou des défunts ;

3° Le tenancier brésilien demeure chargé de la diffé-rence du prix de passage, et, dans ce cas, il acquittera, pour compte du colon, le montant de ses engagements, même ceux que le décès aura pu annuler avant l'échéance des quatre ans ;

4° Le colon qui quitterait son tenancier, avant d'avoir rempli le contrat signé au Brésil, sera poursuivi, si même il se trouvait en possession de son passeport d'origine, parce que, le cas échéant, il dépendrait toujours du con-sulat, dont il serait le ressortissant.

—◆◆◆—

ESSAI SUR LE PAUPÉRISME,

Par Jean-Louis Moré.

—

MÉMOIRE ENVOYÉ AU CONCOURS.

PROVERBES, chap. X.

℣ 4. La main lâche et paresseuse appauvrit.
℣ 22. Ce qui enrichit, c'est la bénédiction de l'Eternel.

—

Le Seigneur a dit : Il y aura toujours des pauvres parmi vous !

Ces paroles, sorties d'une bouche auguste, demeurent une vérité éternelle. En retentissant aujourd'hui, elles annoncent suffisamment que de grands efforts pourront être tentés pour extirper le paupérisme, mais que ce but ne sera jamais entièrement atteint. Le seul résultat qu'on puisse espérer de tant de nobles efforts, sera d'atténuer du plus au moins ce mal redoutable, sans jamais parvenir à l'anéantir.

Le paupérisme est la maladie profonde et invétérée des sociétés civilisées. Elle augmente surtout d'une effrayante intensité dans les pays où se rencontre une agglomération trop considérable d'industriels, ou dans ceux qui, ne possédant qu'un territoire extrêmement restreint, se trouvent cependant surchargés d'une population trop nombreuse, où, par conséquent, il n'existe pas de proportion entre l'espace réduit et les habitan s qui devraient se vouer à l'agriculture.

Empressons-nous de dire que le paupérisme, par les dangers dont il menace les populations, par ses tristes progrès, a préoccupé de toutes parts les esprits sérieux, qui, soucieux de l'avenir, ont cherché à étudier cette grave question, et qui, après l'avoir envisagée sous des faces variées, ont imaginé les moyens les plus divers, même les plus extrêmes, pour guérir ce mal; remèdes poussés jusqu'au communisme, lui qui, s'il fût choisi, substituerait à une classe infiniment malheureuse, toujours intéressante, des catégories aussi immorales que dangereuses, en sorte que l'imagination la plus fertile n'en saurait sonder toutes les turpitudes.

Un grand nombre d'autres remèdes ont été indiqués; mais, qu'ils aient été mal ordonnés, qu'on n'en ait pas apprécié l'excellence, ou, enfin, que l'application en ait été imparfaite? Jusqu'à aujourd'hui le résultat est demeuré le même, en sorte que le mal en soi a plutôt augmenté que diminué. Ce qui le prouve, c'est que de partout on appelle le concours des lumières contre le fléau envahissant, fléau que la société entière, aussi bien les pauvres que les riches, ont le plus pressant intérêt à voir notablement diminuer.

Après ce qui précède, le sentiment intime de notre faiblesse, joint à la connaissance que tant de gens, pleins d'expérience et habiles dans l'étude de ces matières, ont néanmoins échoué dans leurs conseils contre le mal régnant; ne devraient-ils pas être des motifs suffisants pour nous convaincre qu'il y a témérité à nous, oui, témérité, de chercher à simplement consigner nos fugitives méditations, nos observations sur le paupérisme? Nous ferions, sans doute, plus sagement, si nous posions la plume, que de répéter plus ou moins mal ce qui depuis longtemps fut mieux dit et....... sans fruit.

Nous convenons de ces choses comme de la prudence du scrupule; cependant, notre zèle, tout infime qu'il soit, se trouve soutenu par notre sincère attachement au pays, en sorte que nous nous décidons à offrir la pite de notre bonne intention. Si cette pite est de nulle valeur, l'offrande au moins ne portera-t-elle de dommage à quiconque, non plus qu'à l'ensemble! Que l'intention nous serve donc d'excuse!

Dès les premiers mots, nous avons présenté comme acquis que le paupérisme est une maladie incurable. Cherchons maintenant à connaître d'où naît le paupérisme et ce qui l'alimente; peut-être cette recherche nous mettra-t-elle sur la voie de combattre le fléau, en le resserrant dans ses limites les plus restreintes.

Les causes du paupérisme sont nombreuses et variées; il en est de directes et d'indirectes. Le paupérisme, toujours regrettable, mais toujours intéressant aux yeux du chrétien, peut provenir de sources irréprochables. S'il naît d'insouciance, d'imprévoyance ou de négligence, il est alors blâmable. Il devient condamnable, si c'est à la paresse ou à tout autre vice qu'il doit le jour.

Ces quelques mots suffisent pour laisser entrevoir que

la question du paupérisme fait vibrer des cordes très-déli-
cates, qu'elle excite un pressant intérêt; aussi, ne sau-
rait-on se dissimuler que ce n'est point une vaine curiosité
qu'elle est appelée à satisfaire, qu'elle n'est point non
plus l'objet d'une simple spéculation de l'esprit scrutateur, mais bien plutôt qu'elle provoque la solution de recherches sérieuses, inhérentes à l'existence d'une immense
quantité d'hommes, et, par là, aussi, à la tranquillité des
sociétés humaines. Ce n'est plus la question isolée d'un
peuple à part, mais celle de la population des Etats civilisés, enfin de toutes les nations atteintes de cette funeste
maladie. Du plus tôt au plus tard, chaque gouvernement
sera appelé à prendre des mesures énergiques pour en
combattre les dangers, si, d'avance et en temps opportun,
il n'a eu la sage prévoyance de préparer des digues au
torrent dévastateur.

Parmi les causes du paupérisme, une des plus saillantes
et aussi des plus irrémédiables, est le grand nombre d'enfants qui naissent de parents gênés, même souvent assiégés
par le besoin.

Viennent ensuite beaucoup de gens qui, dès qu'ils en
ont la force, commencent à gagner leur pain, sans posséder réellement un métier, et continuent toute leur vie ce
genre d'occupation *d'occasion*, sans avoir aucune ressource spéciale.

A ceux-là succèdent les hommes qui, ayant essayé d'apprendre une profession, y sont demeurés tout à fait inha-
biles, et se trouvent ainsi condamnés à n'obtenir point ou
très-peu d'ouvrage dans un métier qu'ils maudissent, sans
chercher à s'en pourvoir d'un, un peu plus à leur portée,
si toutefois ils s'efforcent à cela.

En opposition à ceux qui précèdent, il se trouve des
gens suffisamment capables, auxquels l'ouvrage ne ferait
pas défaut, s'ils eussent la volonté de le faire. Mais, en ne
cessant de réclamer de l'occupation, ils ont toujours l'ar-

rière volonté de ne point l'accepter, et, dans ce but, les prétextes surabondent; jamais ils ne sont embarrassés de trouver des obstacles à tout travail.

Le paupérisme peut encore surgir du nombre d'ouvriers étrangers faisant une concurrence parfois pernicieuse aux indigènes. Il ne menace pas seulement les classes occupées de professions mal rétribuées et surchargées, mais encore les artisans à gros lucre, s'ils ne connaissent point l'économie. Bien plus, le paupérisme parvient à s'introduire dans les classes élevées de certaines nations, qui, entichées de préjugés ridicules, préfèrent croupir dans la misère que déroger...... Elles ne redoutent même pas les expédients; aussi est-ce là qu'ils sont les plus dangereux. Le paupérisme devient très-menaçant pour les nations dont les ressources s'épuisent, d'où le commerce s'éloigne, où il cesse par de fausses mesures, ou par d'autres causes subites et imprévues, telles, par exemple, que la découverte et l'emploi de machines, qui enlèvent, presque spontanément, le travail d'un grand nombre de bras, lesquels demeurent sans occupation, et, partant, sans ressources. Ajoutons, enfin, que presque toujours le paupérisme suit de fort près les gains illicites.

Quelques-unes des causes irréprochables du paupérisme sont les maladies, l'âge avancé, les pertes subies, l'absence de travail.

Le paupérieme n'est pas irréprochable, lorsqu'il provient d'insouciance, de haine du travail, de prodigalité ou de luxe.

Le paupérisme est très-coupable, quand il est le résultat d'une conduite répréhensible, de vices enracinés, d'absence de moralité.

En classant le paupérisme, nous nous abstenons de tout esprit de critique; le seul développement du sujet nous a forcé de toucher à ce qui précède, et nous demanderons à toute personne consciencieuse si ce que nous venons d'énoncer n'est pas entièrement conforme à la vérité.

Le paupérisme qui naît de causes indirectes a fréquemment le droit de se plaindre de n'avoir pas été préservé de ce malheur par des précautions qu'aurait pu prendre le gouvernement. Nous nous expliquerons plus tard à ce sujet.

Le premier devoir de l'homme civilisé surtout, la loi impérative, imposée à toutes les créatures, leur principale obligation est le travail, source de moralité pour l'individu, de bien être pour la famille, de prospérité pour la société entière. Soumis à cette loi, l'ouvrier n'a cependant point le droit d'exiger du travail des individus, ni de l'Etat, qui n'en doivent à personne ; mais, l'ouvrier doit l'espérer de l'ensemble des besoins à satisfaire, s'il possède les talents nécessaires pour les remplir. De leur côté, l'Etat et les individus doivent concourir de tous leurs moyens au développement des travaux ; ils doivent, autant qu'il est en eux, faire fleurir l'industrie, assurer la prospérité de chacun, affermir le bien-être de la masse, coopérer ainsi à faire naître des sentiments de bienveillance, de concorde et de paix.

Un lucre honnête, cette source de satisfaction, serait bien promptement tarie, si une sage économie ne vient régulariser les dépenses et fonder une réserve pour les moments difficiles. C'est là qu'une prévoyance providentielle conserve avec soin une partie des fruits donnés par la vigilance.

Une erreur complète de l'époque où nous sommes est de viser à faire des hommes savants, bien plus que de créer des hommes moraux. Pour former les premiers, il faut un temps prolongé, de grands sacrifices dans les familles et de fortes dépenses à la charge de l'Etat, et tout cela souvent pour n'atteindre qu'à des résultats très-douteux, pour ne pas dire désastreux ; car personne n'ignore

qu'un simple vernis de science ne conduit qu'à la surexci-
tation d'un amour-propre ambitieux, au mépris des siens,
selon leur position sociale, au dédain d'occupations considérées comme rabaissantes, de là un orgueil fatal, des
idées vagues, des prétentions exagérées, une situation
équivoque, marchant plus ou moins vite à la misère.

Mais combien alors est supérieure une éducation morale,
une instruction qui repose sur les bases de l'existence réelle
sur les devoirs imposés à l'homme pendant le cours de sa
carrière ; une éducation qui, composée d'enseignements pratiques, inculque au citoyen ses obligations précises, d'abord
comme enfant soumis, puis comme adulte occupé, ensuite
comme père de famille vigilant, enfin comme vieillard
modèle, ensemble qui prépare les sentiments du patriote
jaloux de son pays, désireux, heureux de contribuer à sa
prospérité comme à sa gloire.

Voilà l'éducation morale qu'il faut créer, cultiver, enra-
ciner ; cependant, ne serait-ce point celle qui, secondaire
dans l'opinion, est négligée presque partout, tandis que
l'autre est prônée, poussée avec une extrême activité, au
grand détriment des nations qui la préconisent contre leur
tranquillité et à l'encontre de leur prospérité.

La trop grande richesse est un mal, ainsi que la trop
grande pauvreté. Entre ces deux maux, certes le premier
n'est pas celui qui se trouve le plus répandu, ni celui qui
soit le pire des deux ; c'est, nous le croyons, ce dont tout
homme de bonne foi conviendra immédiatement. A l'éducation morale appartient de mitiger autant que possible ces
deux maux. Cette éducation, que nous croyons tout particulièrement utile à la classe qui n'est pas riche, pourra la
garantir du paupérisme, surtout si elle est dirigée de telle
manière, qu'elle développe chez les classes laborieuses,
tous les genres de connaissances propres au plus grand
perfectionnement de l'industrie. Si le travail est indispensable, l'éducation morale, égale pour tous, ne l'est pas

moins, quelle que soit, du reste, la place que l'homme doit occuper dans la hiérarchie sociale.

A peine osons-nous énoncer une vérité qui n'a plus de poids, bien qu'elle n'ait rien perdu de sa force. L'agriculture, *ce plus utile des arts*, tend chaque jour de plus en plus à être délaissée. On fuit cette terre, qui nourrit ceux qui la cultivent. C'est pour cela qu'on voit des essaims d'hommes nés au village, venir s'entasser dans les cités ; ils se condamnent à y respirer un air mal sain, séduits par l'appât d'exercer des professions plus lucratives, mais toujours casuelles et incertaines, tant par les chances dangereuses qu'elles font courir, que par les dépenses quotidiennes qui les escortent ; dépenses qui survivent à l'occupation qui les fit naître, si celle-ci s'arrête temporairement, ou cesse malheureusemsnt tout à fait.

Les besoins réels ou factices de la société sont les forces motrices qui donnent l'élan au travail. Celui qui se dispose à prendre une vocation, doit choisir avec sagacité et donner la préférence à la profession qui crée ce qui est indispensable, ce qui est quotidiennement nécessaire à la population entière. La nomenclature de ces professions est plus étendue qu'on ne le pense communément, et combien elles sont préférables à celles auxquelles le luxe, le caprice ou la mode servent d'aliment, bien que les profits de ces dernières soient plus considérables ; mais subissent toutes les chances d'instabilité dans l'emploi, de troubles dans les nations, ou de simples infirmités humaines ; chances auxquelles l'économie peut seule préparer un remède efficace... Si ce remède est absent, c'est le paupérisme qui se présente à sa place.

Oui! l'amour du lieu de sa naissance est, proclamons-le, le plus noble des sentiments. Mais pour jouir pleinement de son pays (lors même qu'on ne coopérerait que faiblement à la prospérité générale), au moins faut-il ne point être à charge à ses concitoyens.

L'homme n'est véritablement indépendant et libre dans
sa conduite, dans ses résolutions, dans la marche de ses
actions, que lorsque, par ses travaux et son économie, il
a acquis la possibilité d'exécuter ce qui lui est légalement
permis. Or donc, le citoyen qui, dans sa patrie, ne trouve
ni les ressources suffisantes, ni l'espace nécessaire au développement de son industrie, ni un appui convenable ;
le citoyen enfin, qui, par ce qui lui manque dans son
pays, se voit condamné à y végéter, fait bien mieux, plutôt que de courrir la chance d'augmenter le paupérisme,
de s'éloigner temporairement et d'aller à l'étranger exploiter des ressources, qu'il ne saurait rencontrer chez lui,
tout en conservant l'espérance de rentrer dans la ruche,
après avoir butiné ailleurs. Nous émettons cette opinion
plus particulièrement pour ceux qui manquent du sol nécessaire ; tandis que d'autres contrées, sous de beaux
cieux, avec des terres fertiles, possèdent de vastes étendues d'un sol excellent, qui reposent encore en friche

Jusqu'ici nous nous sommes efforcé de faire ressortir
qu'un travail régulier, qu'une prudente économie, sont les
principaux remèdes, les plus grands préservatifs contre
le paupérisme, ajoutons que si le luxe, ainsi que toutes
autres dépenses de pure ostentation, sont blâmables chez
celui qui doit se préparer un avenir, avenir qu'ils détruisent dans son germe, en devenant celui du paupérisme ;
ce même luxe, ces mêmes dépenses de fantaisie sont dési-
rables, même louables chez les riches, dont ils répandent
le superflu bien plus honorablement, en le laissant le prix
du travail, que le don de l'aumône. Le premier relève
toujours celui qui reçoit un salaire acquis, tandis que
quelquefois le don affaiblit les sentiments de dignité chez
celui qui l'accepte.

Ainsi que nous l'avons laissé entrevoir plus haut, nous
croyons que les administrations ne sauraient être exemptes
de blâme, lorsqu'indirectement elles se rendent complices

du paupérisme, en n'exerçant point une surveillance suffisamment tutélaire sur leurs administrés ; surtout lorsqu'elles laissent une pleine liberté à l'enfance, à la jeunesse
plus avancée, catégories qui emploient beaucoup de temps
à la dissipation et aux enseignements mutuels les plus pernicieux sous tous les rapports ; routes glissantes, qui,
plus tard, conduisent au paupérime, si ce n'est directement aux crimes.

Après avoir jeté un coup d'œil rapide sur le paupérisme
et sur ses sources, nous chercherons à tracer de notre
mieux l'esquisse des moyens que nous croyons indispensables d'essayer à Genève, pour atténuer, autant qu'on le
pourra, le mal qui mine sourdement une notable portion
de la population, et menace d'envahir de plus en plus
notre Canton.

Toutes les fois que des questions très-graves sont propo-
sées à l'examen sérieux du public, ceux qui les soumettent
doivent présumer qu'elles seront étudiées avec soin, et
que les réponses provoquées seront marquées au coin de
la franchise? Tel sera le caractère des nôtres, tout en
éprouvant quelque chagrin de leur nature, par les craintes
plus ou moins fondées, qu'elles pourront renfermer.

Chez nous, le paupérisme ne peut être atteint à sa base
que par l'introduction de réformes qui changent entièrement les habitudes des classes laborieuses, et tout particulièrement de la jeunesse.

Il est indispensable que les enfants soient moins livrés
à leurs propres volontés, qu'ils soient plus soumis à leurs
parents et à leurs maîtres d'apprentissage. Ici, la jeunesse
s'adonne trop à l'amusement, à la dissipation, en dehors
de la maison paternelle, où, souvent, elle ne rentre que
fort tard, après avoir passé de longues heures à se perver-
tir, à contracter des vices, à s'abandonner à de funestes
besoins, à dépenser ce qu'elle ne gagne pas encore, à se
fausser le jugement, à se provoquer à l'insubordination,

à perdre enfin le sentiment de la moralité, première base du bonheur des familles, comme de la tranquillité des Etats.

Le devoir de la police serait donc de venir grandement en aide pour soutenir à l'extérieur le bon vouloir des parents, en écartant des rues, ou en faisant évacuer tous les lieux où viennent se réunir ceux que l'oisiveté initie au vice, et qui se préparent ainsi un avenir misérable, tout hérissé de dangers.

Inscrire dans les chartes : que l'homme est né libre et indépendant, n'est certainement lui assurer ni la liberté, ni l'indépendance. L'égalité, au point de vue de la vie matérielle, n'existe pas davantage que la liberté et l'indépendance. La nature entière ne présente que différences et inégalités, qui s'aperçoivent sans cesse et de partout.

L'indépendance, quelque grande qu'elle paraisse, vient se heurter contre les bornes qui la limitent, et la liberté la plus étendue est circonscrite par la règle et par le devoir ; en sorte que telles sont les choses, que dès l'enfance, ainsi que dans toutes les classes de la société, on doit s'empresser d'inculquer profondément à tous ceux qui commencent de vivre et de comprendre : ces notions, aussi vieilles que le monde, aussi vraies que la lumière du soleil, que nul raisonnement ne saurait renverser, et dont l'inobservation jette dans les routes les plus dangereuses ; ces notions sont de nos jours comme si elles n'existaient point ; aussi en voyons-nous les résultats.

Vouloir faire des enfants respectueux en l'absence de la crainte de Dieu, croire obtenir des citoyens observateurs de la loi lorsqu'ils n'auront pas été soumis à leurs parents, projeter de créer des hommes indépendants, bien que nés dans la gêne et sans amour du travail, c'est chercher la pierre philosophale, c'est prétendre aux choses impossibles. Les devoirs ou les qualités énoncées ci-dessus forment un tout intimement lié ; or, si l'un de ces éléments n'existe point dans l'individu, l'avenir est mal assuré pour lui ; il se trouve plus ou moins sur la pente du paupérisme. Cela dit, nous ne toucherons plus qu'au matériel de la question.

Posons immédiatement ce principe d'une haute importance : que l'élève, quelle que soit la profession à laquelle il s'adonne, doit posséder bien moins du savoir en dehors de son futur état, qu'être instruit suffisamment des connaissances préliminaires inhérentes au métier qui doit assurer son existence. Il faut, par tous les moyens possibles, donner à tout artisan autant de force d'intelligence et d'habileté qu'il pourra en posséder. Il est indispensable, en conséquence, que les parents, que les maîtres et l'administration concourent d'un zèle collectif au plus grand développement de l'élève.

Déjà nous avons énoncé que, dans le choix d'une profession, il est aussi prudent qu'indispensable de le fixer de préférence sur celle qui est utile, plutôt que sur celle qui est brillante, sur celle qui s'exploite modestement, qui n'exige pas de grands sacrifices pour y atteindre, qui ne réclame pas de forts capitaux pour la faire marcher Comme ces recommandations s'adressent dans le but de lutter contre le paupérisme, c'est donc à la nombreuse classe, privée de grands moyens, que nous les offrons.

On comprendra cependant que nous ne nous permettons nullement de proscrire aucune vocation préférée, par quiconque pouvant en supporter facilement les frais d'acquisition, ou pour laquelle on se sent un irrésistible entraînement.

Un jeune homme ayant choisi l'occupation de sa vie, c'est aux parents à faire tous leurs efforts pour découvrir le maître le plus propre à bien former leur enfant. Ceci n'est pas la chose la plus facile, parce que ce maître, pour remplir ce qu'on attend de lui, doit être un homme moral, de bonne foi, habile dans son état, observateur de ses devoirs et de ses engagements, consciencieux dans l'accomplissement de ses promesses, d'une sévérité suffisante, fidèle à sa parole, n'exigeant jamais ce qui n'appartient pas à l'enseignement de sa profession, ne cachant rien de ce qui la constitue honnêtement, formant son élève dans les meilleures méthodes, exigeant un travail régulier et suivi durant les six jours ouvriers et laissant le septième, être consacré aux devoirs religieux et au repos.

C'est ici que se trouve une large lacune à combler, œuvre de grande importance, à laquelle l'administration pourrait concourir par un appui aussi énergique que favorable, et dont les résultats seraient aussi heureux qu'abondants en bons fruits.

Loin de nous la pensée de demander que l'Etat créât ni ferme modèle, ni ateliers d'apprentissage, ni aucune institution pareille, parce que ce serait à la fois de l'argent mal employé et du temps perdu ; d'ailleurs nous possédons déjà de précieux éléments pour l'exécution possible de nos combinaisons.

Depuis quelques années, des associations se sont créées parmi diverses classes d'ouvriers ; associations purement de bienfaisance, soit de secours mutuels. A ce seul point de vue déjà, puisque les associations sont un véritable remède contre le paupérisme, on devrait les encourager. Mais ce précieux germe, qui n'est qu'à son premier développement, peut, nous le croyons, produire des résultats aussi vastes que prospères si, par une étude persévérante et approfondie, on veut en sonder toutes les ressources et l'appeler à combattre le paupérisme, que vraisemblablement il renfermerait dans ses plus étroites limites.

Loin de nous la prétention de formuler ici aucune règle, de donner aucune direction précise ; nous nous bornerons à esquisser bien modestement quelques linéaments de nos vues sur la matière, de manière à les soumettre à l'étude

comme à la discussion d'hommes pratiques; experts et
capables,

Sans songer à apporter la gêne la plus faible à aucune
industrie, sans regretter ni chercher à ressusciter les maî-
trises; ne serait-il pas possible d'instituer, sous la surveillance de l'autorité, dans chaque corps de métier, des
conseils de prud'hommes, soit comités directeurs peu
nombreux, pris dans le sein de chaque industrie, nommés
par elle et dont les membres choisis d'entre les plus habiles, seraient soumis à une rotation régulière? Leurs fonctions principales seraient :

1° D'engager chaque individu, appartenant à la même
industrie, d'entrer dans l'association du métier, où, au
moyen d'une cotisation régulière, les associés se prépa-
reraient des ressources pour les moments de maladie, de
chômage, de mort, et aussi pour offrir les ressources nécessaires à donner des apprentissages aux orphelins
même aux enfants de parents hors de possibilité d'y pourvoir ;

2° De connaître les meilleurs industriels, ceux les plus
capables de former de bons élèves, afin de pouvoir les
indiquer aux parents ;

3° De surveiller l'enseignement de ces maîtres d'apprentissage, de vaquer à l'accomplissement des conditions
stipulées à la charge du maître en faveur de l'élève, et de
tenir une main active à leur parfaite exécution ;

4° De ne pas surveiller avec moins d'attention la conduite des élèves et de leurs parents. De contraindre les
premiers à être attentifs à leurs devoirs, et dans ce but ils
constateraient et enregistreraient leurs progrès. D'autre
part, ils conduiraient les parents à remplir leurs engagements vis-à-vis des maîtres; ils se joindraient aux parents
pour contraindre l'apprenti à satisfaire son chef;

5° Ce comité formulerait la teneur des lettres d'apprentissage les plus propres à atteindre le but désiré de créer des artisans moraux et habiles?

6° Il déploierait un zèle constant pour entretenir dans sa branche d'industrie l'amour du travail et les meilleures méthodes. Il chercherait à placer, aussi promptement que possible, les gens de sa branche d'industrie privés d'occupation, comme aussi à faire régner l'harmonie entre les ouvriers nationaux et ceux étrangers, exerçant la même profession ;

7° Il surveillerait à ce que tout élève, étant enfin ouvrier, devînt membre de l'association; même il lui donnerait les directions nécessaires pour mettre en réserve l'excédant de son gain sur ses dépenses ;

8° Enfin, ce comité, après avoir établi les règlements les plus utiles au développement comme à la prospérité de sa branche d'industrie, veillerait à leur stricte observation.

Ces règlements n'auraient d'action qu'après avoir été approuvés par l'autorité supérieure du canton, sous la surveillance immédiate et directe de laquelle ils continueraient d'être en vigueur.

Les associations distinctes de chaque branche d'industrie pourraient posséder un comité central, composé d'un délégué de chaque branche, de manière à régulariser certains secours communs à tous, afin qu'ils fussent moins coûteux : tels que médecins, chirurgiens, médicaments, etc.

Il est facile, sur ce simple aperçu, de comprendre quels avantages immenses, quelles ressources précieuses peuvent offrir à divers point de vue ces associations de professions, bien que librement consenties, mais qui devraient être sévèrement surveillées lorsqu'elles existeraient. Nous croyons que ce serait une des plus puissantes digues contre le paupérisme, surtout centralisées sous l'œil vigilant du gouvernement, d'autant plus que ce serait ainsi un fanal, placé autant pour connaître la cause des besoins que contre l'immoralité.

Déjà nous avons exprimé l'indispensable nécessité que l'autorité intervînt comme surveillance active, générale et supérieure, sur les diverses industries exercées dans le canton, de manière à les encourager, à les appuyer, à les favoriser de tout son pouvoir. Empressons nous de renouveler encore une fois ce que nous avons déjà dit, c'est que par ceci, nous n'entendons point que l'œuvre de l'Etat soit de donner des apprentissages, de fournir des fonds, d'assurer du travail à quiconque, ni de créer des priviléges en faveur de personne. Cependant l'Etat est placé de manière à pouvoir faire profiter l'ensemble des industries de son appui tutélaire, et tout particulièrement par la diffusion des lumières, qui conduisent à l'avancement comme à la perfection de l'art, et par cela même à la prospérité générale.

Partant de ce point de vue, ne serait-il pas convenable que le Gouvernement eût un département spécial de l'industrie, qui, embrassant toutes celles du pays, exercerait une haute surveillance sur chacune d'elles? Ce département recevrait toute communication, tout don, tout renseignement. Une partie essentielle de ses attributions serait de favoriser les découvertes, de provoquer les améliorations, de stimuler les perfectionnements, d'encourager le zèle et les efforts par des primes. Il devrait être à la recherche de tous les progrès, de toutes les inventions, de toutes les variations, de toutes les nouveautés créées à l'étranger, pour en donner aussitôt connaissance à l'intérieur, les annoncer aux industries intéressées, afin de diminuer les obstacles, de procurer des facilités, d'assurer les succès, de signaler les écueils en indiquant les difficultés à éviter par la publication des progrès faits, des lumières de l'expérience, ou des enseignements du hasard.

L'érection d'un dépôt public deviendrait indispensable.

Ce dépôt, ou conservatoire des arts et métiers, toujours ouvert, devrait offrir à l'étude des industriels, comme à celle des amateurs, la collection de tous les modèles et de tous les outils ; enfin, à défaut des machines elles-mêmes, peut-être trop coûteuses, au moins leur dessin.

Des bulletins simples, clairs, réguliers, pourraient être insérés dans la *Feuille d'Avis* pour éveiller l'attention des intéressés, leur annoncer les objets nouvellement exposés, ou leur apprendre les communications obtenues. Pour adresser des questions, stimuler le zèle en réclamant des lumières sur des sujets précis, il faudrait rendre ces études faciles, les mettre, par l'expression, à la portée de tous ceux auxquels elles pourraient être profitables, tout en réclamant d'eux, en retour, de faire connaître les résultats auxquels ces essais auraient donné naissance.

Cette exposition permanente, en faveur des arts et métiers, de toute l'industrie nationale enfin, pourrait non seulement lui faire obtenir de la supériorité, mais encore la doter de ressources sans que ces dernières eussent jeté l'Administration dans de grandes dépenses, surtout si ceux appelés à les ordonner, fussent aussi prudents que connaisseurs.

Après avoir présenté le travail, précédé de l'éducation morale et suivi de l'économie, comme étant les bases du meilleur avenir des individus, comme un puissant préservatif du paupérisme, ajoutons que, outre l'appui de l'industrie par l'Etat, dans les limites que nous avons tracées, nous croyons encore, subsidiairement, qu'il serait indispensable que l'Administration appuyât fortement la création d'établissements alimentaires d'une sage régularité et du prix le plus modéré, établissements auxquels de sévères règlements traceraient une marche adaptée en tous points au but de leur fondation.

En étudiant la question proposée, nous ne l'avons fait qu'en regard de notre canton seul. Il ne possède point les ressources des grands Etats, qui peuvent fonder au loin et par des sacrifices conformes à leurs forces, des colonies plus ou moins prospères. A ce point de vue, peut-être, l'Autorité du canton pourrait-elle faire faire une enquête des terres vaines ou communales non cultivées, pour les affermer au profit de ceux qui auraient la force et la volonté de les défricher et de les rendre productives?

En répondant, ou en essayant de répondre à la question, nous l'avons fait avec abandon, n'écoutant que notre patriotisme et notre sollicitude pour le pays. Par devoir de conscience, nous avons offert à nos concitoyens des avis aussi sérieux que désintéressés. Nous les supplions, en conséquence, de détourner de nous toute accusation de critique acerbe, mais, au contraire, de croire que leur bien-être présent et futur a seul été le mobile de tout ce que nous avons dit.

Avant de poser la plume, répétons à regret la triste vérité : Que la maladie du paupérisme ne sera jamais entièrement guérie; même, que son soulagement exigera de bien longs efforts. C'est un mal auquel les remèdes matériels employés tout seuls, n'offrent que des palliatifs ; il est donc indispensable que les remèdes moraux accordent leur puissant secours pour avancer la cure, ce qui exigera toujours un temps plus ou moins prolongé.

Disons-le encore avec conviction, ce sont les précautions à prendre, dès qu'il apparaît, qui pourront empêcher le trop grand développement du paupérisme ; d'où il découle que tous les efforts tentés n'atténueront que très-légèrement le mal existant ; donc, les succès que l'on cherchera à obtenir ne seront réalisés que dans un avenir plus ou moins rapproché. Cette œuvre excellente en est une de patience et de persévérance.

Genève, mai 1852.

Extrait de Correspondance.

Après tout ce que dans cette Notice nous avons cité de la Colonie Vergueiro, il nous est précieux de présenter à ceux qui liront ces notices, l'extrait d'une lettre écrite par M. le docteur Krug de Cassel, établi maintenant depuis 6 ans à Campinas, Province de Saint-Paul, adressée sous date du 12 juillet 1851, à sa famille. M. Krug mande :

» « Vingt familles des colons de 1847, sont sorties de
» chez M. Vergueiro, et se sont acquis une terre de six
» millions sept cent cinquante mille Braças d'étendue,
» près de Campinas. Elles ont obtenu ce terrain pour six
» contos de reis (environ 18,000 francs), et contre le
» premier payement du tiers de cette somme. C'est dans
» ces terres que ces familles vont s'établir. »

Nul doute que ces familles n'appartiennent à celles qui, sans aucune ressource, s'expatrièrent et vinrent au Brésil, chez M. Vergueiro, où, par leur travail, leur économie, leur moralité, et en réunissant leurs épargnes elles ont réalisé leur heureuse position prospère actuelle, but auquel chaque émigrant peut parvenir, en suivant les mêmes voies que ces dignes gens.

Quant à M. le docteur Krug, il vient d'appeler auprès de lui sa famille; elle est allée le rejoindre, escortée de toute sa fortune.

———

Autre Correspondance venant de M. le docteur Schmidt.

Hambourg, 21 octobre 1852.

MM. Vergueiro et Cie, m'écrivent de Santos à la date du 6 septembre dernier, pour m'annoncer l'arrivée le 2 du navire le *Marbs*, qui venait de leur amener des émigrants sur lesquels ils témoignent leur satisfaction, et qui étaient repartis pour la Colonie.

Je vous dirai encore que : le très-respectable Marquis de Valença, vient d'écrire au Ministre du Brésil à Berlin, pour lui annoncer qu'il continue à être très content de nos colons, dont le travail a été tel, qu'ils reçevront de 500 à 609 reis par famille, pour la part qui leur reviendra de la récolte du café ; de telle manière, que vraisemblablement, leur dette pourra dès la première année et après un séjour de quatre mois, se trouver liquidée.

Vous comprendrez, d'après ce qui précède, combien les lettres qu'écrivent ces émigrants, expriment de satisfaction et aussi d'attachement pour les propriétaires chez lesquels ils sont ; seigneurs dont le caractère ainsi que les procédés, paraissent être des plus nobles. Tout cela comme vous le comprendrez, me fortifie de plus en plus dans le combat que je livre aux antagonistes de la colonisation au Brésil.

Avis concernant la correspondance.

Toute correspondance, qu'elle soit adressée à M. le sénateur José Vergueiro, à Santos, province de Saint-Paul, au Brésil ; à M. Charles Perret-Gentil, consul général suisse, à Rio-de-Janeiro ; ou, enfin, en Europe, aux diverses agences indiquées plus haut, doit être affranchie.

Détail des provisions dont les navires qui partent depuis Hambourg ou depuis Brême pour le Brésil, sont pourvus pour chacun des passagers qui sont à leur bord.

Livres 26 de bœuf salé.
— 19 1|2 de porc salé.
— 65 de pain cuit.
— 13 de farine.
—, 13 de pois secs.
— 4 5|8 de gruau.
— 6 1|2 de haricots.
— 6 1|2 de pois verts.
— 1 5|8 de riz.
— 9 3|4 de lentilles.
— 13 de choucroute.
— 30 à 60 de pommes de terre.

Cette quantité sera même dépassée.

Livres 6 1|2 de pruneaux secs.
— 2 de sirop.
— » 3|4 de thé.
— 1 3|5 de café.
— 3 3|8 de sucre.
— 6 1|2 de beurre.
Bouteilles 2 vin de Bordeaux.
— 15 de bière.
Oxhofs 2 d'eau douce.

En sus de ci-dessus, pour chaque fois douze personnes :
Oxhof 1 de bière.

Ensuite du sel, de la moutarde, du poivre, etc., etc.

En outre de ce qui précède, le capitaine se pourvoit,

pour chaque centaine de personnes, d'un supplément de provisions consistant en :

Livres 40 gruau d'avoine.
— 18 sagou.
— 18 graine de sénevé.
2 sacs de sel.
4 moules de bois à brûler.
4 mesures de houille.
1 boîte de médicaments.
264 bouteilles de vinaigre.
Livres 3 thé de sureau.
— 3 thé de camomille.
1 baril d'huile à brûler.
2 quinquets à globe.
1 purgatif par persone.
Une provision de biscuits pour les enfants.

Le calcul de cet approvisionnement repose sur une traversée de 90 jours.

Dans le cas où les rations quotidiennes seront trouvées trop fortes, on les réduira d'un commun accord ; comme aussi on s'entendra , afin de ne point anéantir ce qui demeure des repas, attendu que ces restes peuvent être utilisés.

Il existe, au Hâvre, à Anvers et à Rotterdam, en ce qui concerne l'approvisionnement, d'autres règles qu'à Brême et à Hambourg.

Si l'émigrant qui s'embarque au Hâvre, à Anvers ou à Rotterdam, est appelé de pourvoir lui-même à ses provisions, elles devront ordinairement consister, pour chaque personne, des objets suivants :

Livres. 14 de jambon.
— 50 de biscuit.
— 5 de riz.

Livres. 5 de farine.

— 4 de beurre.

— 2 de sel.

Litres 2 de vinaigre.

Hectolitre 1 1|2 de pommes de terre.

Ce qui précède peut représenter une valeur approximative de cinquante francs, et faire la nourriture de 90 jours ; il y aura de plus à payer le prix du passage.

On peut se rendre de Strasbourg à Rotterdam. Les bateaux à vapeur descendent le Rhin en touchant à Manheim et à Mayence. De Rotterdam, on peut venir s'embarquer au Hâvre Cette route se fait en moins de quatre jours et ne coûte qu'environ quarante francs. On peut également se rendre au Hâvre par les voies ferrées.

L'émigrant qui choisit Brême ou Hambourg pour lieu d'embarquement ne doit descendre le Rhin que jusqu'à Cologne, d'où en 16 à 17 heures la voie ferrée le conduit jusqu'au port ; sa dépense depuis Manheim peut alors s'élever entre 25 et 35 francs. S'il ne se rend que de Cologne à Hambourg, ses frais ne dépasseront pas 14 fr., en ayant un quintal d'effets avec lui.

A bord des navires, le poids des effets n'entraîne à aucune conséquence, mais bien leur volume ; c'est ainsi par exemple qu'un espace de 80 pieds cubes sera payé environ 80 fr. de transport, tandis que le passager n'a droit qu'à un emplacement de 20 pieds cubes.

Aux renseignements qui précèdent ajoutons encore que :

Le passage depuis Gênes avec trois repas et demi litre de vin, sera de 275 fr. par personne.

Que celui par le Hâvre, avec une bouteille de vin, est de 350 fr. par personne. Plus haut nous avons vu que celui depuis Brême est de 230 fr. ; — celui depuis Hambourg est de 250 fr.

Guide à l'usage des émigrants qui se rendent au Brésil.

1° La Compagnie fondée à Rio-Janeiro par les soins de M. Charles Perret-Gentil, consul général suisse, et M. José Vergueiro, sénateur. n'accueillera d'émigrants que ceux munis d'un passeport, de certificats de moralité, documents indispensables pour obtenir un placement avantageux, ainsi que l'appui que leur accordera la Compagnie;

2° L'émigrant agriculteur, jardinier ou artisan, apportera avec lui les outils de son état, qui, déjà menés, sont préférables aux neufs, d'ailleurs, coûteux au Brésil;

3° La Compagnie s'empressera d'appuyer les familles, composées du père, de la mère, de fils et d'une fille, préférablement aux travailleurs isolés. Ceux-ci pourront se réunir à des sociétés, dont ils deviendront membres, parce qu'au Brésil les occupations sont dirigées à travailler en commun, sur des bases qui, tout en satisfaisant chacun, rendent la colonie florissante.

4° Les émigrants feront bien d'emporter quelques effets destinés à leur servir plus tard, bien qu'au Brésil le climat soit constant, et qu'on s'y serve à la campagne de vêtements de toile, de chapeaux de paille et de chaussures à semelles de bois. Quelques habits de fête ne seront pas des objets superflus.

5° Les émigrants, engagés en qualité d'agriculteurs, et qui arriveront au Brésil sans moyens nécessaires, seront placés chez un propriétaire. Si ces émigrants forment une famille de cinq personnes, ils habiteront une demeure, cultiveront le nécessaire pour leur entretien; le terrain, à cet effet, leur sera gratuitement concédé par le propriétaire chez qui ils seront entrés, pour y travailler à mi-fruit. Le travail de la journée consiste ordinairement en quatre heures et demie, employées le matin avant le repos, qui a lieu de onze heures à deux heures de re'evée, où recommence l'occupation de l'après-dinée, égale en durée à celle du matin. La récolte du café se fait de mai à septembre. Chaque année, pour cette culture, la terre est sarclée deux fois. Les autres cultures ont des règles regulières à suivre. L'époque la plus favorable d'arrivée au Brésil est celle de février.

L'hiver est une saison de pluies, qui dure trois mois, d'octobre à fin décembre. Chaque famille de cinq personnes (surtout si elle fait partie d'une réunion d'une centaine de travailleurs), pourra, après avoir été logée, après avoir fourni à sa propre nourriture, se trouver propriétaire à la fin de l'année d'une somme d'un millier de francs. Chaque famille aura un compte ouvert chez son propriétaire, où elle pourra faire des prélèvements à sa convenance.

Les engagements réciproques entre le propriétaire et les colons sont contractés pour trois années, à l'expiration desquelles les parties peuvent se séparer. Toutefois, le colon ne peut quitter le propriétaire, s'il n'a remboursé les avances qui lui ont été faites.

6° Si l'émigrant engagé possède un métier, et qu'il désire l'exercer de préférence à se rendre dans une colonie, il sera libre, et à cet effet il séjournera quelque temps dans la baie de Rio-Janeiro, où un local a été préparé par la Compagnie. S'il trouve de l'occupation dans son état, la Compagnie veillera à ses intérêts.

L'émigrant pourra aussi s'établir dans une colonie située sur la côte de la mer, à soixante-quinze lieues de Rio-Janeiro, où, abandonnant à la Fazenda la moitié du produit de son travail, il lui sera donné, à l'expiration de quatre ou cinq ans, un lot de dix hectares de terrain communal, à moins qu'il ne préfère acheter et payer tout de suite ces dix hectares de terrain, et alors tout le produit de son travail sera sa propriété exclusive :

7° Si une famille d'émigrants, composée de cinq personnes, s'engage avec la Compagnie pour se vouer à l'agriculture, elle pourra être très-bien placée ; ainsi que l'indique l'article 5, elle travaillera pendant trois années de compte à demi avec le propriétaire ; au bout du terme, elle choisira en toute liberté, si elle veut continuer sur le même pied, ou devenir propriétaire elle-même. Après avoir expérimenté pendant trois années le pays, on lui cèdera pour mille francs un terrain préparé et d'une étendue de quinze hectares (environ cinquante-six poses) ;

8° Si les émigrants possèdent des moyens pécuniaires suffisants, provenant d'une association réunissant ensemble une centaine de personnes (vingt familles), ils pourront, si cela leur convient, obtenir de la Compagnie de vastes propriétés en plein rapport, avec bâtiments d'habitation et dépendances, et cultiver ainsi eux-mêmes ces propriétés, sous une direction officieuse, mais indispensable pendant les premiers temps. Le coût d'une propriété pareille serait de 60,000 francs, soit de 600 francs par tête. Or, on peut admettre sans exagération, que le travail d'une personne doit lui rapporter net annuellement environ 310 francs, suivant le zèle qu'elle y apporte, d'où il résulte, qu'en deux années, elle peut être couverte de ses déboursés d'acquisition, et se trouver co-propriétaire d'un fort bel immeuble, position impossible en Europe ;

9° Lorsqu'un certain nombre d'émigrants parviendront à s'entendre ensemble, ils pourront, afin de ne pas avoir trop d'argent à livrer, acheter des terres en friche ; puis, divisant le nombre des sociétaires en deux parts, l'une d'elles irait gagner, en travaillant trois années, de compte à demi, comme l'indique l'article 5, chez des propriétaires, tandis que l'autre partie des associés s'adonnerait au défrichement et à la préparation de la terre vierge achetée, jusqu'au moment où tous ensemble se réuniraient pour sa culture; c'est ainsi qu'ils auraient travaillé séparément, mais tous à l'avancement et au profit de l'association.

Dès que des personnes auront irrévocablement pris leur parti d'émigrer au Brésil, elles feront bien d'aller faire inscrire leur nom sur le registre ouvert à cet effet au bureau de l'agence de la Compagnie. C'est là qu'elles seront entièrement renseignées sur tout ce qui leur importe de savoir pour leur départ, pour en fixer l'époque, régler les détails des préparatifs et le coût de la traversée, qui s'élève ordinairement à 350 francs par personne âgée de plus de dix ans. Ce passage a lieu dans l'entre-pont; les passagers reçoivent trois repas par jour; les mets sont abondants. La traversée se fait ordinairement en moins de soixante jours.

Relevé des conditions à souscrire entre l'émigrant et la Compagnie pour l'émigration au Brésil.

Compagnie pour l'émigration dont le siége est à Rio de Janeiro.

Série. N°

Conditions reversales, stipulées au nom de la susdite Compagnie par son agent, M. ......, demeurant à ......, délivrées à M. ......, qui les a acceptées et soussignées.

1° M. ......, né à ......, âgé de ......, domicilié ce jour à ......, porteur d'un passeport délivré à ......, à la date

du ......, pour se rendre à ......, accompagné de sa famille, qui se compose de ....

2° M. ...... entend s'embarquer au port de ......, au
mois de ...... prochain de l'an ......, dans le navire ......,
où il occupera ...... et payera pour la traversée de lui et
des siens la somme de ...... Il ne sera aux frais du capitaine que depuis le jour où le navire sortira du port. Toutefois, si le départ dépassait le jour du ......, les frais de
séjour d'attente de M. ...... et des siens demeureraient à
la charge du capitaine. Le passager s'engage d'être rendu
au port d'embarquement au plus tard le ...... Il a délivré
ce jour ...... pour à compte de sa traversée, dont le présent sert de reçu.

3° M. ...... ayant déposé entre les mains de l'agent de
la Compagnie nommée en tête des présentes conditions
reversales une somme de ......, à titre de dépôt, ladite
somme sera remboursée à M. ...... dans les ...... jours de
son arrivée au Brésil, ou à ses ayants-droit, par la Compagnie à raison de ...... reis pour chaque franc, mais sans
intérêts.

4° Dans le cas où M. ...... ne posséderait pas la somme
suffisante pour acquitter ses frais de traversée, il prend
l'engagement de rembourser toute avance qui lui sera
faite, par son travail, à partir du moment de son arrivée
au Brésil, où il se rend en qualité de ...... et où la Compagnie mettra ses soins, pour chercher à le placer selon la
vocation qu'il a déclaré vouloir suivre :

A : En lui indiquant les ateliers de son état, en le leur
recommandant, et dans le cas où il ne trouverait pas
d'occupation dans son état.

B : En le plaçant chez un propriétaire de domaine, ou
dans une colonie en plein rapport, où il se fixera pour un

premier terme de trois ans, à y travailler à mi-fruit, en étant logé gratis, et où il se nourrira, dès possible, de ce qu'il cultivera sur un sol à lui concédé à cet effet. Jusqu'à ce moment, des avances indispensables pour sa nourriture lui seront faites. Ce bail pourra être renouvelé à la convenance réciproque du propriétaire et de M. ......, sans qu'il puisse prendre fin avant que M. ...... ait éteint les dettes qu'il pourra avoir contractées : 1° vis-à-vis de la Compagnie, 2° vis-à vis du propriétaire chez qui il sera entré.

C : Dans le cas où M. .. .... se trouverait en position de devenir immédiatement propriétaire au Brésil, la Compagnie lui en fournira toute facilité, en lui faisant connaître les diverses manières de le devenir et en lui offrant tous les renseignements propres à fixer son choix, conformément à ses plans et le plus avantageusement pour lui.

5° Les présentes conditions reversales arrêtées et acceptées entre la Compagnie et M. ...... pour lui et les siens sus-nommés, pour être fidèlement observées et accomplies par chacune des parties, en foi de quoi elles les ont signées en quatre originaux, dont un pour M. ...... lui-même, un pour la Compagnie siégeant à Rio de Janeiro, un pour l'agent avec lequel le présent contrat a été stipulé et un pour être déposé en mains de l'autorité établie en Europe par le Gouvernement Brésilien.

Fait à ......, le ......

Signatures :

De l'émigrant, de l'agent, de la Compagnie.

TABLE.

—

CHAPITRE PREMIER.

Pages.

De la Colonisation en particulier et de l'émigration en
général   1

CHAPITRE II.

Le Brésil.   43

CHAPITRE III.

De la Colonisation actuelle au Brésil   93

CHAPITRE IV.

La presqu'île de Superaguhy, colonie dirigée par
M. Charles Perret-Gentil.   222

APPENDICE ET NOTES

PROPRES A ÉCLAIRER DANS LEURS DÉMARCHES LES ÉMIGRANTS
QUI PROJETTENT DE SE RENDRE AU BRÉSIL.

Bureaux d'agence.   243
Lieux de départ   244
Conditions auxquelles MM. F.-J. Wichelhausen et Cᵉ,
à Brême, 14, rue Ansgariithor, se chargent d'em-
barquer des émigrants à destination du Brésil . . .   245
Enquêtes officielles en Suisse.   250
Publications allemandes   254

TABLE.

	Pages.
Avant le départ	255
Pendant la traversée	256
Après le débarquement.	261
Lettre sur une Question sociale et domestique, appuyée sur un Essai sur le Paupérisme, par J.-L. Moré. . .	263
Circulaire	287
Avis	289
Essai sur le Paupérisme, par J.-L. Moré	290
Extrait de correspondance	308
Autre correspondance venant du Docteur Schmidt . .	308
Avis concernant la correspondance	309
Détail des provisions dont les navires qui partent depuis Hambourg ou depuis Brême pour le Brésil, sont pourvus pour chacun des passagers qui sont à leur bord	310
Guide à l'usage des émigrants qui se rendent au Brésil.	313
Relevé des conditions à souscrire entre l'émigrant et la compagnie pour l'émigration au Brésil.	316

Valence. — Imprimerie de J. Marc Aurel.

OUVRAGES DU MÊME AUTEUR.

—

L'Aïeule, tragédie en cinq actes de Grillparzer, traduite de l'allemand.

Éléments de l'Histoire générale, par Bredow, traduits de l'allemand.

Histoire universelle, par le même, deux volumes, traduite de l'allemand.

Fragments d'un Album de voyages, deux volumes.

Petit livre pour le premier age.

Les Habitants du Grand-Rocher, ou Lettres écrites de Suisse avant 1780, deux volumes.

Le Portefeuille du Voisin de campagne, deux volumes.

Valence. — Imprimerie de J. Marc Aurel.